Abiturwissen
Biologie

- eine kompakte Zusammenfassung der Jahrgangsstufe 1 und 2

1. Auflage | 2018

Eric Fischer

ISBN eBook: 1729512496
ISBN Print: 978-1729512494

Fritz-Frey-Str. 7, 69121 Heidelberg
e-Mail: sonntag.nikolai@gmail.com
Verlag: CreateSpace Independent Publishing Platform
Printed in Germany by Amazon Distribution GmbH, Leipzig

WIDMUNG

Dieses Buch richtet sich an alle Personen, die sich auf die Klausuren sowie die Abschlussprüfung im Fach Biologie vorbereiten und diejenigen, die Ihr Verständnis für biologische und medizinische Prozesse erweitern möchten.

Haftungsausschluss

Der Inhalt dieses Buches wurde sehr sorgfältig geprüft sowie erarbeitet und erfüllt einen hohen Qualitätsanspruch. Für die Vollständigkeit, Richtigkeit und Aktualität der Inhalte kann jedoch keine Garantie oder Gewähr übernommen werden. Der Inhalt dieses Buches repräsentiert die persönliche Erfahrung und Meinung des Autors und dient nur dem Unterhaltungszweck. Der Inhalt sollte nicht mit medizinischer Hilfe verwechselt werden. Es wird keine juristische Verantwortung oder Haftung für Schäden übernommen, die durch kontraproduktive Ausübung oder durch Fehler des Lesers entstehen. Es kann auch keine Garantie für Erfolg übernommen werden. Zusätzlich unterliegen die wissenschaftlichen Kenntnisse einem ständigen Wandel durch Forschung und Entwicklung in der Praxis. Daher übernehmen dieses Buch und Dritte keine Gewährleistung für die Vollständigkeit, Richtigkeit, Genauigkeit und Aktualität sämtlicher Inhalte in dieser Zusammenschrift. Dennoch wird versucht auf größte Sorgfalt zu achten, Informationen korrekt und in einer auch für Laien verständlichen Form darzustellen.

Dieses Buches enthält Links zu anderen Webseiten. Auf den Inhalt dieser Webseiten haben wir keinen Einfluss. Deshalb kann auf diesen Inhalt auch keine Gewähr übernommen werden. Für die Inhalte der verlinkten Seiten ist aber der jeweilige Anbieter oder Betreiber der Seiten verantwortlich. Rechtswidrige Inhalte konnten zum Zeitpunkt der Verlinkung nicht festgestellt werden. Die Haftung für mögliche Schäden, die aus der Nutzung der Internetangebote Dritter entstehen, ist ausgeschlossen.

Das Informationsangebot rund um die persönliche Gesundheit in diesem Buch dient ausschließlich Ihrer Information und ersetzt in keinem Fall eine persönliche Beratung oder Untersuchung. Daher können und dürfen die in diesem Ratgeber zur Verfügung gestellten Inhalte nicht zur Erstellung pauschaler Entscheidungen verwendet werden. Dieses Buch leistet keinerlei Beratung, Empfehlung oder Aufforderung im Hinblick auf den Kauf oder die Anwendung von bestimmter Sachgüter oder sonstigen Hilfsmitteln.

Inhalt

1. Einheit – Genetik

1.1 Cytologie

1.1.1 Tierzelle und Pflanzenzelle

die Tierzelle

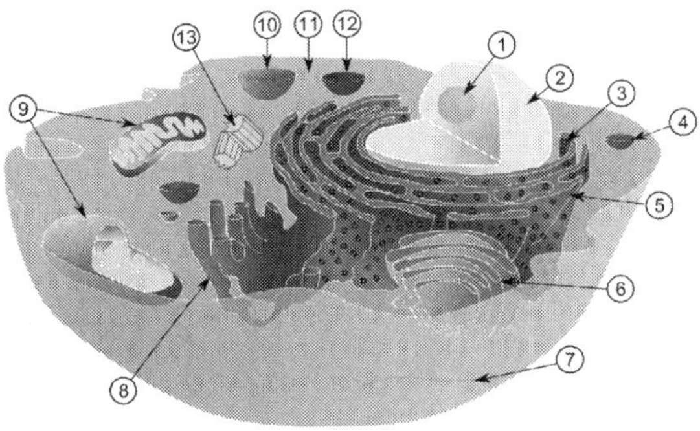

Quelle: https://de.wikipedia.org/wiki/Zelle_(Biologie)#/media/File:Biological_cell.svg; verändert

1. Nucleus
2. Zellkern
3. Ribosom
4. Vesikel
5. raues ER
6. Golgi-Apparat
7. Mikrotubulus
8. Speicher- und Abfallstoffe
9. Mitochondrium
10. Peroxisom
11. Zellmembran
12. Lysozym

die Pflanzenzelle

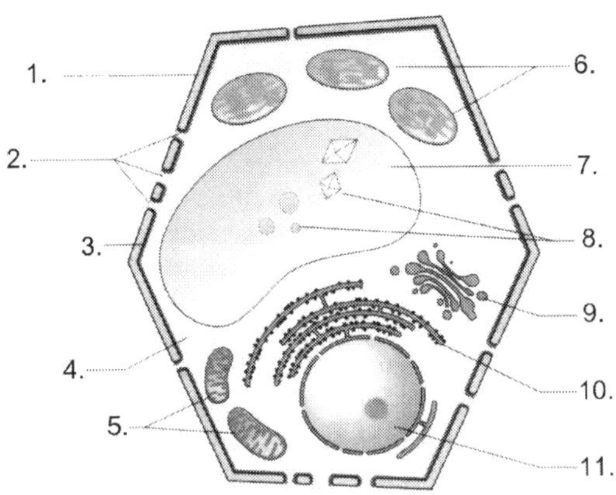

Quelle: Stephan Schmoll. online: http://www.stephan-schmoll.de/Inhalt/nwa/zelle/beschriftung-pflanzenzelle.htm

1. Zellwand
2. Tüpfel (Zellpore)
3. Zellmembran
4. Zellplasma
5. Mitochondrien
6. Chloroplasten
7. Vakuole
8. Speicher- und Abfallstoffe
9. Golgi-Apparat
10. raues ER
11. Zellkern

Gliederung der Organellen erfolgt durch Zahl ihrer umschließenden Membranen

1.1.2 Zellorganellen mit zwei Membranen

1. der Zellkern

Aufbau

- die Kernhülle besitzt Poren, sodass das Kerninnere mit dem Cytoplasma in Verbindung steht
- im Zellkern liegt die DNA als Chromatin (= fädiges Netzwerk) vor
  → DNA enthält die Erbinformation, die alle Vorgänge des Stoffwechsels, des Wachstums und der Entwicklung steuert
- zusätzlich gibt es den Nucleolus, der überwiegend aus RNA besteht und für die Bildung der Ribosomen verantwortlich ist

2. Mitochondrien

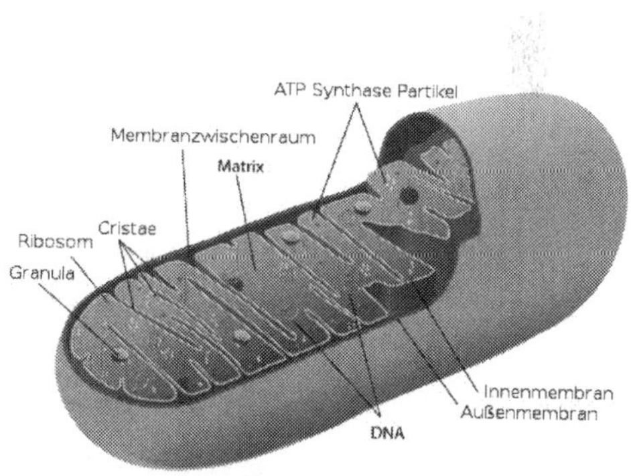

Doppelmembran:

- Mitochondrien bestehen aus zwei verschiedenen Kompartimenten wegen ihrer äußeren und inneren Membran

Innere Membran:

- sie umgibt die Matrix im Inneren
- sie ist stark vergrößert durch faltenförmige Einstülpungen in die Matrix hinein
- viele Reaktionen durch membrangebundene Enzyme laufen hier gleichzeitig ab

Vorkommen:

- in Zellen mit hohen Energiebedarf z.B. Muskelzellen.
- sie sind der Ort der Zellatmung und heißen daher „Kraftwerke der Zelle“

Funktion:

- Umwandlung der Energie aus Nährstoffen in chemisch, verwertbare Energie (in Adenosintriphosphat, ATP) = Dissimilation

  Glucose + O_2 → CO_2 + H_2O + Energie (ATP)

- Mitochondrien sind nicht menschlicher Abstammung
  → Entstehung gemäß der Endosymbiontentheorie (gegenseitiger Nutzen)

3. Chloroplasten

Vorkommen:
- nur in pflanzlichen Zellen

innere Membran:
- sie umschließt einen Matrixraum (das Stroma)
- sie schnürt zahlreiche, lamellenartige, flach gedrückte Membransäckchen in das Stroma ab
- in Membranen der Membransäckchen befindet sich der grüne Blattstoff Chlorophyll
- Dort und im Stroma laufen die Reaktionen der Fotosynthese ab

$$CO_2 + H_2O \xrightarrow[\text{Licht, Chlorophyll}]{} \text{Glucose} + O_2$$

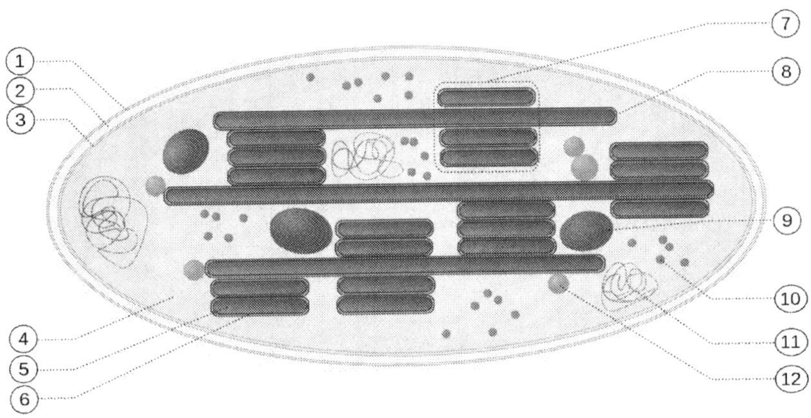

Quelle: https://upload.wikimedia.org/wikipedia/commons/2/26/Chloroplast.svg; unverändert

1. äußere Membran
2. Intermembranraum
3. innere Membran
4. Stroma (Matrix)
5. Thylakoidlumen
6. Thylakoidmembran
7. Granum (Granalamelle)
8. Thylakoid (Stromalamelle)
9. Stärke
10. plastidäres Ribosom
11. plastidäre DNA
12. Plastoglobulus

1.1.3 Zellorganellen mit einfacher Membranen

1. Endoplasmatisches Retikulum (ER)

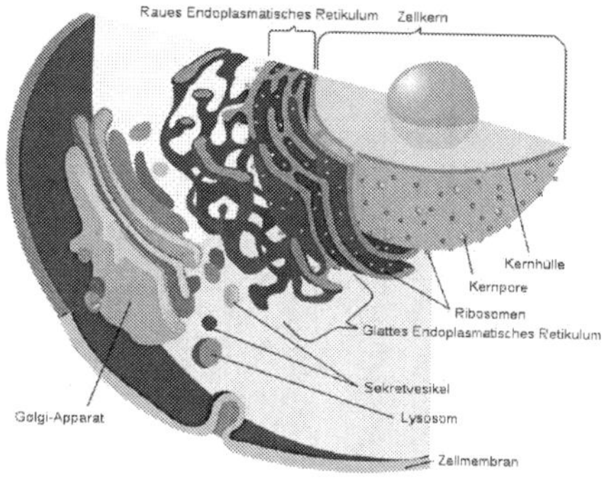

Aufbau:

- netzförmiges System membranumhüllter Kanälchen, welches das Cytoplasma durchzieht und mit der Zellkernhülle verbunden ist

Differenzierung des ER

a) raues ER:
- Membranflächen mit Ribosomen
- Eiweißsynthese

b) glattes ER
- freie Membranflächen (ohne Ribosomen)
- Synthese verschiedener Lipide und Hormone sowie Entgiftungsfunktion

Funktion:

- Bildung von Lipiden in der Membran des glatten ER
- Einbau von Lipiden und Proteinen in die ER-Membran
- Bildungsort fast aller Organzellmembranen bzw. Bausteine
  → Abschnürung von Bläschen (Vesikeln) für den Transport zum Golgi-Apparat
  → Inhalt der Vesikel (z.B. Proteine) gelangt so zu anderen Zellkompartimenten

2. Dictyosomen/Golgi-Apparat

Aufbau

- bestehen aus Stapeln membranumgrenzter Reaktionsräume (flache Membranzisternen)
- Gesamtheit der Dictyosomen in einer Zelle = Golgi-Apparat

Funktion

- Im Inneren des Golgi-Apparats befinden sich v.a. Eiweiße (bei pflanzlichen Zellen auch Baustoffe für die Zellwand)
- Umwandeln, Sortieren und Verpacken von Stoffen, aber keine Neubildung

3. Lysosomen

Aufbau

- Verdauungsorganellen der Zelle („Magen der Zelle")
- sie enthalten saure Hydrolasen und Phosphatasen

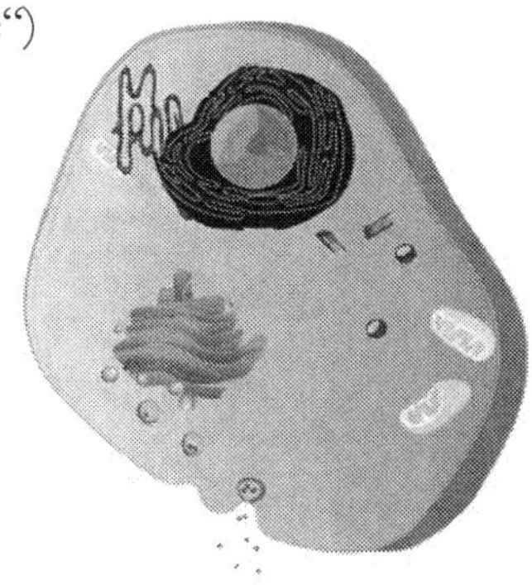

Funktion

- saures Milieu im Inneren zum Abbau von (...)
  - Proteinen
  - gealterten Zellorganellen und
  - Mikroorganismen (z.B. Bakterien) durch Enzyme

4. Peroxisomen

Funktion

- Abbau von Zellgiften wie Ethanol, Phenol, Formaldehyd und Wasserstoffperoxid
- Abbau von langkettigen Fettsäuren

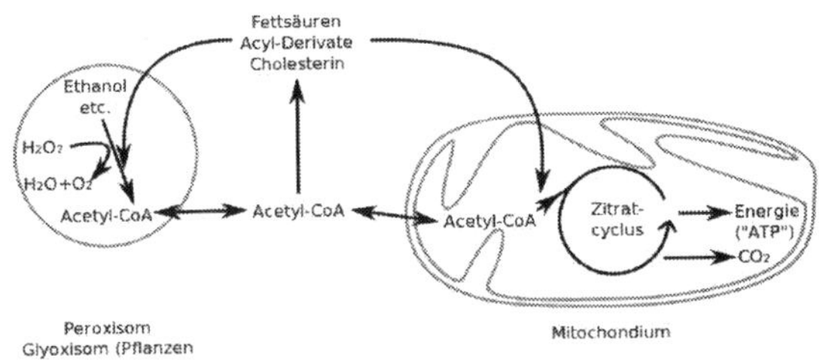

Quelle: https://upload.wikimedia.org/wikipedia/commons/f/f9/Peroxisom.svg; unverändert

4. Vakuole (Bestandteil pflanzlicher Zellen)

Aufbau

- gefüllt mit Zellsaft
  → wässrige Lösung von Ionen (Salzen) und organischen Verbindungen
- macht 90% des Zellvolumens in ausgewachsenen Pflanzenzellen us

Funktion

- Dient als Speicher für Nährstoffe, Abbauprodukte und Abwehrstoffe gegen Fressfeinde
- Sorgt für den Innendruck (= Turgor)

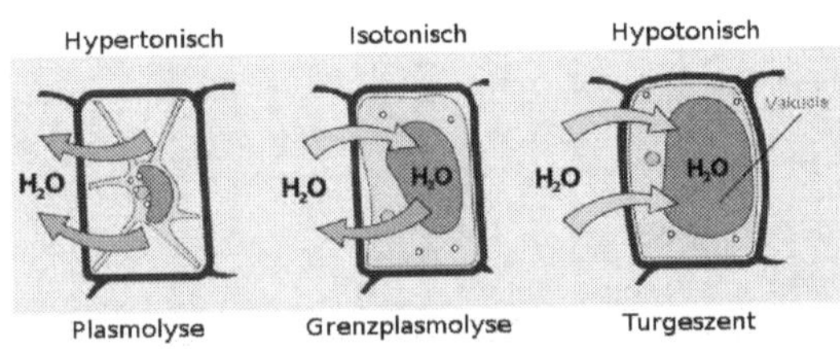

1.1.4 Zellorganellen ohne Membranen

1. Ribosom

Aufbau

- Membran von Organellen besteht zu 40% aus RNA und 60% aus Proteinen

Funktion

- Bildungsstätten der Proteinbiosynthese
- Ribosomen sind entweder frei im Cytoplasma oder als perlschnurartige Polysomen an die ER-Membran gebunden

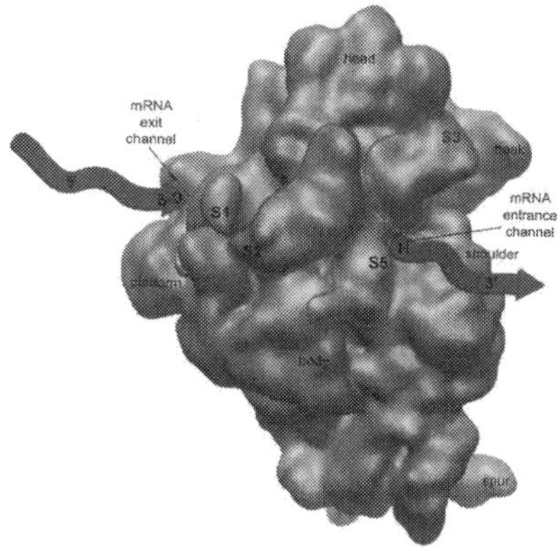

Quelle: Plos Biology, https://upload.wikimedia.org/wikipedia/commons/6/66/Chloroplast_ribosome.jpg; unverändert

2. Cytoskelett

Aufbau

- Zusammengelagerte Proteine bilden winzige Röhren und feinste Fäden
- das Cytoskelett durchzieht das gesamte Plasma von Membran zu Membran

Bauelement des Cytoskeletts:

1. Mikrofilamente (fädige Strukturen aus Aktin)
2. Mikrotubuli (röhrenförmige Gebilde aus Tubulin)
3. Intermediärfilamente (Bildung von Hornsubstanzen z.B. in Haar und Haut)

Funktion

- Bestimmt maßgeblich die Gestalt einer tierischen Zellen (da keine Zellwand)
- verleiht der Zelle eine mechanische Festigkeit
- ermöglicht das Fortbewegen der Zelle

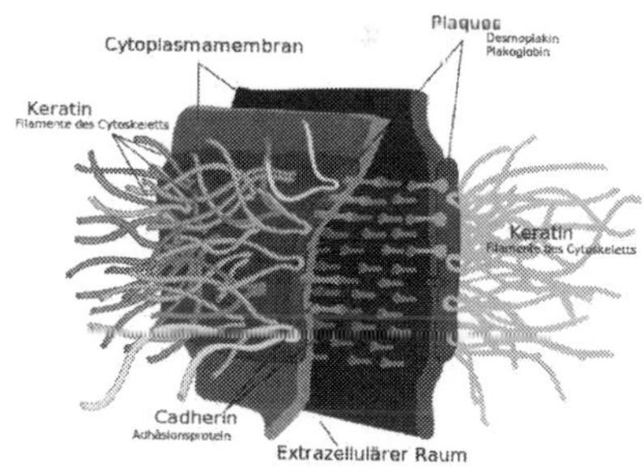

3. Centriolen

Aufbau

- bestehen aus Mikrotubuli
- Vorkommen i. d. R. paarweise

Funktion:

- Beteiligung an der Mitose und Meiose
  → Ausbildung der Kernspindeln (Pole)

1.1.5 Vorkommen und Funktion der verschiedenen Zellorganellen

Zellorganellen	Tierzelle	Pflanzenzelle	Funktion
Zellkern	x	x	• Steuert die Stoffwechsel-vorgänge innerhalb der Zelle
Zellmembran	x	x	• Abgrenzung der verschiedenen Zellorganellen • Stoffaustausch • semi-permeabler Austausch
Zellwand		x	• Schutz • Stabilität; verleiht Gestalt
Cytoplasma	x	x	• Ort des Stoffwechsels • Erhaltung des Zellinnendrucks
Vakuole		x	• Innendruck (Turgor) • Speicher von Abfall-, Farb- und Reservestoffen
Mitochondrien (eigene DNA)	x	x	• Energieversorgung • Zellatmung
Chloroplasten (eigene DNA)		x	• Fotosynthese
Vesikel	x	x	• Umschließen Transportstoffe mit Membranen
Ribosomen	x	x	• Proteinbiosynthese
ER	x	x	• Intrazellulärer Stoffwechseltransport

1.1.6 molekulare Struktur und Funktionen der DNA

Die DNA ist die Erbsubstanz aller Lebewesen, in der alle genetischen Informationen verschlüsselt sind. Sie befindet sich im Zellkern

Doppelhelix die DNA besteht aus zwei DNA-Einzelsträngen, die in entgegengesetzte Richtungen verlaufen, der eine nach „oben“, der andere nach „unten“
→ Ausbildung der Doppelhelix

Rückgrat der DNA

- Zucker und Phosphatmoleküle bilden das Rückgrat der DNA
- abwechselnder Aufbau von Desoxyribose und Phosphat
- die Phosphatgruppen sind negativ geladen
- Die beiden schraubenförmigen Stränge symbolisieren die beiden Phosphatsäure-Zucker-Ketten
- die horizontalen Balken die Basenpaare

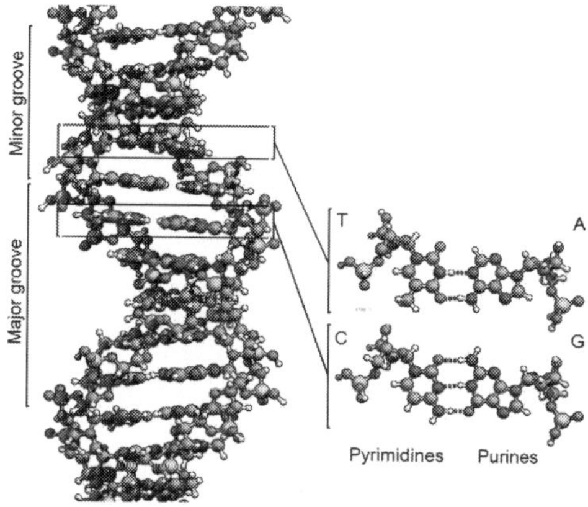

Quelle: https://upload.wikimedia.org/wikipedia/commons/4/4c/DNA_Structure%2BKey%2BLabelled.pn_NoBB.png; unverändert

Zusammenhalt der Einzelstränge

- die Einzelstränge werden durch die komplementären Basenpaare zusammengehalten
- Der Zusammenhalt erfolgt durch Wasserstoffbrückenbindungen:

A = T
G ≡ C

Basenspezifität

- aufgrund der Basenspezifität verbinden sich immer Adenin = Thymin und Cytosin ≡ Guanin
  - Die Basenpaare A = T und G ≡ C haben exakt die gleiche Bereite, und sind ähnlich aufgebaut
  - Grund: Die Paarung zwischen den Basen A = T und G ≡ C kann daher mit geringem Energieaufwand durchgeführt werden

- Man nennt diese Bausteine der DNA Nukleotide
  → die DNA-Stränge sind durch Nukleotidpaare miteinander verbunden

räumliche Struktur und genetische Information

Genetische Information

- Die Erbinformation ist in der Abfolge der vier Basen A, T, G und C verschlüsselt
- ein Abschnitt der DNA, das für ein Protein zuständig ist, wird als Gen bezeichnet
  → genetischer Code

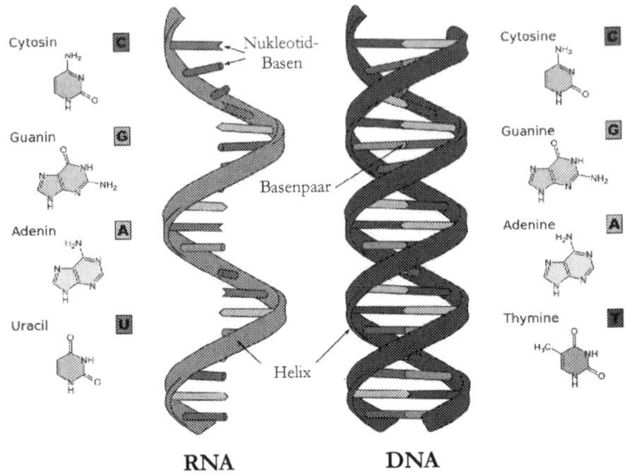

Quelle: https://upload.wikimedia.org/wikipedia/commons/3/37/ Difference_DNA_RNA-EN.svg; verändert

räumliche Anordnung

- In der DNA findet man wie bei den Proteinen eine grundlegende Struktur (= Primärstruktur) und eine spezielle räumliche Struktur (= Sekundärstruktur)

Primärstruktur	Unverzweigte Kette aus Nukleotiden (Phosphorsäure, Desoxyribose, organische Base)
Sekundärstruktur	Die DNA liegt als schraubförmige Doppelhelix vor (rechtsgedreht); es gilt die Basenspezifität

Die Stränge verlaufen antiparallel (gegenläufig):

a) Eine Seite: 5‘ Phosphat, 3‘ Zucker

b) Andere Seite: 3‘ Phosphat, 5‘ Zucker

Wasserstoffbrückenbindungen (H-Brücken)

- Aufgrund der polarisierten Ladungsverteilungen im Wassermolekül können sich 2 Wassermoleküle anziehen

Wasserstoffbrücke zwischen zwei Wassermolekülen

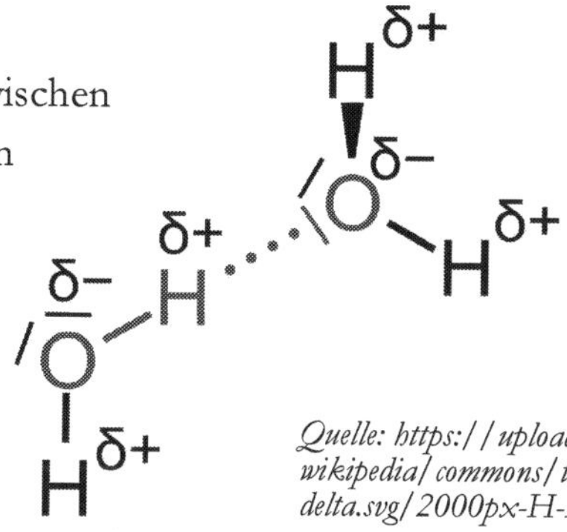

Quelle: https://upload.wikimedia.org/wikipedia/commons/thumb/8/85/H-Bruecke-delta.svg/2000px-H-Bruecke-delta.svg.png

Adenin und Thymin sind immer durch 2 Wasserstoffbrückenbindungen

A = T

Cytosin und Guanin mit 3 Wasserstoffbrückenbindungen miteinander verbunden

G ≡ C

Aufgrund der Wasserstoffbrücken werden die Polynukleotidstränge zusammengehalten

- Dadurch kann das Auseinanderweichen der Einzelstränge ohne jeglichen Energieaufwand betrieben werden
- Dieses Auseinanderweichen der Stränge ist Voraussetzung für die Replikation und Transkription

Chromosomen

Aufbau

- Ein Chromosom besteht aus 2 Schwester-Chromatiden, die über das Centromer miteinander verbunden sind

Funktion

- Stofflicher Träger der Erbanlagen
- Beide Chromatiden enthalten dieselbe Erbinformation
- Jeder Mensch hat 46 Chromosomen, 23 homologe Paare → d.h. sein Genom ist diploid

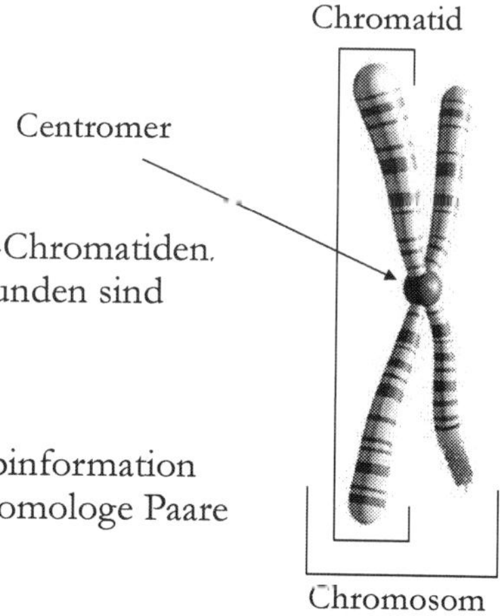

Quelle: https://upload.wikimedia.org/wikipedia/commons/c/cf/Chromosom-DNA-Gen.png; verändert

1.1.7 Nährstoffe

Aufbau und Funktion der Proteine

- Proteine sind organische Verbindungen mit mindestens 100 Aminosäuren
- Aminosäuren:
  - Verbindungen eines C-Atoms mit einer Carboxylgruppe, Aminogruppe und einem organischen Rest
  - Verbindung aus C-, H-, O-, N-, P- und S-Atomen
  - Der organische Rest macht die AS spezifisch

Einteilung von Peptiden *(anhand des Restes)*

I. **Kettenlänge**

II. **Frequenz**: Gehalt an AS ist unterschiedlich (Häufigkeit des Auftretens)

III. **Sequenz**: Reihenfolge

IV. **räumliche Struktur:** Konformation

8 Essentielle AS (9 - Histidin)

- Organismus kann diese nicht selbst herstellen (nur durch Nahrungsaufnahme)
- nicht essentielle AS: werden aus essentiellen AS synthetisiert

Vorkommen: tierische und pflanzliche Produkte

Funktion von Proteinen

	Funktion
Allgemein	1. **Deckung des Energiebedarfs** 2. **Bausteine für die Strukturen des Organismus** (z.B. Enzyme / Hormone) → **Funktionstüchtigkeit** wird durch **Konformation** (räumliche Struktur) bestimmt (z.B. Enzyme)
Transport und Schutz	• Lipoprotein: Trägersubstanz anderer Verbindungen zum Beispiel von freien Fettsäuren, Eisen, Cholesterin, Arzneimittel • Plasmaproteine: Aufrechterhaltung der osmotischen Verhältnisse • Antikörper: Immunabwehr • Gerinnungsfaktoren: Koagulation (Gerinnung) • Grundlagen zur Neubildung von Gewebe: Nahrungseiweiß bei Wundheilung und Wachstum)

Peptidbindungen

AS + AS → Dipeptid + Wasser

Es findet eine Kondensationsreaktions statt

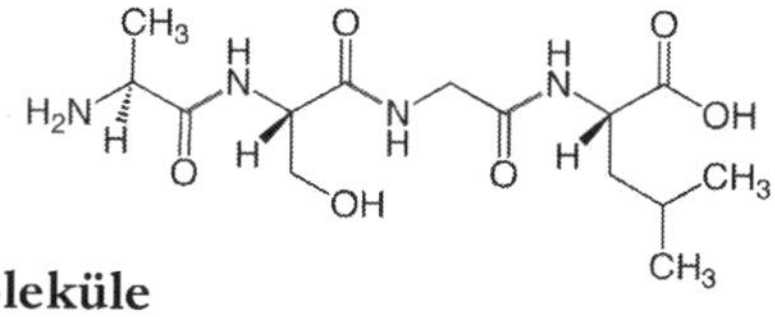

Anziehungskräfte innerhalb der Protein-Moleküle

a) Wasserstoffbrückenbindungen (bei Tyr — Glu)
b) ionische Wechselbeziehungen (z.B. COO^- → NH_3^+ bei Lys — Glu)
c) Van-der-Waals-Bindungen (bei Ala — Ala)
d) Disulfidbrücken (bei Cys — Cys)

Einteilung der Proteine anhand der räumlichen Anordnung (Konformation)

1. **Primärstruktur**
   - AS-Kette liegt in einer Ebene *(Perlkettenstruktur)*

2. **Sekundärstruktur**
   - Molekülachse kann Rechtsschraube bilden → α- Helix

     oder

   - Mehrere Polypeptidstränge liegen nebeneinander und falten sich → β-Faltblattstruktur

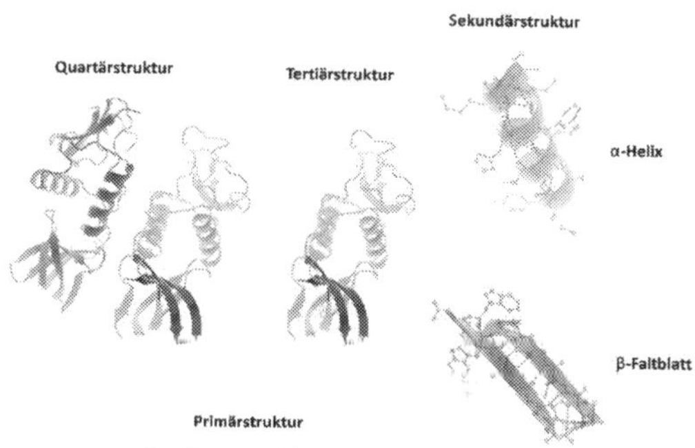

Quelle: https://de.wikipedia.org/wiki/Proteinfaltung#/media/File:Protein-Struktur.png; unverändert

3. **Tertiärstruktur**
   - Parallel liegende Abschnitte (β-Faltblattstruktur), die mit α- Helix-Abschnitte verbunden sind
   - Anziehungskräfte zwischen den organischen Resten
   - Tertiärstruktur bestimmt die Funktion des Proteins (vgl. Schlüssel-Schloss-Prinzip)

4. **Quartärstruktur**
   - übergeordnete Tertiärstruktur
   - Molekülreihe liegt in mehreren Ebenen (dreidimensional) übereinander → funktionsfähige Einheit (z.B. Hämoglobinmolekül)

Denaturierung:

- Zerstörung der Konformation (Tertiärstruktur) = Funktionsverlust
  → z.B. durch Säuren, Laugen und Hitze
- <u>Beispiel:</u> Denaturationsprozess körpereigner Enzyme bei > 40°C

Kohlenhydrate

Kohlenhydrate bestehen aus den Elementen C, O, H

- <u>Beispiel Monosaccharide</u>: Glucose oder Fructose: $C_6H_{12}O_6$

Aufbau der Monosaccharide

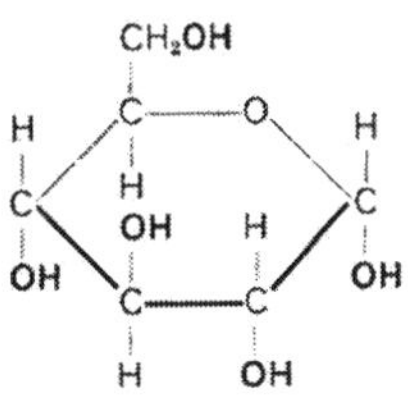

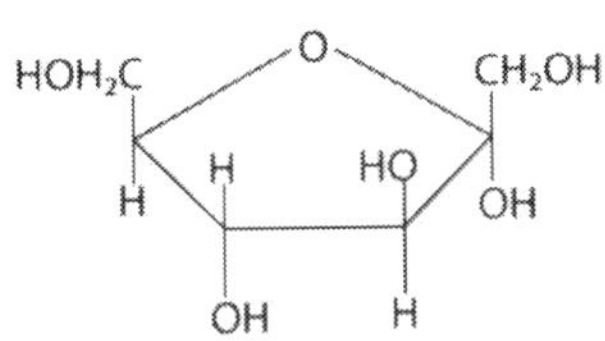

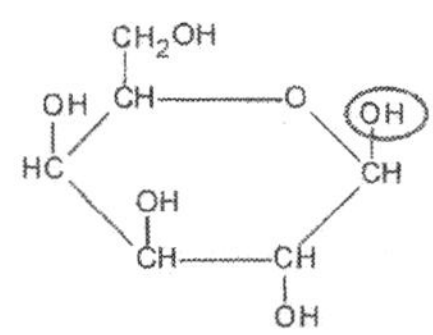

Aufbau der Disaccharide

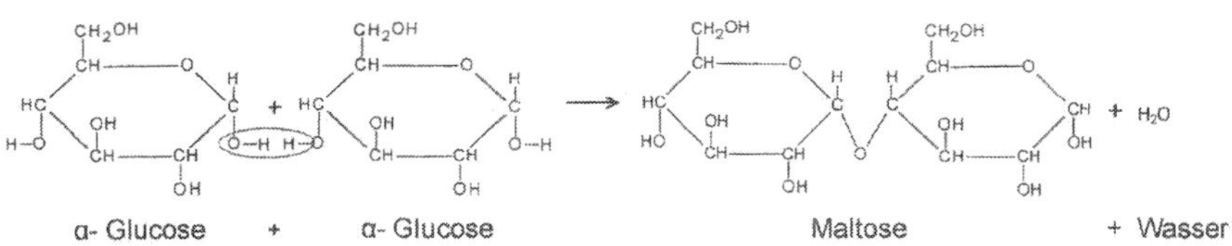

Aufbau der Polysaccharide

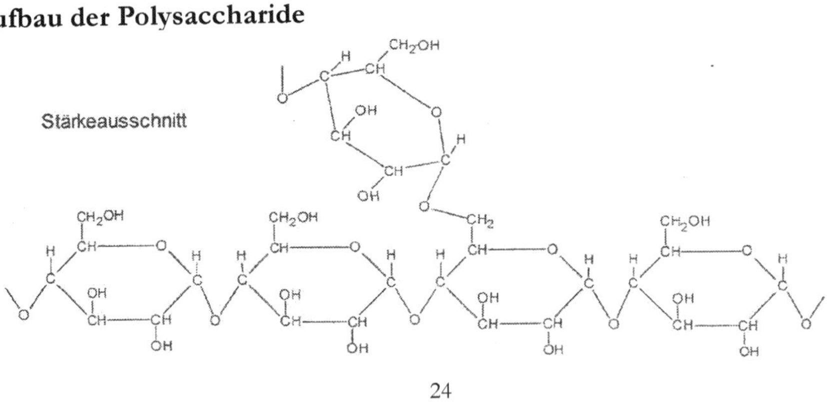

Je nach chemischen Aufbau unterscheidet man folgende Kohlenhydraten:

Kohlenhydrateart	Vorkommen
Monosaccharide = Einfachzucker 1. Glucose (= Traubenzucker) 2. Fructose (= Fruchtzucker) 3. Galaktose (= Schleimzucker)	1. Früchte 2. Früchte, Honig 3. Milch, Yoghurt
Disaccharide = Doppelzucker *(2 Monosaccharide)* 1. Glucose und Fructose → **Saccharose** 2. Glucose und Glucose → **Maltose** 3. Glucose und Galaktose → **Lactose**	1. Haushaltszucker, Rohr- und Rübenzucker 2. Malzzucker z.B. Bier 3. Milchzucker z.B, Käse, Milch Yoghurt
Polysaccharide = Vielfachzucker Zusammenlagerung mehrerer Monosaccharide 1. Stärke → Vorratsstoff der Pflanzen 2. Glykogen → Speicherstoff im tierischen und menschlichen Körper 3. Cellulose → Gerüststoffe der Pflanze	1. Kartoffeln 2. Leber, Muskulatur 3. Getreide, Gemüse, Obst

Wasserlöslichkeit der Kohlenhydrate: abhängig von Anzahl der OH-Gruppen

Aufgaben von Kohlenhydraten

	Funktion
Energielieferant erster Ordnung: 4 $^{kcal}/_{1g}$	• <u>Energiegewinnung:</u> Fette und Proteine werden in Kohlenhydrate umgewandelt • <u>Reserve:</u> überflüssige Energie wird in Leber und Muskelgewebe in Form von Glykogen gespeichert • <u>Regulation desBlutzuckerspiegels</u>: durch Hormone Insulin und Glukagon
Bestandteil von Zellmembranen	• die äußere Zelloberfläche ist von einer Glykokalix (kohlenhydratreiche Hülle) umgeben • Schutz und Kontakt mit anderen Zellen

Fette und Fettsäuren

A. Blutfette

1. Cholesterin (HDL und LDL-Werte)
2. Triglyceride
   - können sowohl mit der Nahrung zugeführt als auch im Körper selbstständig hergestellt werden
   - schwimmen nicht frei im Plasma, sondern sind zum Transport im Blut an Eiweißen gebunden (= Lipoproteine)

B. Cholesterin (Fettbegleitstoff)

3. HDL (high-density-lipoprotein):
   Arteriosklerose-hemmend, da sie Cholesterin von der Zelle zur Leber transportieren

4. LDL (low-density-lipoprotein):
   Arteriosklerose-fördernd, da sie Cholesterin von der Leber zu den Zellen transportieren → Gefäßablagerung

- 1 bis 2g Cholesterin werden von der Leber täglich selbst produziert
- die Nahrung macht nur einen kleinen Teil aus
- Cholesterin kommt ausschließlich in tierischen Produkten vor

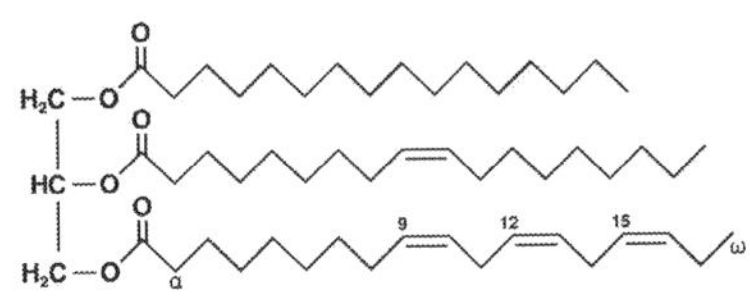

C. Triglyceride *(Neutralfette)*

- größte Gruppe der Lipide
- Aufbau: drei Fettsäuren, die an ein Molekül Glycerin gebunden sind
- tierische Fette enthalten vorwiegend gesättigte Fettsäuren
- pflanzliche Fette meist reich an ungesättigten Fettsäuren
- viele ungesättigte Fettsäuren sind **essentiell**
  - keine eigene Bildung durch den Körper
    = Aufnahme über die Nahrung *(z.B. Omega-Fettsäuren)*
  - nicht-essentielle Fettsäuren kann der Körper selbst herstellen

D. Transfettsäuren

- industriell gehärtete Fette
- erhöhen das Arterioskleroseriskio

physikalische Eigenschaft der Fette:

- nicht wasserlöslich
- Emulsion notwendig
- Aggregatzustand: Öl (flüssig); Butter (fest)

Differenzierung von Fettsäuren:
→ **Struktur** der Triglyceride bestimmt deren **Eigenschaften**

1. **Kettenlänge**
   - kurzkettige Fettsäuren:
     - wasserlöslich (hydrophil)
     - Löslichkeit nimmt mit wachsender Kettenlänge ab

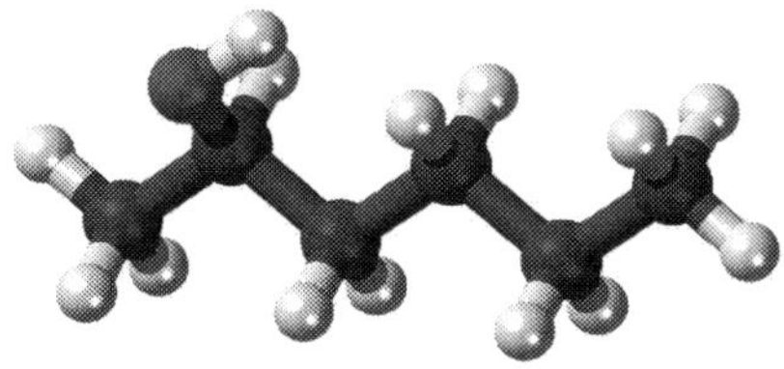

   - langkettige Fettsäuren:
     - wasserunlöslich (hydrophob)
     - Aufnahme nur durch Säuren des Gallensekrets möglich (Emulgation)

2. **Sättigungsgrad** (Anzahl der Doppelbindungen)
   - Gesättigte FS besitzen Einfachbindungen (z.B. Buttersäure)
     - je mehr H-Atome (VDW-Kräfte) eine C-Kette besitzt, desto gesättigter ist die Fettsäure
   - einfach ungesättigte FS → eine C=C Doppelbindung
   - mehrfach ungesättigte FS → zwei oder mehrere C=C Doppelbindungen

3. **Konfiguration** (Anordnung der H-Atome an C-Atome mit Doppelbindung)
   a) Cis-Form: H-Atome stehen auf der gleichen Seite
   → Pflanzenöle – geringer Schmelzpunkt

   b) Trans-Form: H-Atome stehen auf gegenüberliegender Seite
   → Käse, Butter – hoher Schmelzpunkt

Funktion von Fetten

Fettart	Funktion
Cholesterin	• HDL schützen in angemessener Menge vor Herz-Kreislauferkrankungen • LDL fördert Herz-Kreislauferkrankungen (z.B. Plaquebildung durch Arteriosklerose)
Triglyceride	• ungesättigte Fettsäuren schützen in angemessener Menge vor Herz-Kreislauferkrankungen • gesättigte Fettsäuren bedingen im Übermaß Arteriosklerose
Allgemein	• Bestandteile im Aufbau von Zellmembranen, Neuronen, Hormonen, Gallensäure • Deckung des Energiebedarfs: 9 kcal/1g • langfristiger Energiespeicher durch Depotfunktion • Schutz: Wärmeisolation und mechanischer Schutz • Träger von fettlöslichen Vitaminen z.B. Carotin (E.D.K.A) • Geschmacks- und Aromastoffträger

1.2 Sexuelle Fortpflanzung

1.2.1 der Zellzyklus

Definition

- ablaufendes Programm zur Verdopplung der Zelle innerhalb einer bestimmten Zeit (Interphase)
- Funktion: Regulation des Wachstums und Regeneration der Zelle
- der Zellzyklus gliedert sich in 4 Abschnitte (G_1 -, S-, G_2-Phase, Mitose)

Interphase

- Im Zellkern liegt ein Chromatin-Gerüst vor (Phase der höchsten Stoffwechselaktivität)
- Funktion: Verdopplung der Erbinformation (= Replikation bzw. S-Phase)
- gegliedert sich in 3 Abschnitte (G1 -, S-, G2-Phase)

Phasen des eukaryotischen Zellzyklus

- **G_1-Phase:** 1-Chromatid-Chromosom, starke Stoffwechselaktivität, starke Proteinsynthese

- **S-Phase** (Synthese-Phase): 1-Chromatid-Chromosom wird repliziert
  → 2-Chromatid-Chromosom

- **G_2-Phase:** siehe G_1 + 2-Chromatid-Chromosomen

- **„G0“** ≙ Dornröschenschlaf, aus dem die Zelle durch geeignete Signale wieder zum Wachstum angeregt werden kann

Stadien des Zellzyklus

(1) Replikation (*Interphase bzw. S-Phase*)
(2) Mitose
(3) Cytokinese

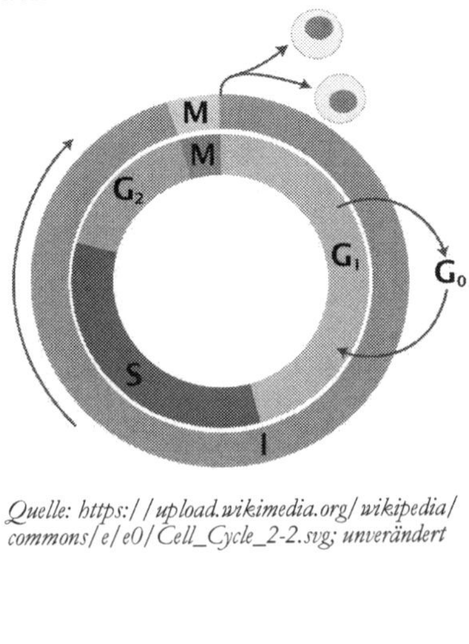

Quelle: https://upload.wikimedia.org/wikipedia/commons/e/e0/Cell_Cycle_2-2.svg; unverändert

1.2.2 Replikation – Verdopplung der DNA

Ort: im Zellkern

a) Trennung der Einzelstränge:

1. Topoisomerase entschraubt die Doppelhelix der DNA
2. Helicase *(Entbindungsenzym)* spaltet Wasserstoffbrückenbindungen, die Nukleotide (Basen) zusammenhalten
   → Bildung einer Matrize / Vorlage (ein Leit- und Folgestrang)

b) Verdopplung der Einzelstränge

3. Primase synthetisiert die Primer an den *5'- Enden* der Einzelstränge (*wichtig*: das 5'- Ende bezieht sich auf die Tochterstränge)
4. DNA-Polymerase III verknüpft die DNA-Nukleotide in 5' → 3' , um den fehlenden DNA-Strang zu ergänzen
5. Prozess am Leitstrang verläuft kontinuierlich
6. Am Folgestrang muss stets neuer Primer synthetisiert werden, da Syntheserichtung der DNA-Polymerase III entgegengesetzt der DNA-Aufspaltrichtung *(Leserichtung 3' → 5')* ist
7. Wiederholung der Vorgänge, solange die DNA repliziert wurde

c) Feinschliff der DNA

1. Bildung von Okazaki-Fragmenten durch die diskontinuierliche Verknüpfung am Folgestrang
2. Entfernung der Primer durch RNase H
3. Füllen der Lücken durch DNA- Polymerase I mit weiteren DNA-Nukleotide
   → Ligase verknüpft die Okazaki-Fragmente am Folgestrang
   → DNA-Polymerase I korrigiert ständig die Fehlkopien

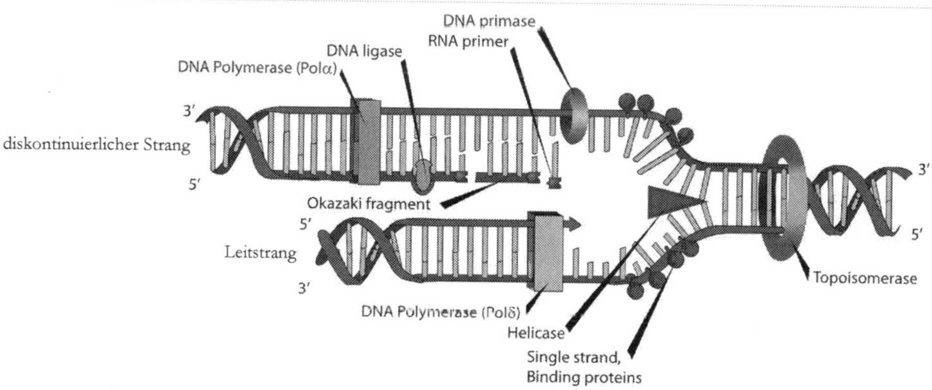

Beispielhafte Reparatursysteme:

Missmatch-Reparatur	Basen wurden falsch verknüpft (Missmatch) und werden wieder richtig angeordnet
Exessionsreparatur	Herausschneiden eines fehlerhaften Teils des Stranges und das Ersetzen durch ein passendes Teil

Leserichtung: 3' → 5'

Syntheserichtung: 5' → 3'

Telomere bestimmen Lebenszeit - Altern

1. Verkürzen der Chromosomenenden bei jeder Replikation am 5'-Ende:
    - DNA-Polymerase findet kein 3'-Ende zum Ansetzen, um den RNA-Primer zu ersetzen
    - Erbgut würde bei jeder Replik. weniger werden bzw. Altern

2. deswegen verkürzen Telomere und somit bleibt das Erbgut lange Zeit verschont:
    - Telomerase verlängert das 3' Ende des DNA-Stranges
    - Platzt für die Primase und DNA-Polymerase, die das 5'-Ende ergänzen
    - Das 5' Ende hat dadurch die frühere Länge, das 3'-Ende einen Überhang

3. Im Laufe des Lebens reduzieren sich Anzahl der Telomere, was folglich zum Altern führt

1.2.3 Meselson-Stahl-Experiment

Leitfrage: Nach welchem Prinzip repliziert die DNA?

Möglichkeiten: konservative, semikonservative / disperse Replikation?

Versuch

Schritt 1:

- Bakterium wird auf einen Nährboden mit Stickstoffisotop ^{15}N kultiviert
  → Einbauen des Isotops in die DNA

- Wiederholung nur dieses Mal mit ^{14}N-Isotopen
  → Stickstoffisotope unterscheiden sich in ihrer Masse, sodass der Dichtegradient über das Prinzip der Replikation Aufschluss gibt

- Extrahieren der Nachfolgegeneration und zentrifugieren des Erbguts
- Messung des Dichtegrades
- 1. Ergebnis:
  eine Bande mit ^{14}N und ^{15}N
  → d.h. es handelt sich entweder um d. semikonservativ oder disperse Replikation

Schritt 2:

- erneute Untersuchung mit der nächsten Filialgeneration (F2)
- 2. Ergebnis: es gibt (…)
  a) eine schwere Bande (^{14}N bis ^{15}N) und
  b) eine leichte Bande (^{14}N)
  → d.h. kein gleichmäßig, abwechselnder Einbau von ^{14}N und ^{15}N Isotopen

  → somit muss die Replikation nach dem semikonservativen Prinzip ablaufen

1.2.4 Mitose

Funktion Zellteilung einer homologen Mutterzelle
→ 2 diploide Tochterzelle

Prophase

- Auflösung der Kernmembran
- Anordnung und Spiralisieren der Chromosomen (= werden sichtbar)
- Ausbildung des Spindelapparats (Centrosomen fungieren als Pole)

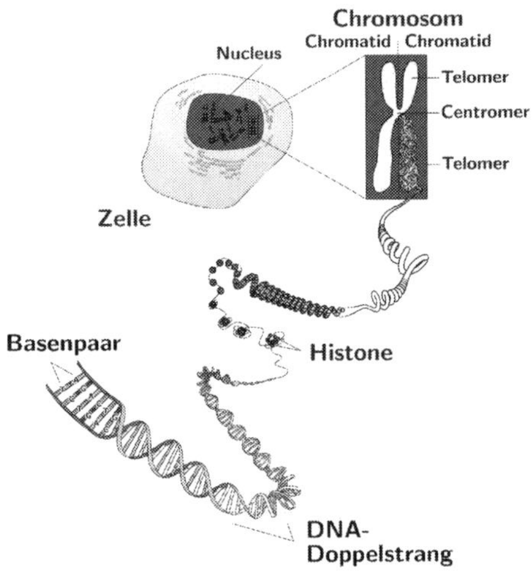

Metaphase

- Anlagern der Chromosomen in der Äquatorialebene
- Spindelfasern (Mikrotubuli) greifen an Centromere der Chromosomen

Anaphase

- Trennung der Chromosomen in einzelne Chromatiden durch die Spindelfasern
- gleichmäßige Verteilung der Chromatiden auf beide Pole

Telophase

- Ausbildung neuer Kern- und Zellmembran
- Entspiralisierung (Chromosom → Chromatin)

Cytokinese

- Zelldifferenzierung in insgesamt 2 Tochterzellen

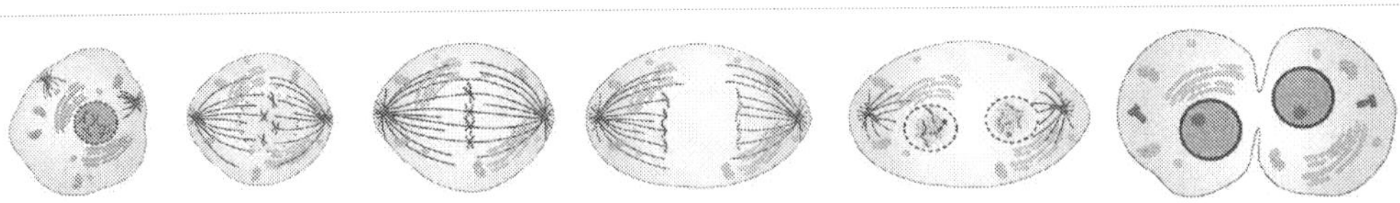

Prophase Metaphase Anaphase Telophase Cytokinese

1.2.5 <u>Meiose</u> (Keimzellbildung)

1. Reifeteilung (Reduktionsphase)

Prophase I

- Urkeimzelle aus 46 diploiden Chromosomen
- Spiralisieren (Kondensieren) der Chromosomen
- Ausbildung des Spindelapparats (Centrosomen fungieren als Pole)

Metaphase I

- Anordnung in der Äquatorialebene, sodass die Chromosomen der homologen Paare gegenüber liegen
- jeweils eines der homologen Chromosomen weist zu einem Pol

Anaphase I

- Trennung ganzer 2-Chromatid-Chromosomen
  → Trennung mütterlicher und väterlicher Chromosomen erfolgt durch zufällige Verteilung der Chromosomen auf die beiden Zellpole
- diploider Chromosomensatz wird zum haploiden Chromosomensatz

Telophase I

- Erreichen der Zellpole
- Ausbildung einer neuen Kernmembran
- Entspiralisierung
- zwei Zellen mit haploidem (zufällig zusammengestellten) Chromosomensatz

2. Reifeteilung (Äquationsteilung)

Kurze Interphase (+ Cytokinese)

Prophase II

- Ausbildung des Spindelapparats
- Auflösung der Kernmembran

Metaphase II

- Ausbildung einer neuen Kernspindel bei Tochterzellen
- Anordnung der Chromosomen in der Äquatorialebene

Anaphase II

- Trennung der Chromosomen in 1-Chromatid-Chromosomen, welche sich zu den Polen bewegen

Telophase II

- Abschnüren von 4 Keimzellen (Spermien) bzw. einer Keimbahnzelle (Eizelle) und 3 Polkörperchen

Ergebnis der Meiose:

Mann: 4 gleich große haploide Keimzellen (Spermien)
Frau: 1 große Eizelle (+ 3 kleine Polkörper, welche jedoch absterben)

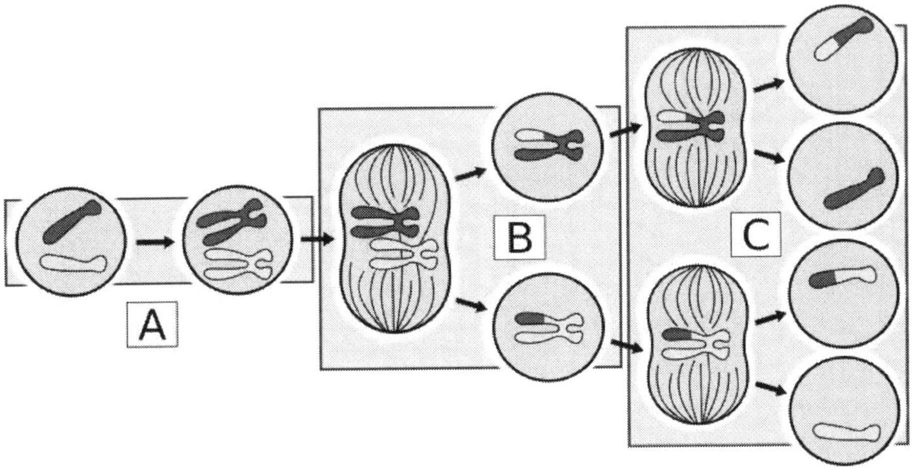

1.2.6 Vergleich: Mitose und Meiose

	Mitose	Meiose
Funktion	• Vermehrung von Zellen	• Bildung von Geschlechtszellen
Ort	• In allen wachsenden Zellen	• In den Keimdrüsen
Erbgut	• DNA von Mutterzelle und Tochterzelle sind identisch	• DNA von Mutterzelle und Keimzellen sind unterschiedlich
Ablauf	• Kernteilung	• 1. und 2. Reifeteilung • Intra- u. interchromosomale Rekombination
Ergebnis	• Zellteilung einer homologen Mutterzelle zu 2 diploiden Tochterzellen	• Reduktion des Chromsomensatzes • 4 Keimzellen mit haploiden Chromosomensatz

1.2.7 <u>Befruchtung</u>

Physiologischer Ablauf einer Einnistung in die Gebärmutter

1. Nach dem Eisprung wird die Eizelle aus dem Eierstock hinausgespült und vom Eileiter aufgenommen
2. Dort ist sie ca. 6-24 Stunden lang befruchtungsfähig
3. <u>Voraussetzung für eine Einnistung</u>: die Befruchtung der Eizelle
4. Ein einziges Spermium kann nun in die Eizelle eindringen, danach wird sie für alle anderen Spermien unzugänglich
5. Durch die Verschmelzung von Eizelle und Spermium entsteht nun eine befruchtete Eizelle (= die Zygote)
6. Nur eine befruchtete Eizelle kann sich in die Gebärmutter einnisten
7. Wenn die Eizelle am 5. bis 6. Tag nach der Befruchtung die Gebärmutter erreicht, ist bereits ein kleiner Zellhaufen (Blastozyste) entstanden
8. <u>Nidation</u>:
   Ab dem 7. Tag kann sich die Blastozyste in die Gebärmutterwand einnisten (Implantation)
9. Die Eizelle legt sich in der Wand der Gebärmutter in eine Mulde, die die Eizelle vollständig bedeckt

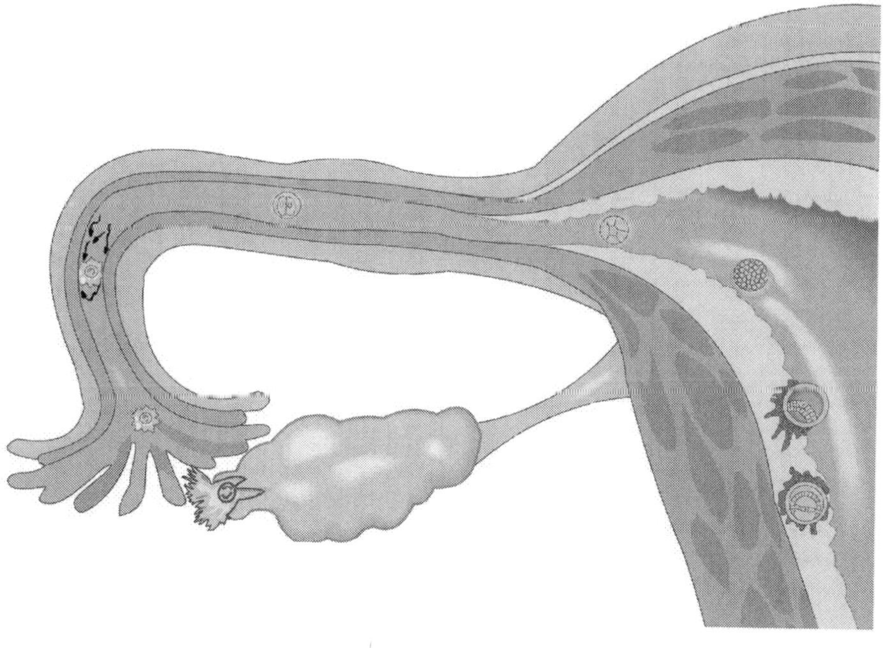

1.2.8 Rekombination

genetische Variabilität

- genetische Variabilität führt zu einem hohen Anteil unterschiedlicher Individuen → evolutionärer Vorteil
- Folge: genetische Variation (= Variationen im Genpool)

Möglichkeiten der Durchmischung von Erbgut (Rekombination)

Möglichkeiten	Beschreibung
Interchromosomale Rekombation	• zufällige Neuverteilung der homologen Chromosomen durch Spindelfasern • Während der Reduktionsteilung wird väterliches und mütterliches Erbgut kombiniert • 2^n Möglichkeiten → 2^{23} bzw. 8,3 Millionen Möglichkeiten *(n = Anzahl der Chromosomen)*
Intrachromosomale Rekombation	• Überlagerung der Chromatiden (= Crossing Over) • In der Metaphase können nebeneinander liegende Chromosomen Bruchstücke austauschen
Befruchtung	• 1 Eizelle kann potenziell von vielen Spermien befruchtet werden

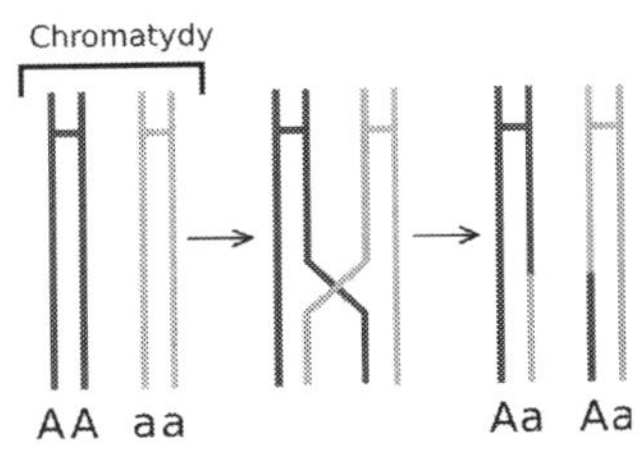

Funktion des Crossing-Over

1. Bedeutung für die Evolutionär:
   Durchsetzung durch Selektion und positiver Mutation (Anpassung an die Umwelt)

2. Neuverteilung der Gene
   → es kommt zur genetischen Variabilität: neuen Merkmalskombinationen

1.3 Stammbaumanalysen

1.3.1 autosomale und gonosomale Erbgänge beim Menschen

Erbgänge

- Erbgang ist **rezessiv** (2 Allele nötig zur Ausprägung) oder **dominant** (1 Allel ausreichend zur Ausprägung)
- Diese können **autosomal** (auf Chromosomen 1 bis 22) oder **gonosomal** (auf Geschlechts-Chromosomen: X / Y) vererbt werden

- **autosomal dominant**: kranke Eltern können gesunde Kinder haben
- **autosomal rezessiv:** gesunde Eltern können kranke Kinder haben *(Krankheit muss nicht in jeder Generation auftreten)*
- **gonosomal dominant**: mehr Frauen sind phänotypisch erkrankt
- **gonosomal rezessiv:** mehr Männer sind phänotypisch erkrankt

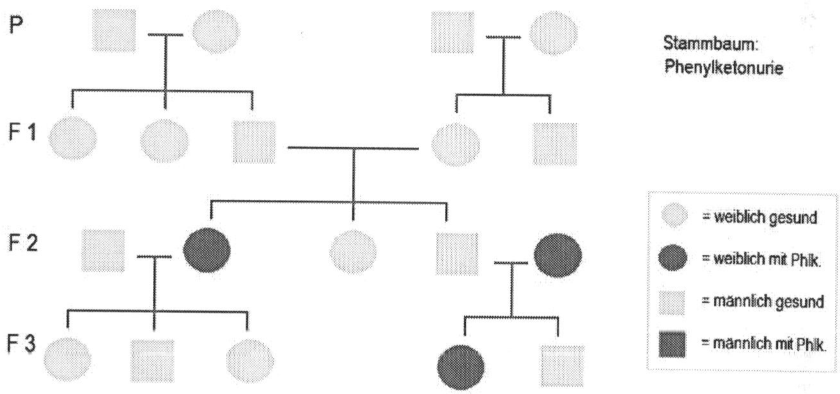

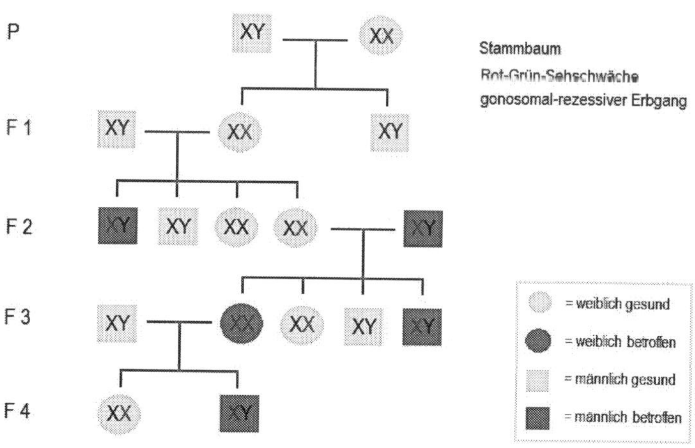

1.3.2 Rot-Grün-Blindheit

Definition Störung des Farbsinns mit Schwäche bzw. vollständigem Fehlen der Wahrnehmung der Farben Grün und Rot

Gründe, weshalb Männer häufiger erkranken

- die Rot-Grün-Blindheit wird X-chromosomal (gonosomal) rezessiv vererbt
- Wenn ein X-Chromosom beim Mann erkrankt ist, dann prägt sich die Erkrankung stets aus, da ihr Y-Chromosom den Defekt nicht kompensieren kann
- Frauen sind meist nur Konduktoren, da sie ein weiteres gesundes X-Chromosom besitzen

1.3.3 Hämophilie

Vererbung

- gonosomal rezessiver Erbgang
  → d.h. es sind v.a. Männer betroffen

Formen

- Hämophilie A (Folge: Faktor VIII Mangel)
- Hämophilie B (Folge: Faktor IX Mangel)
- Hämophilie C: v.a. bei Kindern

Symptome

- lange Blutungszeiten und Spontanblutungen
- Hämatombildung
- verzögerte Blutstillung
- Gelenkblutungen

Gelenkblutungen

- Hämarthrose (= Synovia vergrößert sich)
  - blutabtauchende Enzyme
  - Fehlbelastung von Knochen und Muskeln, Mobilitätsverlust der Gelenke

Therapie

- regelmäßige Faktoreninjektion (Ersetzung der Faktoren VIII, Vitamin K)
- Vermeidung von Sportarten mit extremer Belastung
- gentechnische Herstellung von Faktor VIII und Faktor IX

Komplikationen: Antikörperbildung gegen Faktor VIII

1.4 Genexpression: vom Gen zum Genprodukt

1.4.1 Transkription

Unterschiede zwischen DNA und RNA:

Informationssubstanz	DNA	RNA
Stränge	2 Einzelstränge, die sich umeinander binden (*Doppelhelix*)	Nur 1 Einzelstrang
Zucker	Desoxyribose	Ribose
Basen	Adenin, Thymin, Cytosin, Guanin	Adenin, Uracil, Cytosin, Guanin

Uracil ersetzt Thymin und Ribose ersetzt Desoxyribose bei der RNA

Ablauf der Transkription

a) Freilegen des DNA-Gens (= Initiation)

1. RNA-Polymerase bindet an den Promotor auf der DNA
2. RNA-Polymerase entschraubt die Doppelhelix der DNA
   Trennung der H-Brücken auf Länge von 20 Nukleotidpaaren zwischen den komplementären Basen

   → Entstehung der Matrize *(codogener Strang)*

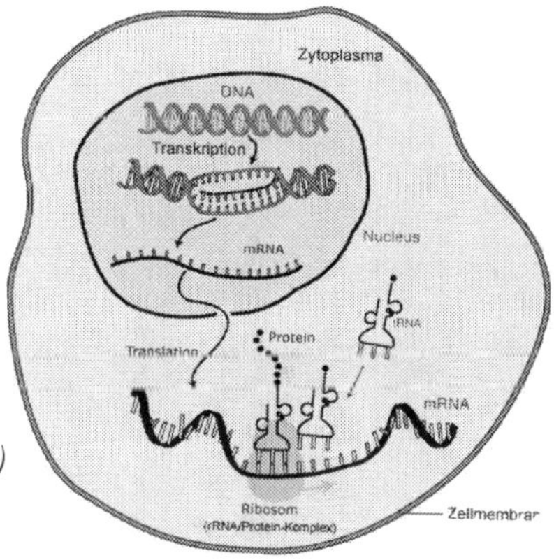

b) Transkribieren des DNA-Gens in RNA (= Elongation)

3. RNA-Polymerase synthetisiert Nukleotide (A–U und C–G) nur in 5' – 3' Richtung an den codogenen Strang
   → Entstehung eines mRNA-Moleküls
4. RNA-Polymerase wiederholt den Prozess bis sie auf den Terminator trifft (= Termination)
5. Ablösen der RNA von der RNA-Polymerase

Leserichtung: 3' → 5'
Syntheserichtung: 5' → 3'

1.4.2 Processing der mRNA

Besonderheit: Splicing als Zwischenschritt nur bei Eukaryonten

c) Processing der RNA (unreif → reif)

1. **Capping**: Am 5‘ Ende wird eine Cap-Struktur hinzugefügt
2. **Polyadenylierung**: Am 3‘ Ende wird ein Poly(A) Schwanz hinzugefügt
3. **Editing**: Bestimmte Basen werden verändert, sodass später ein neues Protein aufgrund anderer Aminosäuren entsteht
4. **Splicing**: Introns ergeben keinen Sinn bei der Translation und werden daher von den Exons getrennt

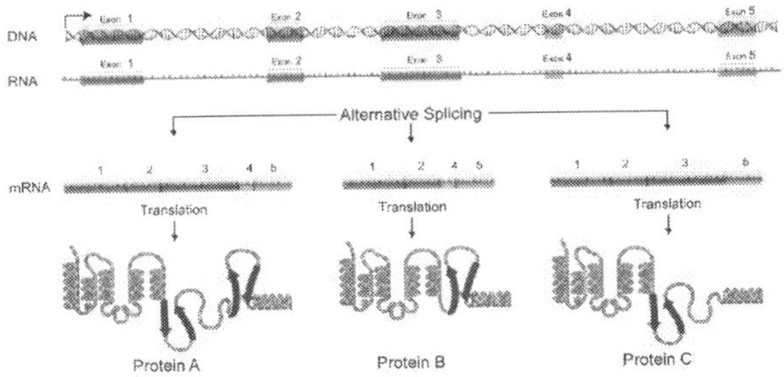

1.4.3 Translation

mRNA	Umgeschriebenes Gen, das bei Translation in Proteinen übersetzt wird
tRNA	Vermitteln von passenden Aminosäuren durch komplementäres Anticodon bei der Translation
rRNA	Beteiligung am Aufbau und Aktivität des Ribosoms

Das Anticodon der tRNA ≠ der Aminosäure
Codon der mRNA = Aminosäure

Jedes Ribosom hat 3 Stellen, die von der mRNA in 5‘ – 3‘ Richtung durchlaufen werden müssen:

- **Aminoacyl-Stelle (A-Stelle)** → Erkennungsort und Eingangsstelle
- **Polypeptid-Stelle (P-Stelle)** → Stelle, an der Polypeptidkette entsteht
- **Exit-Stelle (E-Stelle)** → Ausgangsstelle

prätranslationaler Zustand *(vor)*: tRNA's stehen auf der A- und P-Stelle
posttranslationaler Zustand *(nach)*: tRNA's stehen auf der P- und E-Stelle

Ablauf der Translation

1. Schritt: Ribosom im prätranslationalen Zustand:

- die P-Stellen-tRNA gibt die entstehende Aminosäurenkette an die A-Stellen-tRNA ab und wird durch die Peptid-Tranferase *(Enzym)* an eine weitere Aminosäure verknüpft

2. Schritt: Ribosom in posttranslationalen Zustand:

- das Ribosom wandert ein Basentriplett nach 3', somit ändert sich die Position der tRNA's auf dem Ribosom
- P-Stellen tRNA → E-Stellen tRNA und
A-Stellen-tRNA → P-Stellen-tRNA
- Polypeptidkette wieder auf der A-Stellen-tRNA

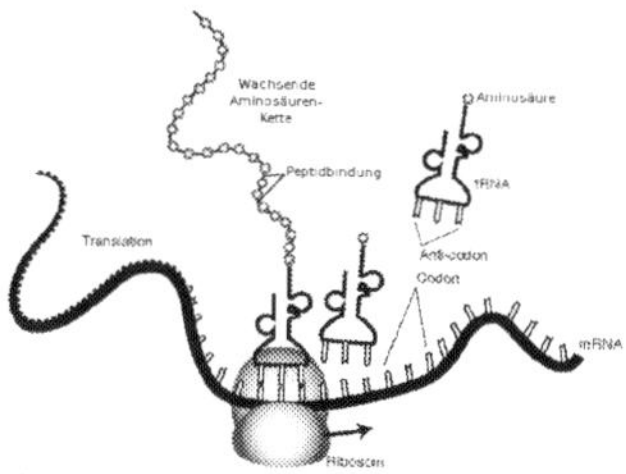

3. Schritt:

- Andocken einer passenden tRNA an freien A-Stelle
- Ausschleusen der E-Stellen-tRNA
- Somit geht Ribosom vom posttranslationalen Zustand
→ Ribosom geht wieder in den prätranslationalem Zustand über

4. Schritt

- Prozess wiederholt sich bis Ribosom auf STOPP-Codon trifft (U-A-A / U-A-G / U-G-A)
- Ablösen der mRNA und dem entstandenen Protein, das sich dann in seine räumliche Struktur begibt
- mRNA kann erneut abgelesen werden bis Abbau durch Exo-Nuclease

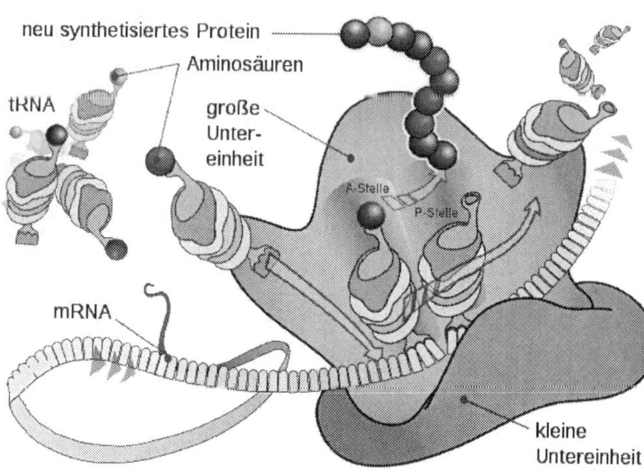

1.4.4 die Codesonne

Von den 64 möglichen Tripletts codieren 61 für den Einbau der 20 verschiedenen Aminosäuren. Die übrigen 3 dienen als Stoppcodon.

Lesen der Codesonne

- Ablesen von innen nach außen
- 1 Basentriplett = 1 Aminosäure
- die erste oder zweite Position darf nicht variieren, die 3. kann variieren

Eigenschaften des genetischen Codes

1. Der Code ist **nicht überlappend**, da die Triplett hintereinander abgelesen werden.
2. Der Code ist **kommafrei**, weil keine Leerstelle zwischen den einzelnen Triplett existiert
3. Der Code ist **degeneriert**, da der Einbau einer bestimmten Aminosäure durch mehrere verschiedene Tripletts codiert werden kann
4. Der Code ist **universell**, weil er von allen Organismen benutzt wird. Allerdings bevorzugen unterschiedliche Organismengruppen für die gleichen Aminosäuren eine jeweils andere Version
5. Der Code ist **eindeutig**, da ein bestimmtes Triplett immer nur den Einbau einer ganz bestimmten Aminosäure festlegt

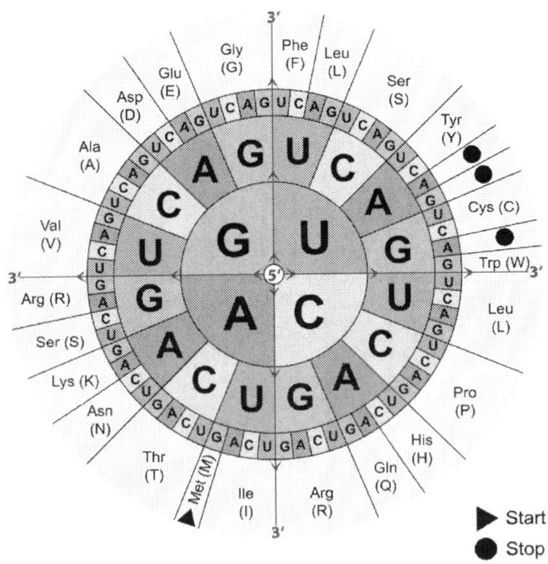

1.4.5 Vergleich Proteinbiosynthese in Eucyten und Procyten

Bereich	Eucyte	Procyte
genetischer Code	• die DNA besitzt Introns und ist um Stützproteine (Histone) aufgewickelt • die DNA liegt im Zellkern als Cromatin-Gerüst vor • Transkription (Zellkern) und Translation (Cytosol)	• DNA ist ringförmig • DNA liegt im Cytoplasma vor, da kein Zellkern vorhanden • Transkription und Translation (beide im Cytosol; unmittelbar hintereinander)
mRNA-Prozessing	• Caping (5' Ende) • Polyadenylierung (3' Ende) • Splicing (Entfernen der Introns) • Editing	• kein Splicing, da keine Introns vorhanden
gezielter Proteinabbau	• Extrazelluläre Proteine durch Lysosomen abgebaut • intrazelluläre Proteine werden im Proteasom abgebaut durch Ubiquitinierung	

1.4.6 Ein-Gen-ein-Polypeptid-Hypothese

Definition Ein Gen gilt als ein Abschnitt auf der DNA, der ein bestimmtes Protein codiert

Bedeutung

- Proteine können aus mehreren Polypeptiden bestehen
  → jeder DNA-Abschnitt, der für ein Polypeptid codiert, entspricht einem Gen

- Ein Gen kann durch alternatives Spleißen auf verschiedene Arten abgelesen werden
  → ein Gen kann für mehrere Polypeptide codieren

- Funktion:
  DNA ist platzsparend, da ihr Ablesen beliebig angepasst werden kann
  → prä-mRNA kann unterschiedlich geschnitten werden und damit aus einer Sequenz mehrere Proteine bilden

1.4.7 DNA-Methylierung

Epigenetik

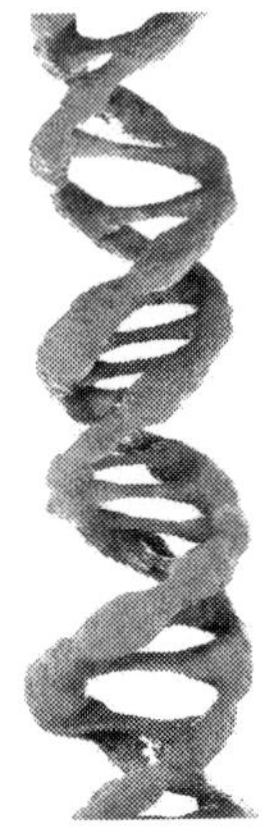

- Epigenetik umfasst äußere Einflüsse, die für eine Aktivierung bzw. Inaktivierung der Genexpression sorgen (d.h. nicht auf der direkten Änderung der DNA-Sequenz beruhen)
- wichtiger epigenetischer Faktor ist das Anhängen einer Methylgruppe vorrangig am Cytosin
- Das Methylierungsmuster wird bei der Zellteilung übernommen
- Funktion:
  - Durch Methylierung wird die RNA-Polymerase blockiert (verhindert die Genexpression)
  - durch Methylierung wird der DNA-Abschnitt nicht abgebaut

- Nur der „alte" Strang ist methyliert, der „neue" replizierte DNA-Strang zunächst noch nicht
- Die methylierenden Transferasen werden erst nach Abschluss der Replikation aktiv

Restriktionsenzyme	Schutz vor Angriff der körpereigenen DNA durch Restriktionsenzyme mithilfe der Anlagerung von Methylgruppen, da Restriktionsenzyme nicht an ihre Erkennungssequenz ansetzen können
Regulation	wenn sich die RNA-Polymerasen durch Methylisierung nicht mehr ansetzen können, ist keine Proteinbiosynthese möglich. Die entsprechenden Gene sind also ausgeschaltet. Da der Vorgang reversibel ist, können die Gene durch Entfernung der Methylgruppen auch wieder aktiviert werden
Reparatur	die Bedeutung für die DNA-Reparatur beruht darauf, dass der alte (methylisierte) vom neuen (nicht methylisierten) DNA-Strang unterschieden werden kann. Das Reparatursystem erkennt dadurch, auf welcher Seite der Fehler vorliegt. Der alte Strang dient als Matrize. Aus dem neuen Strang wird das fehlerhafte Stück entfernt und durch ein exakt komplementäres Stück ersetzt

1.5 Mutationen und ihre Auswirkungen

Mutationen spontane oder induzierte Änderungen der DNA

Es gibt drei Arten von Mutationen:

1. **Genomutation:**
   - Mutation, die nur eine Base betrifft
   - z.B. Down-Syndrom

2. **Chromosomenmutation**
   - Mutation, die einen Defekt (Form, etc.) am Chromosom verursacht
   - ganze Chromosomenstücke werden entfernt, dupliziert oder innvertiert
   - z.B. Cri-du-Chat-Syndrom

3. **Genmutation**
   - Mutation durch die Veränderung der Basensequenz eines Gens
   - z.B. Chorea Huntington

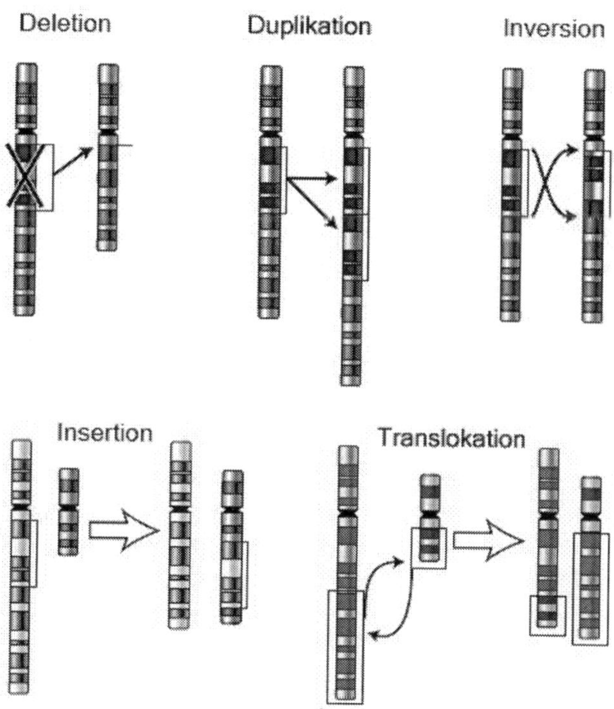

1.5.1 Genmutation

Die Genmutation werden in 3 Gruppen unterteilt :

Punktmutation

- Austausch eines Nukleotids
- stumme Mutation = verändertes Triplett codiert für gleiche Aminosäure (keine Auswirkung)
- Misssense Mutation = verändertes Triplett codiert für falsche Aminosäure
- Nonsense-Mutation = verändertes Triplett wird in Stoppcodon übersetzt → defektes Protein

Beispiel einer Genmutation – Chorea Huntington

Wahrscheinlichkeit, dass die Kinder des heterozygot von Chorea Huntington Betroffenen erkranken werden

- Kinder eines Betroffenen werden mit 50%-iger Wahrscheinlichkeit die Krankheit selbst bekommen
- Die Penetranz beträgt 100 %

Diagnose von Chorea Huntington bei Kind mit betroffenem Elternteil

- Da die Krankheit erst zwischen dem 30. und 50. Lebensjahr ausbricht, kann nur ein Gentest klären, ob man selbst Träger der Krankheit ist oder nicht
- Ist man Konduktor, kann ein pränataler Test zeigen, ob ein Kind krank ist
- Verhindern kann man die Krankheit nicht, sofern ein mutiertes Gen vorhanden ist

Polyphänie am Beispiel des Marfan Syndroms

- Obwohl ein einzelnes Gen für ein Eiweiß mutiert, hat dies Auswirkungen auf mehrere Merkmale (s. Symptome)

Art der Vererbung von Kurzfingrigkeit

- Keine Generation wird übersprungen
- Männer und Frauen sind gleichermaßen betroffen
= autosomal-dominant vererbte Krankheit

1.5.2 Chromosomenmutation

Hintergrund: strukturelle Veränderung eines Chromosomen

Rastermutation

- Insertion: Ein Nukleotid wird in die DNA eingefügt
- Deletion: Ein Nukleotid wird aus der DNA entfernt
- Folge: komplette Basensequenz ändert sich, das Leseraster verschoben wird → defektes Protein

Inversionen ein Teil der DNA wird herausgeschnitten und an der selben Stelle umgekehrt eingesetzt

Beispiel einer Chromosomenmutation – Cri-du-chat-Syndrom
(Katzenschrei-Syndrom)

Syndrom ein Krankheitsbild, welches durch mehrere typische Symptome beschrieben werden kann

Ursache für das Entstehen des Cri-du-Chat-Syndroms

- Chromosomenmutation: ein Teil des kurzen Arms von Chromosom 5 geht aus bisher ungeklärten Uraschen verloren

Symptome / Fehlbildungen beim Katzenschrei-Syndrom

- Kleiner Kopf, rundes Gesicht
- weit auseinander stehende Augen
- kleines, fliehendes Kinn, Hautfalte über den Augenliedern
- hohes, katzenartiges Schreien

Sicherung der Diagnose, wenn die Krankheit vorliegt

- Bei der lichtmikroskopischen Chromosomenanalyse von Körperzellen des Kindes kann man das Fehlen eines Teils des Chromosoms 5 feststellen

1.5.3 Genommutation

Urasche:

- Veränderung der Anzahl an Chromosomen
  = numerische Chromosomenaberration
- durch Non-Disjunction während der Meiose verursacht

Beispiel einer Genommutation – Trisomie

Entstehung der Trisomie 21

1. Bildung der Eizelle aus einer Urkeimzelle mit drei Chromosomen 21
2. Fehlverteilung der homologen Chromosomen in der 1. Reifeteilung
3. Fehlverteilung der Chromatiden in der 2. Reifeteilung

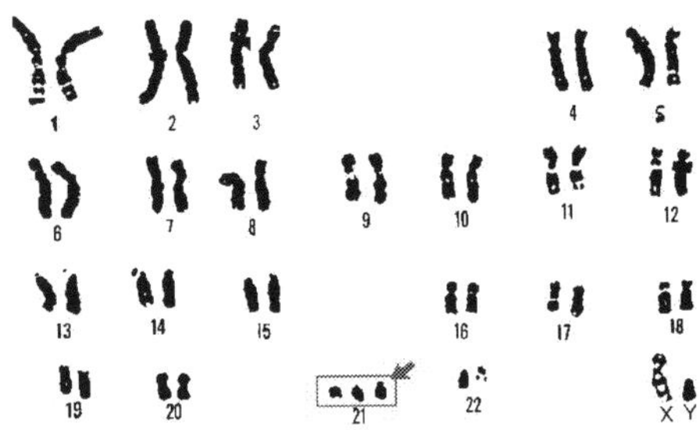

Entstehung der Klinefelter-Syndrom

- Fehlverteilung der elterlichen Geschlechtschromosomen
- Entstehung einer Trisomie Zygote bei der Befruchtung mit zusätzlichen X-Chromosom (XXY)
- Da das männliche Y-Chromosom für die Ausprägung des männlichen Geschlechts sorgt, trägt die betroffene Person auch männliche Geschlechtsmerkmale
- Allerdings bilden sich in geringem Maße auch weibliche Merkmale (z.B. kleine Brüste) aus

Möglichkeiten, mit welchem Chromosomensatz die fertige Eizelle später zur Befruchtung kommt

- Trisomie 21-Frauen sind fruchtbar; Männer nur bedingt
- 50% der Kinder einer Down-Syndrom Mutter könnten erkranken, da bei der Meiose mit 50%-iger Wahrscheinlichkeit zwei Chromatiden an eine Eizelle weitergegeben werden

Risiko ein Kind mit Down-Syndrom zu bekommen in Abhängigkeit vom Alter der Mutter

- Zwischen 30 und 40 Jahren steigt das Risiko einer Trisomie um ca. 1% an
- Zwischen 40 und 50 Jahren steigt das Risiko um weitere 7% an

1.5.4 Vergleich der verschiedenen Mutationsarten

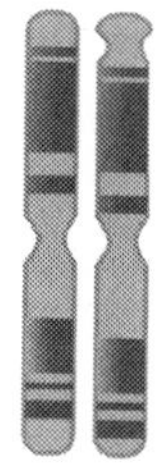

Spontane Mutation durch Mutagene

- chemische Substanzen
- energiereiche Strahlung
- Viren

Folge: Veränderung der DNA

	Gen- und Punktmutation	Chromosomenmutation	Genommutation
Def. und Bei-spiel	**Allgemein**: • Diese Form von Mutation betrifft nur eine Base • Ist die dritte Stelle betroffen, so bleiben die Mutationen stumm **Beispiel: Sichelzellanämie** • Veränderung der Proteinstruktur durch Änderung der Aminosäurensequenz • **stumme Mutation** verändertes Triplett codiert für gleiche Aminosäure (keine Auswirkung) • **Misssense Mutation** verändertes Triplett codiert für falsche Aminosäure • **Nonsense-Mutation** verändertes Triplett wird in Stoppcodon übersetzt → Defekt	**Allgemein** • Ganze Chromosomen-stücke werden entfernt, dupliziert, innvertiert **Translokation** • Teilstücke von Chromosomen werden bei einem anderen Chromosom ausgetauscht **Insertion** • Hinzufügen von Basen • Folge: Leserastermutation • Bsp: Chorea Huntington **Deletion** • Entfernen von Basen • Folge: Leserastermutation • Bsp: Mukoviszidose • Bsp: Cri-du-chat-Syndrom (Deletion auf kurzen Arm des Chromosoms 5) **Inversion** • ein Teil der DNA wird herausgeschnitten und an der selben Stelle umgekehrt eingesetzt	**Allgemein** • Mutation, die die Anzahl der Chromosomen betrifft z.B. Down-Syndrom • Trisomie 8 → lebensfähig ca. 2 Jahre • Verdopplung oder Wegfall ganzer Chromosomen • XXY – Kleinefelder-Syndrom • Monosomie: XO – Turner-Frau **Trisomie 21** • fehlerhafte Meiose (nicht-genetische Behinderungen)
Vererb-barkeit	**Nur wenn Keimzellen betroffen sind**		
Aus-löser	• chemische (z.B. Rauchen) oder physikalische (z.B. Strahlung) Mutagene • Auch Medikamente können Mutationen auslösen z.B. Contagan • Spontanmutationen		Non disjunction
Folge	Unbrauchbares, funktionsloses Protein		

1.5.5 Mutagene

Definition: Faktoren, die eine Mutation der DNA begünstigen

Dabei werden zwischen biologischen, chemischen und physikalische Faktoren unterschieden:

	Physikalische Mutagene	Chemische Mutagene
Ursache	• Zusammenstoßen mit anderen Molekülen	• Einbau von Basenanaloge d.h. fremden Molekülen in DNA aufgrund großer Ähnlichkeit • z.B. Bromuracil entspricht Thymin
Folgen	• Freisetzung der Purinbasen Adenin und Guanin → Deletion, da DNA-Polymerase bei Replikation fehlende Purinbasen überspringt	• Umlagerung der Keto- in die Enolform → Rastermutation (z.B. durch Ethidiumbromid)
Faktoren	Ionisierende Strahlung • Röntgenstrahlung verursacht Strangbrüche • UV-Strahlung begünstigt die Bildung Thymin-Dimeren (= Zusammenschluss benachbarter Basen)	• Nitrit • Benzol

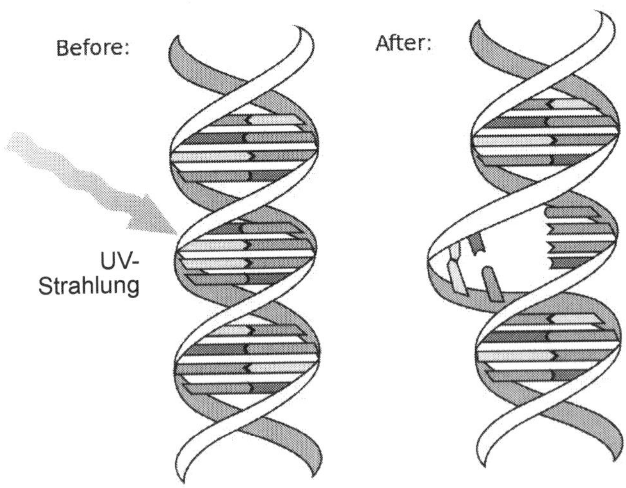

1.5.6 DNA-Reparatur

Ursache

- Mutationen:
  Im Genom einer Säugerzelle ereignen sich innerhalb von 24 Stunden viele Tausende von DNA-Schäden

Drei Typen von enzymatischen Reparatursystemen

1. **Fotoreaktivierung**
   - erfolgt durch DNA-Fotolyasen (Enzyme,) die durch sichtbares Licht aktiviert werden
   - Sie machen DNA-Veränderungen rückgängig
     z.B. Trennung von Thymin-Dimeren

2. **Postreplikations-Reparatur**
   - Fehlpaarungen werden korrigiert, die während der DNA-Replikation entstanden sind
   - die beteiligten Enzyme können nicht nur die Fehlpaarung erkennen und reparieren, sondern unterscheiden ebenso zwischen dem elterlichen DNA-Strang und neu synthetisierten Tochterstrang

3. **Excisionsreparatur**
   - Endonuklease erkennt die Schadstelle z.B. ein Thymin-Dimer in der DNA
   - Sie schneidet den betroffenen DNA-Strang vor und hinter dem Dimer ein und entfernt die schadhafte Stelle
   - Die entstandene Lücke füllt eine DNA Polymerase auf
   - Abschließend verknüpft die DNA-Ligase das neu synthetisierte DNA-Stück mit dem reparierten DNA-Strang

Die Bedeutung der Excisionsreparatur bzgl. der Hautkrankheit Xeroderma pigmentosum:

- Xeroderma pigmentosum wird durch einen autosomal-rezessiv vererbten Defekt in einem Enzym der Excisionsreparatur verursacht
- Patienten mit dieser Krankheit sind extrem empfindlich gegenüber UV-Licht
- Durch UV-Strahlung verursachte Mutationen können nicht repariert werden, was letztlich zu Hautkrebs führt

1.6 Diagnostik

1.6.1 gendiagnostische Verfahren

Karyogramm

- Herstellung
  - Blutentnahme
  - Wachsen der Lymphozyten (weiße Blutkörperchen) in einer Nährlösung bei 37°C
  - Mitose im Metaphasen-Stadium stoppen mit Cholizin (verhindert die Ausbildung der Kernspindel)
  - Verquellen der Lymphozyten und platzen lassen der roten Blutkörperchen mit einer hypotonen Lösung

- Bedeutung
  - geordnete Darstellung aller Chromosomen einer Zelle
  - Beispielhafte Erkrankungen (Trisomien, Cri-du-Chat)
  - 2 Gonosomen XX → Frau; XY → Mann
  - 44 homologe Autosomen

- erkennbare Pathologien z.B. Trisomie 21, Trisomie 13, Trisomie 18

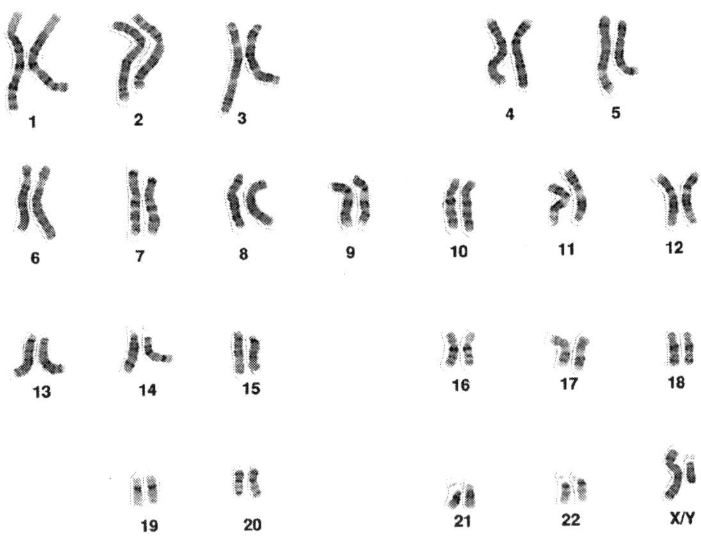

1.6.2 PCR – Polymerasekettenreaktion (PCR)

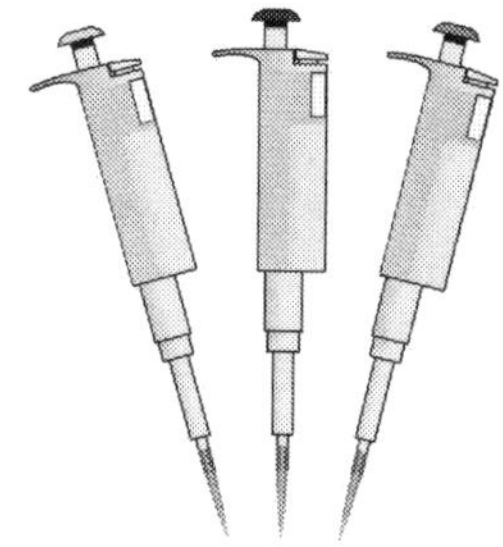

Voraussetzung
1. Lösung mit Nukleotiden, Taq-Polymerase, Helicase, Primer
2. Thermocycler und mind. ein DNA-Doppelstrang

Funktion
- künstliches Verfahren, um geringe DNA-Mengen millionenfach zu vervielfältigen
- Praktische Anwendung in: Vaterschaftstest, Untersuchung des genetischen Fingerabdrucks bei Kriminalverbrechen oder zum Nachweis von Krankheiten

Ablauf

1. Denaturierung
   - Temperaturerhöhung auf ca. 96° C
     → H-Brücken zwischen den komplementären Basen werden gelöst
     → DNA wird in Einzelstränge aufgetrennt

2. Hybridisierung
   - Temperatursenkung auf ca. 68° C
     → DNA-Primer (10-14 Basenpaare) lagern an die 3' OH-Enden an
     → Ansatzpunkt für die hitzestabile Taq-Polymerase

3. Elongation
   - Temperaturerhöhung auf ca. 72° C
     → Elongation mithilfe zugesetzter Nukleotide
     → aus zwei DNA-Einzelsträngen entstehen zwei DNA-Doppelstränge
     → ca. 30 bis 36 Zyklen sind möglich, sonst Gefahr von Mutationen

4. mehrfache Zyklen

Es werden nur zuvor festgelegte Teilabschnitte vervielfältigt, die sehr präzise durch künstlich synthetisierte Primer festlegen werden können

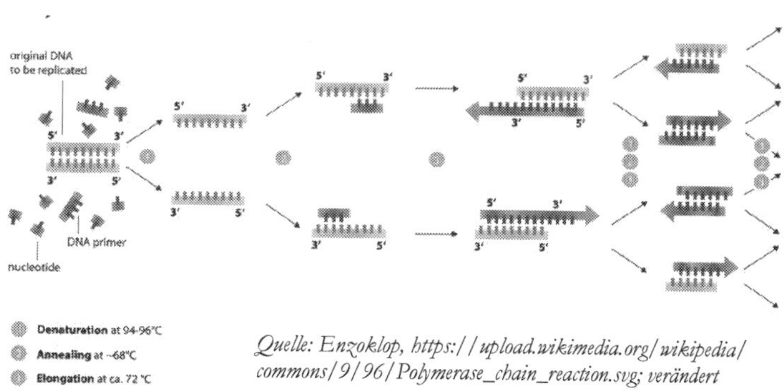

Quelle: Enzoklop, https://upload.wikimedia.org/wikipedia/commons/9/96/Polymerase_chain_reaction.svg; verändert

1.6.3 DNA-Sequenzierung – Kettenabbruchmethode

Funktion Bestimmung der Basenabfolge innerhalb eines bestimmten DNA-Moleküls
→ Entschlüsselung von DNA-Strängen / ganzen Genomen

1. Denaturierung

- H-Bindungen, die die doppelsträngige DNA zusammenhalten, werden aufgelöst
- DNA wird erhitzt (94°C) für ca. 1 Minute, um sie zu denaturieren
- **Ergebnis**: zwei DNA-Einzelstränge

2. Primarhybridisierung bzw. Annealing

- Primer lagert sich an die Einzelstränge der DNA an
- Diese Anlagerung erfolgt komplementär an der Zielsequenz der DNA
- Durchführung bei 50 bis 60°C für 15 Sekunden

3. Polymerisieren bzw. Extension

- Die Temperatur wird auf 74°C angehoben, sodass sich die DNA-Polyermase an den Primer anlagern kann und den jeweiligen Einzelstrang komplementär kopiert
- Dem Vorgang wird pro Zyklus immer genau ein Abbruch-Nukleotid beigefügt
- Wenn die DNA-Polyermase dieses Abbruch-Nukleotid verbaut hat, beendet sie ihre Arbeit umgehend, sodass keine weiteren Nukleotide verbaut werden

4. Schritt Wiederholung

- Wiederholung der Schritte 1-3, wobei jedem Vorgang immer genau ein Abbruch-Nukleotid pro Zyklus hinzugefügt wird
- Dabei sollten sich die vier Typen der Abbruch-Nukleotide immer abwechseln, sodass der Strang abwechselnd mit einem Adenin-, Guanin-, Cytosin- und Thymin-Nukleotid beendet wird
- Ergebnis:
  zahlreiche Stränge, die allesamt eine unterschiedliche Länge aufweisen

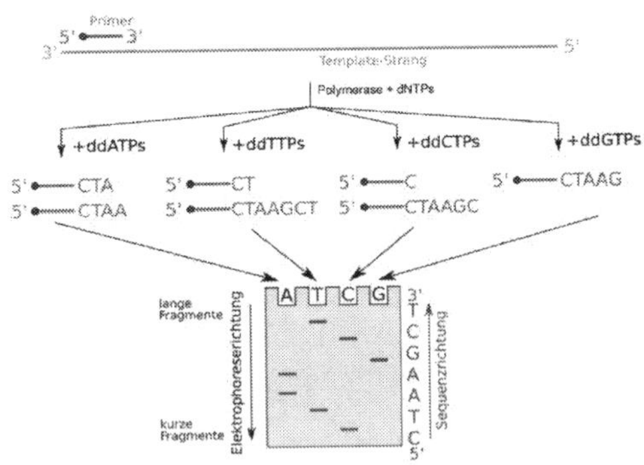

Quelle: Christoph Goemans, https://upload.wikimedia.org/wikipedia/commons/d/d9/Didesoxy-Methode.svg; unverändert

1.6.4 DNA-Fingerprinting: Gelelektrophorese

Auswertung der Sequenzierung mittels Gelelektrophorese

Funktion:

- Moleküle lassen sich voneinander trennen und in Bandenmustern sichtbar machen
- Verfahren eignet sich zum Vergleich von genetischem Material = genetischer Fingerabdruck

Prinzip der Gelelektrophorese

- In vier verschiedene Kammern (Geltaschen) wird das Produkt der bisherigen DNA-Sequenzierung gegeben
- Die vier Kammern stehen für die vier verschiedenen Nukleotide
- DNA ist wegen seiner Phosphatsgruppe negativ geladen und bewegt sich daher in Richtung der Anode
- Moleküle sind unterschiedlich groß und damit auch unterschiedlich stark oder schwach geladen, weshalb sie sich entsprechend ihrer Ladung weiter oder kürzer durch die Gelmatrix bewegen
- Lange DNA-Sequenzen werden im Vergleich zu kurzen Molekülen, eher an der Bewegung gehindert
- Leichte DNA-Fragmente bewegen sich im Gel schneller, schwere Moleküle hingegen langsamer
- Auf diese Weise lagern sich Moleküle mit gleicher Größe bzw. gleicher Ladung in Banden zusammen

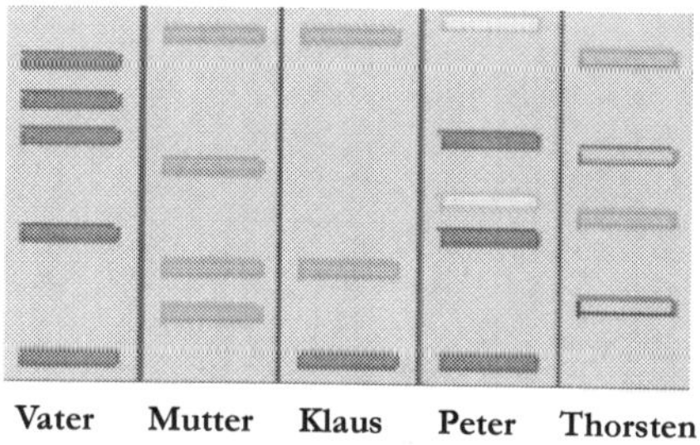

Anwendungsbereiche

a) Beispiel 1 (Kriminalfälle)

- Extrahiert man die DNA aus einer am Tatort gefundenen Probe (Blut, Sperma, Hautzelle) und vergleicht sie mit dem möglichen Täter würden im Falle einer Übereinstimmung die Bandenabfolge identisch sein

b) Beispiel 2 (Vaterschaftstest)

- Nach dem selben Schema können auch Vaterschaftstest ausgewertet werden
- Die DNA des in Frage kommenden Erzeugers wird mit der des Kindes vervielfältigt und durch die Gelelektrophorese sichtbar gemacht
- Sofern eine Vaterschaft vorliegt, wird das Bandenmuster zwar nicht identisch sein, aber aufgrund der Verwandtschaft Übereinstimmungen im ergeben

1.6.5 <u>RFLP</u> (Restriktion fragment length polymerization)

Ablauf

- Restriktion der DNA mit spezifischen Schnittstellen und Teilabschnitten
- DNA verschiedener Menschen wird aufgrund der abweichenden Längen von Restriktionsenzymen in verschiedene Teilstücke geschnitten
- diese Sequenzen unterscheiden sich damit in Zahl als auch in Länge

1.6.6 <u>STR</u> (Short Tandem Repeats)

STR vielfache Wiederholungen kurzer Basenfolgen

Ablauf

- Menschen besitzen Mikrosatelliten (Wiederholungen von Basenpaare z.B. ababab), die sich in ihrer Anzahl bei jedem Individuen unterscheiden
- die Wiederholungszahlen der Mikrosatelliten schwanken sehr stark
- Auch auf den mütterlichen und väterlichen Allelen sind die Zahlen meist verschieden
- Je mehr Mikrosatelliten untersucht werden, desto sicherer ist die Auswertung
- <u>Vorteil</u>: keine PCR notwendig
- <u>Nachteil</u>: Durchführung erst, wenn genügend DNA-Material vorliegt

Funktion

- Nachweis von Verwandtschaftsverhältnisse, z.B. in Vaterschaftstests
- Hier muss beim Kind eine Bande mit der Mutter, die zweite mit dem Vater identisch sein

1.7 Therapie

1.7.1 Ansätze somatischer Gentherapie

Definition:

- Gendefekte in Körperzellen werden durch genetische Einflüsse repariert
- Funktion: Heilen von monogentischen Erkrankungen durch Einschleusung von gesunden Genen in die Zielzellen

In-vivo Gentransfer (Behandlung im Körper)

- ein viraler Vektor dient als Transfermethode:
  - genetisch modifizierte Viren *(virale Vektoren)* funktionieren als Transportvehikel für das gesunde Gen
  - Am häufigsten: replikationsdefiziente Retro- und Adenoviren

- Übertragung mittels Transduktion
  - Injektion des therapeutischen Gens in die Zelle über einen viralen Vektor (modifiziertes Virus als Vehikel)
  - der Virus schleust das gesunde Gen in die Zelle ein

Ex-vivo Gentransfer (außerhalb des Körpers)

1. Entnahme der fehlerhaften Zellen aus dem kranken Organismus
2. Kultivieren dieser Zellen
3. Transfektion des Vektors *(intaktes Gen)* mit Zellen
4. Ausstattung der Zellen mit erwünschtem Gen
5. Reimplantation in den Organismus durch Infusion
6. Gen kann fehlenden Stoff produzieren

Probleme

- Viren können Entzündungen oder Tumore hervorrufen

Viren als Vehikel (Transduktion)

- Viren vermehren sich, indem sie Wirtszellen wie z.B. Bakterien befallen und ihr Erbgut in diese einschleusen
- Die Virus-DNA programmiert das Bakterium um, sodass seine eigene DNA abgebaut und Virus-DNA und -Hüllbestandteile hergestellt werden
- Wenn sich diese Bauteile zusammen lagern, werden gelegentlich Bakterien-Plasmid-Bruchstücke mit Resistenzen eingebaut
- Befällt ein solches verändertes Virus seinen nächsten Wirt, schleust es das Plasmid-Bruchstück in diesen ein
- Folge: ein sensibles Bakterium kann eine Resistenz erwerben

1.7.2 therapeutisches Klonen

Gewinnung von Stammzellen

Möglichkeiten	Beschreibung
totipotent	unspezialisiert; Zelle kann sich in jede andere Zelle entwickeln
pluripotent	embryonale Stammzellen; können sich in viele andere Zellen entwickeln
multipotent	determiniert; differenzierte Zellen können sich nicht weiterentwickeln

1. **Therapeutisches Klonen**
    - menschliche Eizelle wird entkernt
    - Übertragung der adulten Stammzelle in die Eizelle
    - Der Zellkern wird von der Eizelle vollständig reprogrammiert
    - Entstehung einer totipotenten Stammzelle bei Entwicklung zur Blastozyste
    - Entnahme der embryonalen Stammzellen aus Embryoblasten
    - Kultivieren auf Nährmedien
    - gezielte Steuerung der Differenzierung von totipotenten Zellen durch Wachstumsfaktoren

2. **Induzierte Reprogrammierung**
    - Ziel: Gewinnung von pluripotenten Stammzellen aus adulten Stammzellen
    - Einschleusung von Transkriptionsfaktoren und Wachstumsfaktoren über Viren in adulte Stammzellen
    - Entstehung von induzierten pluripotenten Stammzellen
    - Hinzufügen von Transkriptionsfaktoren
    - Zugabe von Wachstumsfaktoren
    - Umprogrammierung der adulten in induzierte pluripotente Stammzellen
    - Differenzierung von adulten Stammzellen wird rückgängig gemacht
    - Differenzierung der Stammzelle

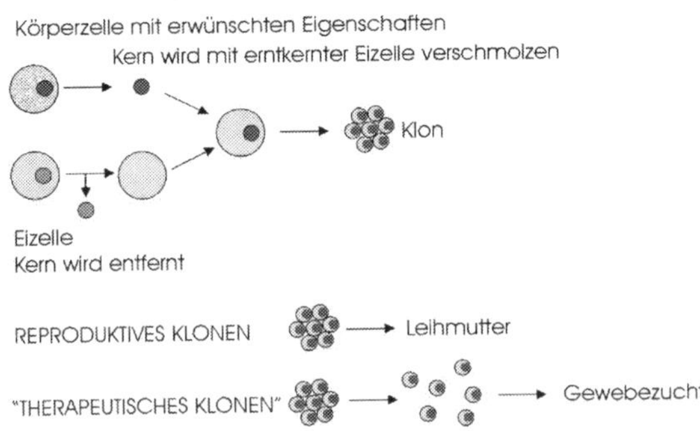

Quelle: https://upload.wikimedia.org/wikipedia/commons/b/bf/Cloning_diagram_deutsch.png; unverändert

1.7.3 transgene Tiere

Gene Pharming:

- Ziel:
  Produktion von Arzneistoffen mithilfe von genetisch veränderten Nutztieren (Schweine, Ziegen)
- Mittel:
  Protein-codierende Gene werden in embryonale Stammzellen der Produktionstiere eingebracht und in Blastozysten schwangerer Muttertiere eingepflanzt
- Beispiel:
  Herstellung von Insulin, Wachstumshormonen, Kortison, Heparin, etc.

1.7.4 Chancen, Grenzen und Risiken der Reproduktionsmedizin

Segen	Fluch
Präimplantationsdiagnostik • Eliminierung von monogenetischen Erbkrankheiten • Neue therapeutische Maßnahmen z.B. die Herstellung von Dopamin-produzierenden Zellen, um Parkinson zu behandeln • Herstellung von körpereigenen Spendeorganen bzw. Zellgewebe (z.B. Lebergewebe), die nicht vom Körper abgestoßen werden • Heilung von Erbkrankheiten, neue Medikamente gegen AIDS, Krebs, etc.	**Keine einheitliche, internationale Rechtsnorm** • Verbot von embryonalen Stammzellen in DE • Folge: Abwanderung/Forschung im Ausland z.B. Israel **Perfektionierung des Lebens** • Entstehung von mehr Rassismus • ein lebensfähiger Embryo wird zerstört / getötet **Das menschliche Leben wird instrumentalisiert** • „Würde des Menschen" geht verloren • Die Würde des Menschen ist unantastbar. Sie zu achten und zu schutzen ist Verpflichtung aller staatlichen Gewalt **Gefahr von Kopierfehler bei künstlicher Vererbung** • Entstehung von neuen unbekannten Krankheiten z.B. Veränderung von Mikroorganismen zu Krankheitserregern **Psychische Belastung der Leihmutter**

1.8 Methoden der modernen Biotechnologie

1.8.1 Bakteriengenom

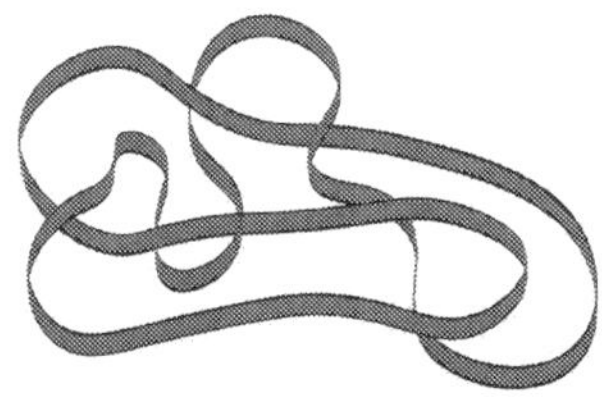

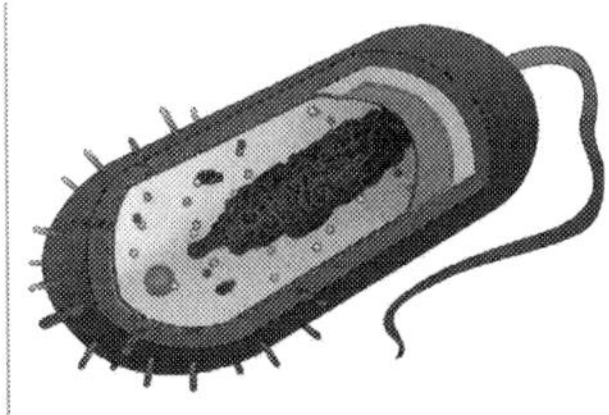

Benennung	Plasmid	Bakterienchromosom
Anzahl Basenpaare	800 - 300.000	4,5 Millionen
Anzahl pro Zelle	0 - viele	1
Vermehrung	Replikation	Replikation
Zusammenhang mit Zellteilung	Nein	Ja
Verteilung auf Tochterzellen	Zufällig	Jede Zelle eine Kopie
Bedeutung für das Bakterium	Nicht lebensnotwendige, zusätzliche Gene (z.B. Resistenzen)	Lebensnotwendige Gene z.B. für den Stoffwechsel

Plasmide

Zusatzeigenschaft	Beschreibung
Resistenzplasmid	Antibiotika können das Bakterium nicht mehr abtöten
Virulenzplasmid	Toxine, Hämolysin → Schwächen Eukaryonten
Fertilitätsplasmide	F^+-Typ → Plasmabrücke zu F^- -Typ Bakterium → Genaustausch zwischen Bakterien

1.8.2 Wirkung von Antibiotika

Antibiotikum Stoff, der Bakterien-/ Pilzzellen tötet (bakterizid), bzw. an der Vermehrung hindert (bakteriostatisch) z.B. Penicillin, Tetracyclin etc.

Molekulare Wirkung von Antibiotika

1) Antibiotika, die **Bakterien-Zellwände** (Murein)
   - Verhinderung der Quervernetzung von Murein in der Bakterien-Zellwand
   - z.B. Lysozym oder Penicillin und töten die Bakterienzellen → bakterizid

2) Antibiotika, die die **Proteinbiosynthese** an den **Bakterienribosomen blockieren**
   - Hemmung der Transkription
     (z.B. Actinomycin)
   - Hemmung der Translation durch Herbeiführen von Ablesefehlern am 70S-Ribosom oder Hemmen beteiligter Enzyme
   - z.B. Tetracycline
     → bakteriostatisch

3) Antibiotika, die den **DNA-Stoffwechsel** hemmen
   - Hemmung der Replikation (DNA-Synthese)
   - Hemmung der Entwindung (Gyrasehemmer)

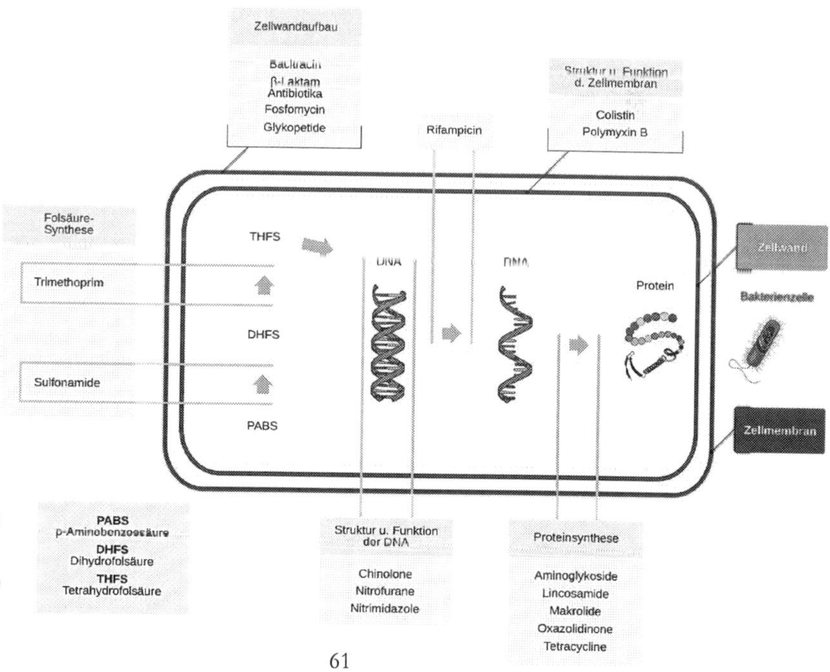

Quelle: https://upload.wikimedia.org/wikipedia/commons/3/37/Angriffe_Antibiotika.svg; unverändert

1.8.3 Antibiotikaresistenz

Antibiotikaresistenz

- Definition: Unempfindlichkeit der Bakterien gegenüber Antibiotika
- Ursache:
  - Einnahmefehler
  - Antibiotika in Lebensmitteln
  - Tierzucht

Entstehung und Selektion einer Antibiotikum-Resistenz:

1) Mutation:
   durch Zufall wird ein Bakterium durch ein mutiertes Gen resistent (z.B. ein mutiertes Protein, das z.B. Penicillinmoleküle spaltet)

2) Selektion:
   Vermehrung nur noch resistenter Nachkommen durch wiederholte Antibiotika-Einwirkung (= Selektion eines resistenten Stammes)

3) Transformation, Konjugation, Transduktion:
   Resistenz-Gen kann durch die Weitergabe von Plasmiden oder Bakterienbrücken auf andere Bakterien übertragen werden

Ergebnis:

- Ein zuvor Antibiotika-sensibler Krankheitserreger kann auf somit verschiedene Resistenzen auf seinem Plasmid ansammeln
  → die akute Infektion ist nicht mehr behandelbar (kein Antibiotikum hilft)
  → Tod durch z. B. Wundvergiftung (Wundsepsis)

Molekularer Mechanismus der Resistenz

1) Durch Inaktivierung des Antibiotikums:
   durch Mutation entsteht ein Enzym, das ein bestimmtes Antibiotikum spaltet, d.h. unschädlich machen kann, z.B. Lactamase (Enzym), das Penicillin spaltet

2) Veränderung des Angriffsortes durch Mutation:
   die Transkriptionshemmung von Rifampicin fällt weg, da eine mutierte RNA-Polymerase das Antibiotikum nicht mehr bindet

3) Veränderung der Durchlässigkeit der Zellwand/ Zellmembran:
   Die Bakterien können das Antibiotikum aktiv aus der Zelle pumpen oder die Zellwand wird undurchlässig

Vorbeugung

- keine Antibiotika-Einnahme bei leichten Infektionen
- Antibiotika nie zu früh absetzen, um nicht fast-resistente Bakterien durch zu kurze Behandlung überleben zu lassen.
- richtige Dosierung beachten
- keine Human-Antibiotika in der Tierzucht (Rückstände in Fleisch, Eier)
- Suche nach ständig neuen Antibiotika in der Forschung

1.8.4 Nachweis der Antibiotikaresistenz: Hemmhoftest

Ziel Bei einem Patienten mit vorhandener Resistenz wird nach einem wirksamen Antibiotikum gesucht

Nachweis durch Wachstumshemmung:

a) **Einzelnachweis**

- Man gibt zu einer wachsenden Bakterienkultur in Nährlösung das Antibiotikum und überprüft nach einiger Zeit, ob sich die Bakterien vermehrt haben
- Meist lässt sich dies schon an der Trübung der Nährlösung erkennen

b) Antibiogramm / Hemmhoftest (z.B. bei Diagnostik MRSA)

- das Antibiogramm dient dem Nachweis von Resistenz der Bakterien
- Bakterien werden durch Abstrich oder Urin gewonnen und wachsen auf einer Kulturplatte, auf die man Antibiotikatabletten auflegt
- Nach der Bebrütung in einem Wärmeschrank liest man ab, um welches Antibiotikum sich keine Bakterien, wenige und um welches sie sich ungehemmt vermehrt haben
- Je nach Größe der bakterienfreien Stelle (= Hemmhof), ist das Bakterium
  a) sensibel (empfindlich)
  b) intermediär (wenig empfindlich) oder
  c) resistent (unempfindlich)

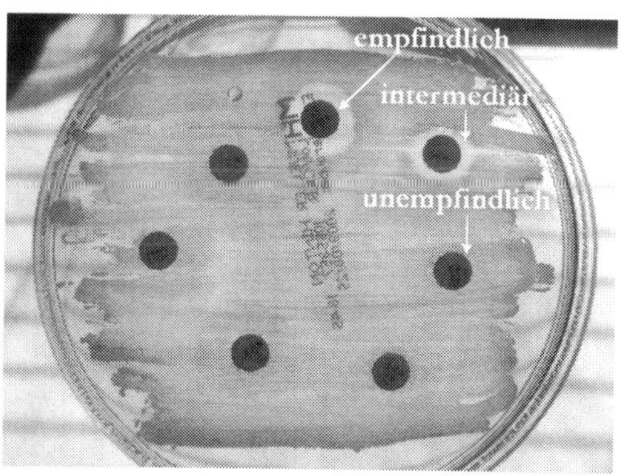

Quelle: Uwe Gille, https://upload.wikimedia.org/wikipedia/commons/9/93/Antibiogram-Mueller-Hinton.JPG, unverändert

1.8.5 Gentransfer bei Bakterien – Konjugation und Transformation

Konjugation direkter Gentransfer / Plasmidübertragung zwischen Bakterien

Ablauf

1. F^+ Bakterium bildet Plasmabrücke zu F^- Bakterium

2. Aufteilung des Plasmids von F^+ in Einzelstränge

3. Plasmidstrang wandert ins F^- Bakterium und schließt sich zu einem Ring

4. DNA repliziert sich zu Doppelstrang. Beide Bakterien sind nun F^+

Aus einem Bakterium mit Plasmid kann eines ohne werden, wenn bei der Zellteilung die vorhandenen Plasmide alle in eine Tochterzelle gelangen, sodass die anderen leer ausgehen

Transformation Bakterielle Aufnahme frei vorliegender DNA aus der Umwelt. Sie findet nur bei wenigen Bakterienspezies ihre Anwendung (z.B. E. coli)
Abhängig von der Stabilität der freien DNA in der Umwelt

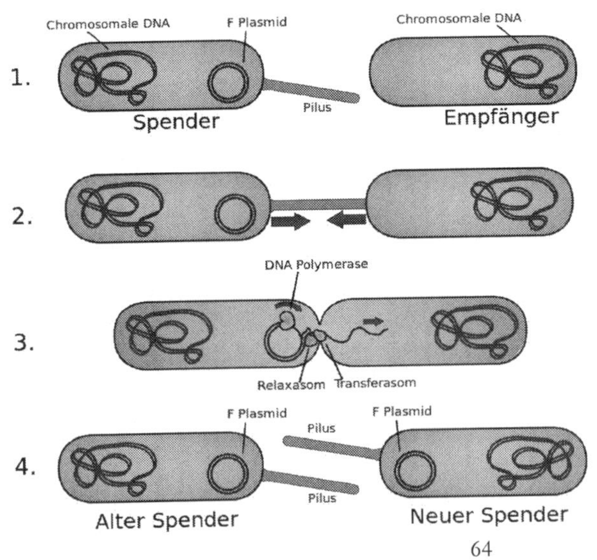

Quelle: Matthias M., https://upload.wikimedia.org/wikipedia/commons/c/c2/Konjugation.svg, unverändert

1.8.6 Vom Eukaryoten-Gen zur cDNA

Bedeutung der Restriktionsenzyme

- Restriktionsenzyme zerschneiden bestimmte Erkennungssequenzen
- entweder scheiden sie die DNA glatt oder mit Überhang (sticky ends)
- Ursprünglich kommen Restriktionsenzyme in Bakterien vor, um die eingedrungene Virus-DNA zu zerstören, bevor diese die Kontrolle über den Stoffwechsel des Bakteriums übernimmt

Restriktionsenzym	Erkennungssequenz	Schnittstücke
HaeIII	GG CC CC GG	GG | CG CC | GG
TaqI	TC GA AG CT	T | CG A A GC| T
EcoRI	GAA TTC CTT AAG	G | AATT C C TTAA|G

sticky ends (überhängende Einzelstrangenden)

- sticky ends bilden sich durch das Schneiden der Restriktionsenzyme
- Funktion in der Gentechnik:
  Zusammenfügen von Gensequenzen, weil sich dort ein komplementäres Einzelstrangende anlegen (hybridisieren) kann
  → ermöglicht den gezielten Einbau von Fremdgenen in eine vorhandenen DNA (z.B. Einbau in die Bakterien-DNA)

Vom Eukaryoten-Gen zur cDNA

Reverse Transkriptase:

- die Reverse Transkriptase ist das Enzym des Adenovirus, das RNA in DNA umschreibt
- RNA-Viren schreiben damit ihr Erbgut in eine DNA um, damit es in die Wirtszelle integriert werden kann
- Beispiel: Schlüsselenzym für den HI-Virus

Funktionsweise der Reversen Transkriptase:

1. die Virus-RNA wird in eine prä-mRNA transkribiert
2. Prozessierung (Caping, Polyadenylierung, Spleißen)
3. Reverse Transkriptase erstellt die eine cDNA (komplementär DNA)
4. DNA-Polymerase erstellt den DNA-Doppelstrang
5. dieser DNA-Strang kann ins Genom eingebaut werden

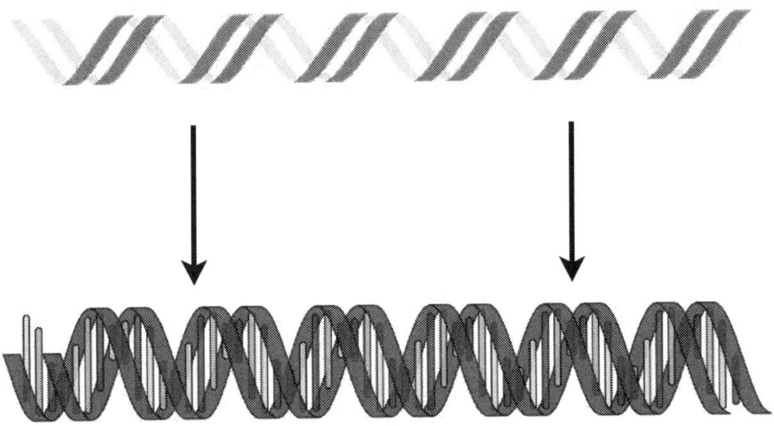

1.8.7 Plasmidtechnik

Plasmid DNA-Ring im Bakterien mit zusätzlichen Genen

Vektor gentechnisch modifiziertes Plasmid, das zum Einschleusen von Fremdgenen in einen Wirtsorganismus (z.B. Bakterium) dient → „Gentaxi"

Benennung	Beschreibung des Arbeitsschritts
1. ORI (Origin of Replication)	Anheftung für Helicase und Polymerase (Replikationsstart)
2. Markergene	Markierung durch Einbau von Resistenzen (Selektion), d.h. nur die Vektoren mit der jeweiligen Resistenz überleben z.B ampR Resistenz
3. MCS (Multiple Cloning Site)	Erkennungssequenzen für Restriktionsenzyme dient als Ort, um Gene einzufügen
4. Fremdgen	eingebautes Gen für die Produktion des gewünschten Stoffes

Schritte vom Plasmid zum Vektor:
1. Isolation des Plasmids aus dem Bakterium
2. Restriktion von Plasmiden, sodass sticky ends entstehen
3. Einbau von cDNA mit gleichen sticky ends in den MCS
4. Verknüpfung der beiden Sequenzen durch Ligase mit Esterbindung
5. Rückführung des Vektors ins Bakterium
6. Kultivieren und Selektion des rekombinierten Bakteriums
7. Gewinnung der gewünschten Substanz durch monoklonale Antikörper

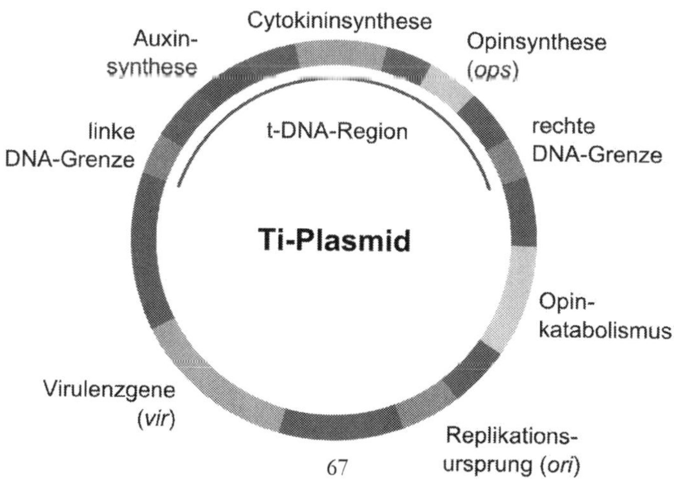

Beispiel: Gentechnische Herstellung vom Somatostatin

- Somatostatin ist ein Hormon, das im Zwischenhirn hergestellt wird und die Bildung des Wachstumshormons Somatotropin in der Hypophyse hemmt
- Somatostatin besteht aus 14 Aminosäuren mit bekannter Sequenz
- Riesenwuchs:
  - zu wenig Somatostatin oder zu viel Somatotropin
  - Vergrößerung innerer Organe
  - der größte dokumentierte Fall erreichte eine Körpergröße von 2,70 m

Herstellungsprozess

- Man stellte nach dieser Vorlage eine DNA her, hängte davor ein Start-Codogen und dahinter ein Stop-Codogen
- die Erkennungssequenz sind: EcoRI (Anfang) und BamHI (Ende)
- Einbau des DNA-Stücks und eines lac-Operons in einen E. coli-Plasmiden
- Reimplantation des rekombinierten Vektors in den E. coli
- der E. coli stellt eine Galactosidase mit angehängtem Somatostatin her
- Gewinnung von Somatostatin durch monoklonale Antikörper (Abspaltung von Zellen)

Bedeutung von lac-Operon für die Herstellung von Somatostatin

- der Promotor des lac-Operons stellt sicher, dass das Somatostatin-Gen abgelesen wird
- Durch das vom Regulatorgen produzierte Repressorprotein ist der Operator so lange blockiert, wie keine Lactose im Nährboden vorhanden ist
- Durch Hinzugabe von Lactose lässt sich die Synthese des Produkts steuern

1.9 Moderne Methoden der Pflanzenzüchtung

1.9.1 Protoplastenfusion

Protoplastenfusion in-vitro Verschmelzung von Protoplasten

Ablauf

- Enzyme entfernen die Zellwand von pflanzlichen Zellen, sodass daraus Protoplasten entstehen
- die Protoplasten werden mittels Polyethylenglykol oder Elektroportion miteinander in-vitro verschmelt
- das Verschmelzungsprodukt dient der Entwicklung einer komplett neuen Pflanze

1.9.2 transgene Pflanzen durch Ti-Plasmide

transgene Pflanzen Tumorinduzierende Pflanze
Fähigkeit Pflanzen mit Tumor zu infizieren

Ablauf

1. Einschleusen einer Transfer-DNA (= T-DNA) mit 30,000 Basenpaaren mittels Infektion einer Pflanze durch Bodenbakterien (Agrobacterium tumefaciens, die die Ti-Plasmide tragen

2. Übertragung der T-DNA in das Kerngenom der Pflanze (= Schaffung neuer Eigenschaften)

3. Zuvor Herausschneiden des entsprechenden Teils für die Tumorbildung
   - Gen für die erwünschte Eigenschaft
   - Gen als Marker (häufig Antiobiotika-Resistenz)
   - bestimmte DNA-Kombination für Restriktionsenzyme (Herausschneiden der T-DNA)

herbizidresistente (Kultur-) Pflanzen

- Vorteil: effizientere Bekämpfung von Schadinsekten mit Herbiziden, da Pflanzen gegenüber den Pestiziden resistent sind
- Beispiel: transgener Mais,- Raps,- Soja,- Baumwolle und- Zuckerrüben

1.9.3 Chancen, Grenzen und Risiken

Chancen und Grenzen	Risiken
Erschaffung neuer Eigenschaften • Kreuzung von Pflanzen, die zuvor sexuell inkompatibel (unverträglich) waren • z.B. erhöhte Ertragsrate und Umweltfreundlichkeit, dadurch geringerer Einsatz an Herbiziden	**schwierige Eindämmung** • explosionsartige Vermehrung von Mikroben genetisch modifizierter Organismen
Horizontaler Gentransfer • Weitergabe genetischen Erbmaterials außerhalb der sexuellen Fortpflanzungswege	**Ungenauer Gentransfer** • Prozesse sind nach Freisetzung unumkehrbar • z.B. Übertragung durch Pollen
vertikaler Gentransfer • sexuelle Übertragung von Genen auf die folgende Generation	**Unklarheit über langfristige Folge** • Unberechenbarkeit hinsichtlich der möglichen Schäden • Allergieauslösend?

2. Einheit – Neurobiologie und Hormonsystem (Steuerungs- und Regelungsvorgänge)

2.1 Nervenphysiologie

2.1.1 Afferenzen und Efferenzen

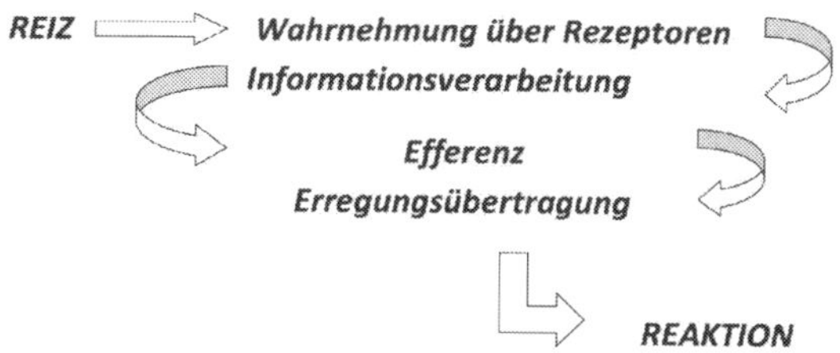

Afferent
= zum ZNS verlaufend

Efferent
= zur Peripherie verlaufend

Physiologie

1. Sinnesorgane empfangen (thermische, chemische, optische oder mechanische) Reize über Rezeptoren
2. Rezeptorzellen wandeln den mechanischen Reiz in elektrischen Impuls um
3. Über sensorische (afferente) Neuronen gelangt dieser ins ZNS (Gehirn und Rückenmark) und wird dort verarbeitet
4. Informationsverarbeitung des Reizes zur Reaktionsinformation
5. Motorische Neuronen leiten die Antwort an Muskel- oder Drüsenzellen (Effektor)
6. Ausführung der Reaktion des Organismus durch den Effektor (z.B. eine Muskelkontraktion / Drüsensekretion)

Beispiel

1. Reiz (Infos über Veränderungen der Umwelt z.B. grelles Licht)
2. Auge (reizaufnehmendes Organ) → afferente Nerven
3. ZNS (Aufnahme, Verarbeitung, Abgabe) → efferente Nerven
4. Hand (reaktionsausführender Effektor)

Klassifizierung von Nervenfasern

Art	Erläuterung
Somato-motorisch	Nervenfasern, welche die Skelettmuskulatur steuern, die für unsere Bewegungsabläufe verantwortlich sind
Somato-sensorisch	Nervenfasern, die Empfindungen der Haut, der Organe, der Muskeln und der Gelenke aufnehmen und vermitteln
Viszero-motorisch	Nervenfasern, die für die Steuerung der glatten Muskulatur des Darms oder der Gefäßmuskulatur verantwortlich sind
Viszero-sensibel	Nervenfasern, die Empfindungen der Haut, der Eingeweiden aufnehmen und vermitteln

2.1.2 Bau von Sinnes- und Nervenzellen

Anatomie	Physiologie
präsynaptische Endigungen	Kontakt von 1. zur 2. Nervenzelle
baumartig verästelte Dendriten	Informationsaufnahme
Zellkörper (Soma)	enthält Zellkörper und viele Mitochondrien → Stoffwechsel
Axonhügel	Verrechnungsstelle
Axon (Neurit / Nervenfaser)	Informationsweiterleitung an Synapse
Myelinscheide	Isolierung des Axons
Ranvier'schen Schnürringe	elektrische Leitzone / Erregungsaufbau
synaptisches Endköpfchen	Kontakt zur nächsten Zelle Informationsweitergabe

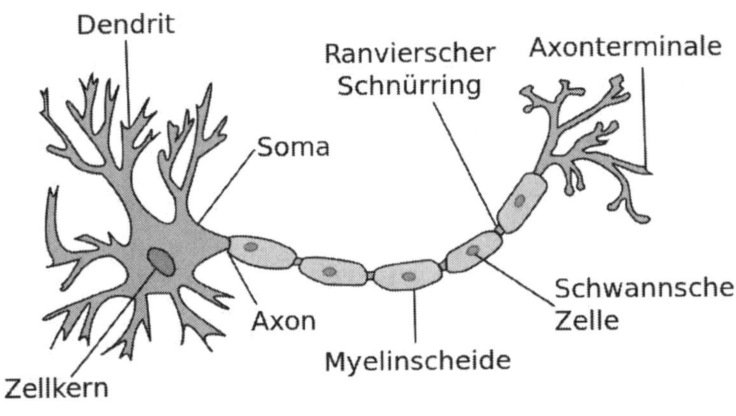

Quelle: https://upload.wikimedia.org/wikipedia/commons/e/ec/Neuron_%28deutsch%29-1.svg, unverändert

Gliazellen

Art	Vorkommen	Funktion
Schwann-Zellen	**PNS**	Markscheidenbildung im PNS
Mantelzellen	**PNS**	Umhüllung der Perikarya in sensiblen Ganglien (Nervenknoten)
Astrozyten	**ZNS**	Stützfunktion, Ernährung des Neurons, Regeneration von Neuronen im ZNS, Kontrolle des Stoffaustausches über die Tight Junctions in der Blutgehirnschranke, Modulation der interneuralen Signalübertragung im ZNS
Oligodendrozyten	**ZNS**	Markscheidenbildung im ZNS
Mikrogliazellen	**ZNS**	Abwehr- und Abräumvorgänge im ZNS
Ependymzellen	**ZNS**	Auskleidung der inneren Liquorräume, Produktion von Liquor

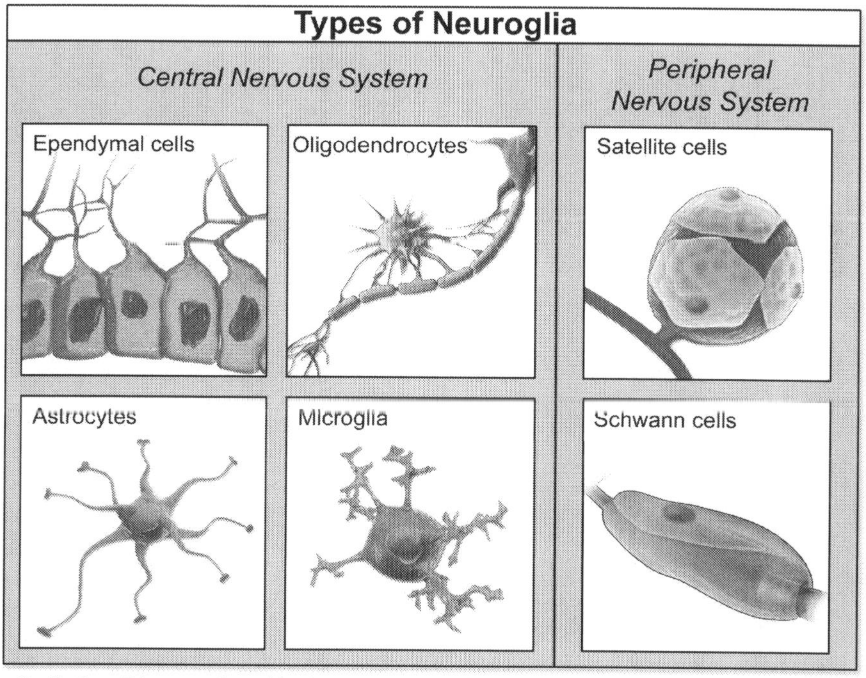

Quelle: BruceBlaus, aus: https://upload.wikimedia.org/wikipedia/commons/a/a6/Blausen_0870_TypesofNeuroglia.png, unverändert

Nervenzelltypen

Typ	Beschreibung	Vorkommen
Unipolar	• Dendriten fehlen = keine Informationsaufnahme • nur ein Axon vorhanden	Stäbchenzelle der Retina (Netzhaut)
Bipolar	• Dendriten und ein Axon vorhanden	sensorische Neurone für Geruchssinn, Sehsinn, Geschmackssinn, Tastsinn, Gehör- und Gleichgewichtssinn
Multipolar	• Viele Dendriten und ein Axon	Motoneuronen z.B. in Ganglien des 9. und 10. Hirnnerves
Pseudounipolar	• Soma liegt seitlich der erregungsleitenden Strukturen	Spinalganglien Aufnahme von sensiblen Reizen aus PNS

Verschiedene Neuronentypen

- spezialisierte Neutronentypen dienen einer optimalen Weiterleitung, d.h. ihr Aufbau passt sich den entsprechenden Bedingungen der Verarbeitung des neuronalen Reizes an

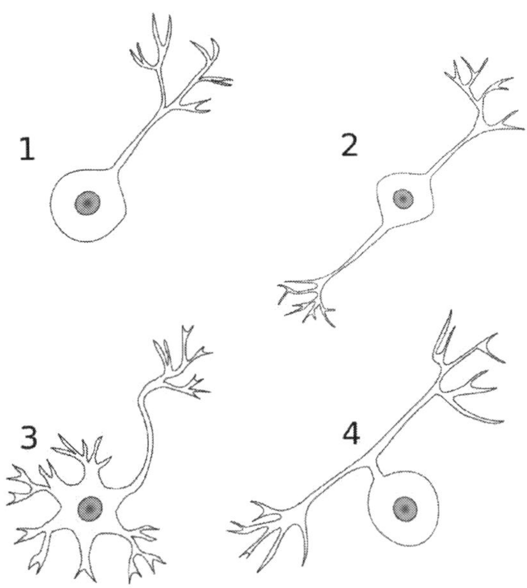

1: Unipolares Neuron

2: Bipolares Neuron

3: Multipolares Neuron

4: Pseudounipolares Neuron

Quelle: Juoj8, aus: https://upload.wikimedia.org/wikipedia/commons/9/92/Neurons_uni_bi_multi_pseudouni.svg, unverändert

2.1.3 Ruhepotential und Aktionspotential

Das Ruhepotential

1. K^+ diffundiert aufgrund des chemischen Gradienten mit seinem Konzentrationsgefälle in den Extrazellulärraum
   - Außen sind nun mehr positive Ladungen (K^+ und Na^+)
   - innen verbleiben Cl^- und negativ geladene anorganische Substanzen
     → Die Innenseite der Membran ist daher negativ geladen

2. Rückstrom von K^+ in den Intrazellulärraum entlang des Ladungsgefälles aufgrund des elektrischen Gradienten
   → Der elektrische Gradient führt zu einer geringen Rückdiffusion der K^+-Ionen

3. der erste und zweite Schritt bildet das Ruhepotential von ≈ -70mV

4. die Na^+/K^+-Pumpe korrigiert unter Energieaufwand die Leckströme

Ablauf eines Aktionspotentials in 5 Phasen

1. Ruhepotential

2. überschwelliger Reiz
   → spannungsabhängige Na^+-Kanäle öffnen sich
   → Na^+-Einstrom und Ladungsumkehr an der Membran bis + 30mV
   = **Depolarisation**

3. **Repolarisation**:
   Na^+-Kanäle sind inaktiv;
   K^+-Kanäle öffnen sich,
   K^+ strömt aus der Zelle
   → erneute Ladungsumkehr bis zur **Hyperpolarisation**

4. das Ruhepotential stellt sich in seiner Höhe wieder her, aber die Ionenverteilung ist verkehrt

5. die Na^+-/K^+-Pumpe stellt nun die ursprüngliche Ionenverteilung wieder her
   = **Refraktärphase**
   (Nervenzelle ist in dieser Zeit nicht erregbar).
   Der Vorgang ist energieaufwendig, d.h. ATP wird umgesetzt

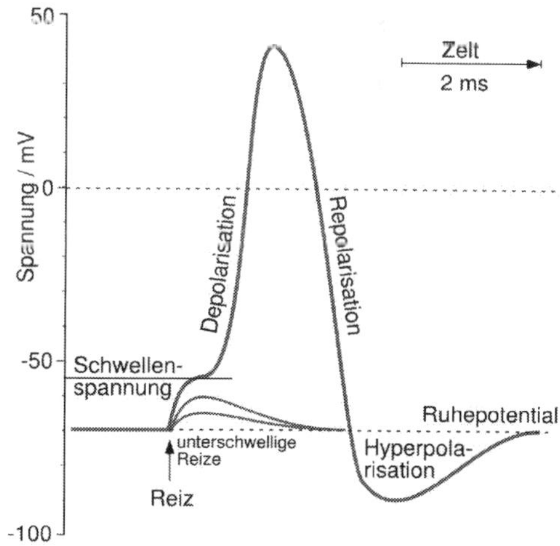

Quelle: Chris 73, https://upload.wikimedia.org/wikipedia/commons/7/7a/Aktionspotential.svg, verändert

2.1.4 Erregungsleitung bei marklosen und markhaltigen Nervenzellen

1. Ablauf der kontinuierlichen Erregungsweiterleitung

(1) Aufgrund eines eintreffenden APs kommt es zur Depolarisation

(2) Ausgleichsströme depolarisieren das Membranpotential der Nachbarstelle, sodass sich an dieser spannungsgesteuerte Na^+-Kanäle öffnen
- Die Ausgleichsströme sind sehr schwach, da sich elektrische Ladungen anziehen, wodurch sich die Beweglichkeit der Ionen verringert
- Aufgrund der Leckströme innerhalb der Membran wird der Ionenstrom abgeschwächt, sodass dieser Teil nicht mehr depolarisiert werden kann

(3) Die daraus resultierende Depolarisation löst dort wieder ein Aktionspotential aus, das seinerseits an den Nachbarstellen zu einer weiteren Depolarisation führt

(4) Durch die fortwährende Wiederholung dieser Vorgänge wird das AP kontinuierlich weitergeleitet

(5) Das AP wird nach dem Alles-oder-Nichts-Prinzips neu gebildet, nur wenn die Depolarisation stark genug ist, wird ein AP ausgelöst

(6) Dickere Axone erreichen den Schwellenwert früher
- <u>Grund</u>: der elektrische Widerstand des Innenmediums von dicken Axonen ist geringer

  → dicke Axone leiten Aktionspotential schneller als dünne

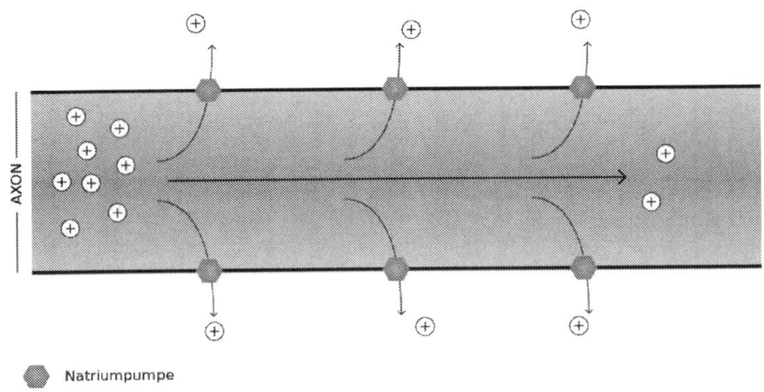

2. Ablauf der saltatorischen Erregungsweiterleitung am myelinisierten Axon

(1) Die isolierende Myelinscheide wird durch die Gliazellen gebildet
   - An den Abschnitten mit der Myelinschicht befinden sich keine spannungsgesteuerten Natriumkanäle
     → Aktionspotentiale können sich nur im Bereich der Schnürringe bilden

(2) Bei der Depolarisation der Membran an einem Schnürring durch ein AP baut sich zwischen zwei Nachbarregionen eine elektrische Spannung auf

(3) Folglich entstehen Ausgleichsströme zum nächstfolgenden, 1 bis 2 mm entfernten Schnürring, sodass auch dieser depolarisiert wird

(4) Da der elektrische Widerstand allerdings sehr hoch ist, „springt" die Erregung im Axon von Schnürring zu Schnürring (lat. saltare – springen)

(5) Deshalb kommen die Ionen im Cytoplasma von einem Schnürring zum anderen schnell voran
   → Die Erregung pflanzt sich daher mit hoher Geschwindigkeit fort (max. 120 $^{m}/_{s}$)

Die Erregungsleitung erfolgt nur in eine Richtung, da sie in der anderen Richtung refraktär ist

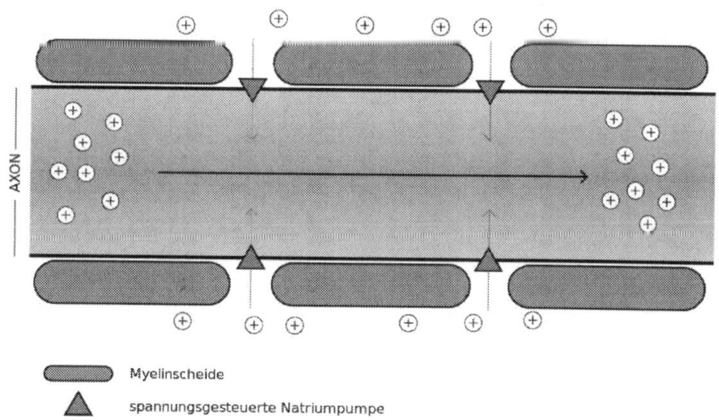

Die Leistungsfähigkeit ist zudem abhängig von

- der Anzahl der Ionenkanäle
- der Elektrolyt-Zusammensetzung (v.a. K^+)
- Durchmesser der Axone (je größer, desto schneller)

2.1.5 Vergleich der Erregungsweiterleitungen

Kontinuierliche Erregungsweiterleitung	Saltatorische Erregungsweiterleitung
Vorkommen • bei wirbellosen Tieren • bei unmyelinisierten Axonen sind die Ionenkanäle gleichmäßig über das Axon verteilt **Vorteil** • keine Myelinisierung notwendig **Nachteil** • positive und negative Ionen grenzen aufgrund der dünnen Axonmembran aneinander • langsamere Weiterleitung, da die Axonmembran nicht isoliert ist: - verringerte Beweglichkeit - Leckströme schwächen den Ionenstrom ab	**Vorkommen** • vor allem bei Wirbeltieren • Ionenkanäle sind bei myelinisierten Neuronen nur an Ranvierschen-Schnürringen konzentriert **Vorteil** • schneller, da es eine Isolationsschicht gibt - höhere Beweglichkeit, wegen verminderter elektrischer Kapazität der Membran - gegenpolige Ladungen sind weiter voneinander getrennt, können also schneller fließen • Leckströme sind geringer als bei unmyelinisierten Axonen, die den Innenstrom abschwächen • spart Platz (da eher schmälere Axone) • geringerer Energieaufwand, da weniger Ionen beim AP durch die Na^+/K^+-Pumpe zurückgeführt werden müssen **Nachteil** • verlangt einen höheren Konstruktionsaufwand wegen Ausbildung einer Myelinscheide (viele Enzyme, Botenstoffe, Signalwege zum Aufbau und Stabilisierung der Markscheide)

2.1.6 Codierung der Information

Die Codierung eines Reizes ist ein Zwei-Stufen-Prozess

A. Transduktion

- Umwandlung eines Reizes (chemisch, optisch, thermisch, mechanisch z.B. Druck oder Licht) in eine Veränderung des Membranpotentials

- vorgeschaltete Neuronen (Sinneszellen) geben mit synaptischen Endungen Neurotransmitter in synaptischen Spalt ab

- diese Neurotransmitter lösen entweder eine Aktivierung oder Hemmung bestimmter Ionenkanäle aus:
  - z.B. Einstrom von Na^+ = depolarisierende Wirkung
  - z.B. Einstrom von Cl^- /Ausstrom von K^+ = hyperpolarisierende Wirkung

B. Rezeptorpotential

Schritt 1:

- Differenz zwischen Ruhepotential und dem aktuellen, durch den Reiz bedingten Membranpotential = Rezeptorpotential

- exponentieller Zusammenhang:
  → Je höher die Reizintensität, desto größer das Rezeptorpotential

Schritt 2:

- Das Rezeptorpotential muss bis zum Axonhügel des Neurons gelangen
- Wird dort ein bestimmter Schwellenwert überschritten, entsteht eine Folge von Schwellenwerten
- Zusammenhang ist meistens linear:
  je stärker der Schwellenwert überschritten wird, desto höher ist die AP-Frequenz

Reize werden in Form von Wellen übermittelt
mittels der Anpassung der Amplitude und Frequenz

1. Amplitudenmodulation

- Bei einer Amplitudenmodulation bleibt die Frequenz der Wellen konstant
- die Amplitude verändert sich in Abhängigkeit von den zu übermittelnden Informationen
- ein Reiz wird in ein Rezeptorpotential amplitudenmodelliert umgewandelt
  → Je stärker der Reiz, desto größer ist die Amplitude des Rezeptorpotentials

2. Frequenzmodulation

- Bei einer Frequenzmodulation bleibt die Amplitude der Welle konstant
- die Frequenz verändert sich in Abhängigkeit von den zu übermittelnden Informationen
- ein Rezeptorpontential wird frequenzmodelliert in eine Reihe von APs übermittelt
  → Je stärker das Rezeptorpotential, desto größer die AP-Frequenz am Axon der Sinneszelle

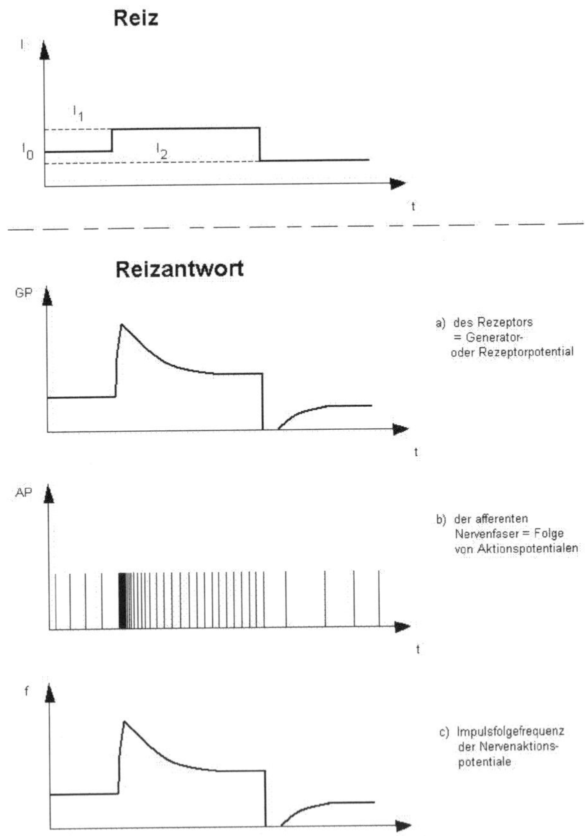

2.2 Die Synapse

2.2.1 Bau und Funktion der Synapse

Bestandteile einer Synapse
- präsynaptisches Endknöpfchen
- synaptischer Spalt
- postsynaptische Membran

Art der Informationsübertragung
- chemisch - über Botenstoffe = Neurotransmitter

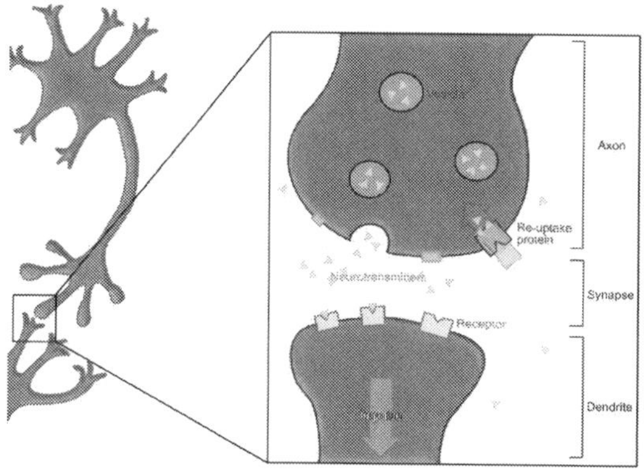

Ablauf der chemischen Synapse
1. AP kommt an
2. das präsynaptische Endknöpfchen wird depolarisiert
3. spannungsabhängige Ca^{2+}-Kanäle öffnen sich
4. Ca^{2+} strömt in die Präsynapse ein und bindet an die Vesikel
5. Verschmelzung der Vesikel mit präsynaptischer Membran (Exozytose)
6. Neurotransmitter (z.B. Acetylcholin) gelangt in den synaptischen Spalt
7. Er bindet an seine Rezeptoren in der postsynaptischen Membran
8. In Folge öffnen sich die Na^+-Kanäle
9. Na^+ strömt in die Postsynapse ein und erzeugt deren Depolarisation
10. Das Enzym ACh-Esterase spaltet ACh
11. die Teilstücke Acetyl und Cholin werden gehemmt in das synaptische Endknöpfchen zurückgebracht, verbunden und in Vesikel verpackt

Plastizität der Synapsen
- Nervenzellen wachsen neu bis zum 3. Lebensjahr, anschließend werden sie nur noch verknüpft
- Vielfältige Anreize im Kindesalter fördern ein engmaschiges NZ-Netzwerk
- Rehabilitation nach Schlaganfall o.Ä. sowie im Alter begünstigen die Bildung neuer Netzwerke
- So kann man bestimmte Fähigkeiten trainieren, z.B. nach einem Schlaganfall oder Abbremsen einer sich entwickelnden Demenz, etc.

Weitere Synapsentypen

1. **Elektrische Synapsen**
   - elektrisch, da nur Ionen weitergeleitet werden
   - schnell, aber in beide Richtungen

2. **Motorische Synapsen**
   - Endstation einer Signalkette ist die motorische Endplatten
   - Hier werden Ca^{2+}-Ionen aus dem ER des Muskels freigesetzt

Signalkette	Wechsel von elektrischer und chemischer Synapse
Frequenz-modulation	Ein starker Reiz resultiert in einer hohen Frequenz von APs. Ein schwacher Reiz resultiert in einer geringeren Frequenz von APs

2.2.2 erregende und hemmende Synapsen

Erregende Synapsen

- EPSP = exzitatorisch wirkende Transmitter führen zum Na^+-Einstrom und Depolarisation
  → Erhöhung des Membranpotentials

Hemmende Synapsen

- IPSP = inhibitorisch wirksame Transmitter führen zum Cl^--Einstrom und Hyperpolarisierung
  → Senkung des Membranpotentials

räumliche Summation

- mehrere Signale treffen gleichzeitig ein, sodass sich EPSPs / IPSPs am Axonhügel räumlich überlagern
- AP-Ausbildung
  = lokale Erregung der Membran am Axonhügel überschreitet Schwellenwert

zeitliche Summation

- weniger einflussreiche Signale treffen mehrere Male kurz hintereinander auf
- EPSP / IPSP können sich zeitlich überlagern
  → z.B. Anhäufung von negativen oder positiven Ladungsträger, damit ein AP ausgebildet wird

Verrechnung

- Ein Neuron ist mit ca. 1000 anderen Neuronen verbunden (große Verrechnungsmöglichkeiten)
- EPSPs und IPSPs überlagern sich, sodass die Depolarisierungen und Hyperpolarisierungen verrechnet werden
- Die Entstehung eines APs erfolgt nach dem Alles-oder-Nichts-Prinzip:
  - ein AP wird nur dann ausgebildet, wenn die lokale Erregung den Schwellenwert am Axonhügel überschreitet (-50mV)
  - Alle Phasen eines APs laufen identisch ab

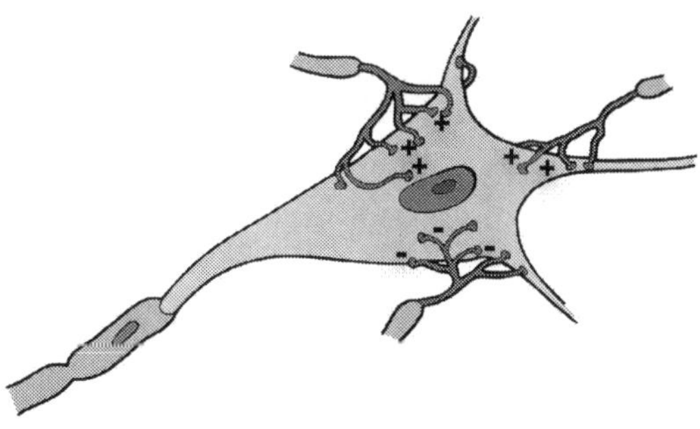

2.2.3 Störungsmöglichkeiten der Synapsenfunktion

Synapsengift	Wirkung
Tetrodotoxin	blockiert die spannungsabhängigen Na^+ -Kanäle → Lähmung
Latrotoxin	fördert die schlagartige Entleerung der Vesikel; viel ACh geht an die Rezeptoren → Krampf
Botulinumtoxin, Tetanustoxin	Verhindert die Freisetzung von ACh → Lähmung
Atropin, Bungarotoxin, Curare, Strychnin	kompetitive Hemmung des ACh, weil diese Gifte an die Rezeptoren der Na^+ -Kanäle binden → Lähmung
Heroin, Opium, Muscarin	Bindung an Endorphin-Rezeptoren → euphorisierende, dämpfende Wirkung der Schmerzbahnen
Narkotika	lipohil, stören das Gefüge der Membran, bringen Na^+/K^+ -Kanäle aus dem Takt → Unterbindung der Signalweiterleitung
MAO-Hemmer, E 605, Sarin, Eserin	Hemmung der ACh-Esterase → viel ACh → Krampf durch dauerhafte Depolarisierung
Amphetamine (Ecstasy, MDMA)	Entleerung der synaptischen Vesikel → Krampf
Barbiturate (Schlafmittel)	Bindung an GABA-Rezeptoren → Hemmung

Krampf → kontinuierliche/übermäßige Depolarisierung

Ursachen:
1. Alle synaptischen Bläschen verschmelzen schlagartig mit der Membran
2. Das Transmitter-abbauende Enzym wird zerstört
3. Der Schwellenwert am Axon der postsynaptischen Zelle wird abgesenkt

Lähmung → keine ausreichende Depolarisierung

Ursachen:
1. Die synaptischen Bläschen verschmelzen nicht mit der Membran
2. ACh wird zerstört
3. Der ACh-Rezeptor wird verändert
4. Transitterbruchstücke können die präsynaptische Membran nicht durchdringen
5. Die Zahl der Na^+-Ionen im synaptischen Spalt wird verringert

Anwendung in der Medizin

1. E 605 verursacht Krämpfe, da die ACh-Esterase gehemmt wird und viel ACh an die Rezeptoren der Na^+-Kanäle binden. Atropin bindet kompetitiv an die selben Rezeptoren und hebt somit die ACh-Wirkung auf. Umgekehrt funktioniert dies nicht, da Atropin nahezu irreversibel an die Rezeptoren bindet

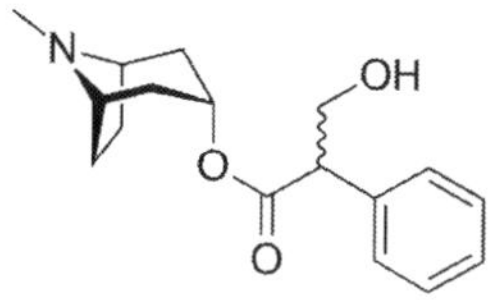

2. Prostigmin hemmt die ACh-Esterase
   → ACh kann Curare aus den Bindungsstellen verdrängen

Kompetitive Hemmung

- Ein Hemmstoff tritt in Konkurrenz mit den Neurotransmitter und bindet an dessen Rezeptorstelle
- In der Regel löst er aber nicht die physiologische Reaktion aus
- Beispiel:
  Curare bindet an ACh-Rezeptoren, kann aber die Na^+-Kanäle nicht öffnen
- Ausnahme:
  Nikotin bindet an ACh-Rezeptoren und öffnet Na^+-Kanäle

2.3 Nervensysteme

2.3.1 Gliederung des Gehirns in seine 5 Abschnitte und deren Zusammenwirken

Die Großhirnrinde ist stark gefaltet, um eine möglichst große Oberfläche zu gewinnen

- Sulcus cerebri: Gehirnfurchen
- Gyrus cerebri: Gehirnwindungen
- Lobi cerebri: gut abgrenzbare Gehirnlappen
- Funktion des Hirns:
  zentrales Steuerorgan des Menschen, das kognitive und emotionale Leistungen ermöglicht

Gehirnabschitt	Funktion
Großhirn (Telencephalon) besteht aus 2 Hemisphären	**Gehirnareale der Stirn (Vorderseite):** • verantwortlich für die Entscheidungsfindung • rationales Denken wie die Planung von Vorgehen • Sozialverhalten • Verarbeitung von Informationen des Kurzzeitgedächtnisses **Seitliche Gehirnareale** • Wahrnehmung von Sprache und Tönen (Broca und Wernicke) • Speicherung und Verfestigung von Informationen **Hintere Gehirnareale** • Verarbeitung von visuellen Informationen
Gehirnbalken	• Informationsaustausch zwischen den beiden Hemisphären
Zwischen-hirn *(Diencephalon)*	• besteht aus Thalamus, Hypothalamus, Hypophyse und Zirbeldrüse → vegetative und endokrine Funktionen
Thalamus	• wichtigste Schaltstation für die Verarbeitung von Reizen • „Tor zum Bewusstsein“
Cerebellum (Kleinhirn)	• Steuerung der Motorik und des Gleichgewichtssinns • Speicherung von erlernten Fähigkeiten und deren Koordination (z.B. Autofahren)
Hypophyse (Glandula pituitaria)	oberste Kommandozentrale für das Hormonsystem • Freisetzung von Hormonen • Kontrolle von Körperfunktionen wie: - Wärmehaushalt (T3, T4), Elektrolyt-Wasserhaushalt - Sexualität: Reifung der Eizelle, Schwangerschaft - Wachstum, Stoffwechselrate

Hypo-thalamus	• Zentrum des vegetativen Nerven- und Hormonsystems - kontrolliert den menschlichen Biorhythms - sezerniert Releasing Hormone, welche d. Hypophyse steuern • Steuerung von motivierenden und emotionalen Handlungsmustern
Mittelhirn *(Mesencephalon)*	• Übermittlung von Reizen der Augen, Ohren und weiteren Sinnesrezeptoren • schnelle Orientierung im optisch-räumlichen Wahrnehmungsfeld • Wahrnehmung von Bewegungen • Registrierung von Tönen und Schmerzen ist miteinander verbunden
Pons (Hirnbrücke)	• Übermittelung von Reize der Hemisphären zum Cerebellum • Steuerung des Schlafrhythmus (über Melatonin) und Motorik
Verlängertes Rückenmark *(Medulla oblongata)*	• Zentrum für lebensnotwendig Reflexe z.B. - Speichelbildung, Schlucken, Erbrechen, Husten und Niesen - vegetative Schaltzentrale für Atmung, Herzschlag und Blutdruck → Verbindung zum peripheren Nervensystem

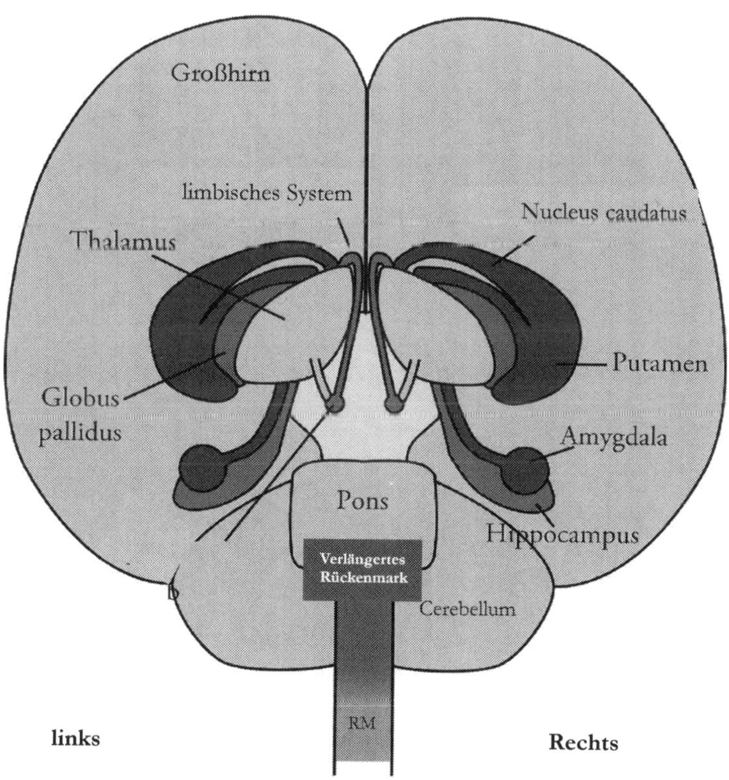

2.3.2 Rindenfelder

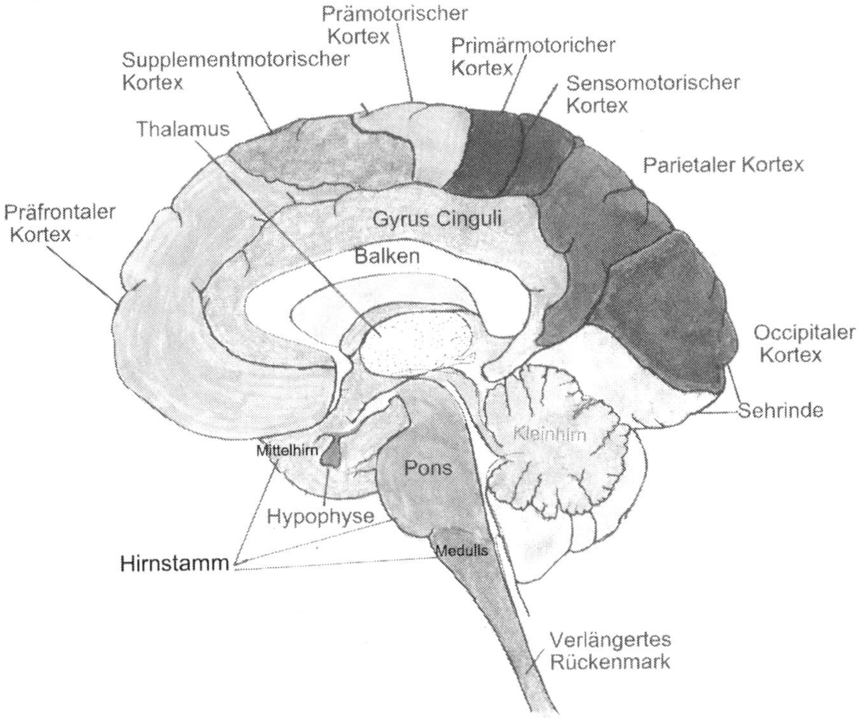

Quelle: Medizin-kompakt, https://upload.wikimedia.org/wikipedia/de/3/36/Hirnend.jpg, unverändert

Homunkulus

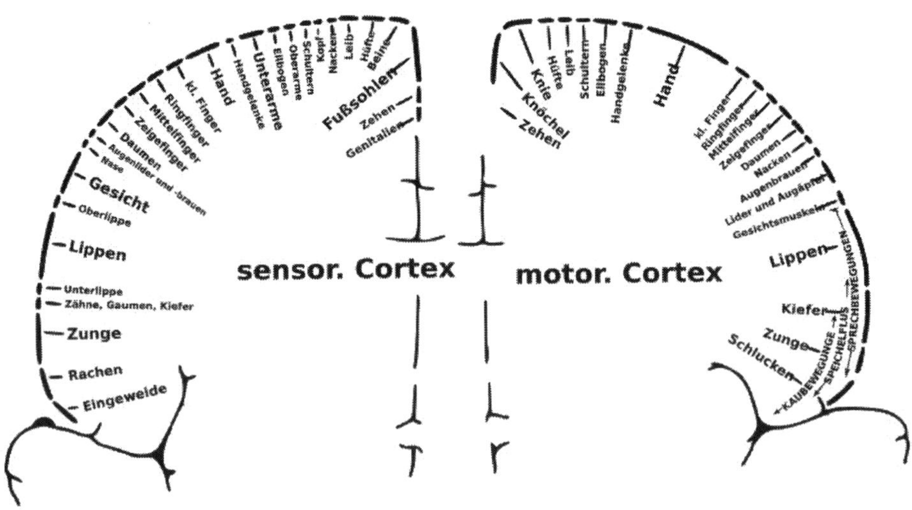

2.3.3 sensorisches und motorisches Sprachzentrum

Broca-Areal

- motorisches Hirnrindenareal der Sprachmotorik
  (= motorisches Sprachzentrum)

- Funktion: Koordination der Sprachbildung (Aussprechen der Wörter)

- Pathologie:
  - Läsionen des Broca-Areals (z.B. durch einen Schlaganfall) führen zur Entwicklung einer Broca-Aphasie
  - Patienten verstehen die Sprache, können allerdings nicht klar sprechen
  - Diagnose: Patient kann Fragen anhand von Bildern beantworten, die Frage aber nicht mit stimmigen Sätzen lösen

Wernicke Areal

- sekundär auditorisches Hirnrindenareal des Sprachverständnisses
  (= sensorisches Sprachzentrum)

- Funktion: Verständnis von Sprache

- Pathologie:
  - Läsionen des Wernicke-Areals (z.B. durch einen Schlaganfall) führen zur Entwicklung einer Wernicke-Aphasie
  - Patienten können zwar klar sprechen, aber ihre Formulierungen sind beliebig
  - Diagnose: Patient versteht die Fragen nicht und redet daher wirres Zeug

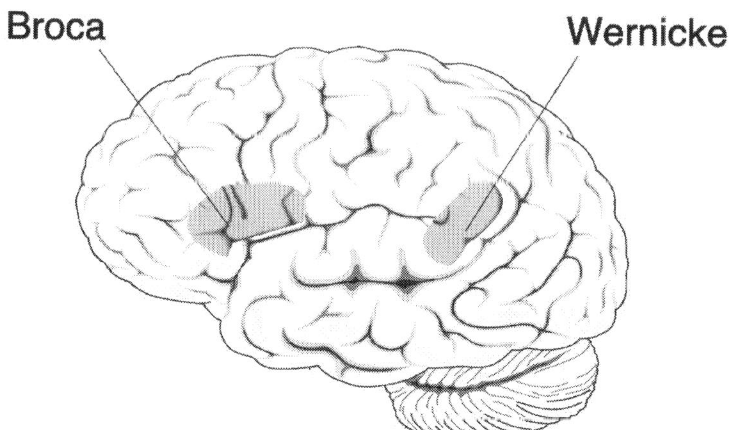

2.3.4 <u>Gliederung des Nervensystems in Lage und Funktion</u>

1. das Nervensystem gliedert sich anatomisch in ZNS und PNS
(zentral und peripher)

A. ZNS (zentrales Nervensystem)

- besteht aus Nervengewebe, welches sich aus Neuronen und Gliazellen zusammensetzt
- <u>Funktion</u>:
  Verarbeitung von sensorischen Reizen und Abgabe von motorischen Reizen

1. Gehirn
2. Rückenmark (medulla spinalis)

B. PNS (peripheres Nervensystem)

- Das PNS bildet den Übergang des ZNS in die Peripherie
- Ein Nervenstrang ist ein Bündel aus sensorischen und motorischen Axonen, Blutgefäßen und Bindegewebe
- <u>Funktion</u>:
  Übermittlung von Informationen vom ZNS zu den Effektoren und Aufnahme von Reizen aus der Peripherie und deren Weiterleitung zum ZNS

2. das Nervensystem gliedert sich funktionell in das vegetative und somatische Nervensystem

C. somatische Nervensystem (SNS)

- willkürliche Kontrolle über Skelettmuskulatur

D. vegetative Nervensystem (VNS)

- unwillkürliche Regulation von Körperfunktionen
- <u>Funktion</u>: Erhaltung der inneren Homöostase
- <u>Gliederung in</u>:
  - Sympathikus (leistungsfördernd)
  - Parasympathikus (erholungsfördernd)

Antagonistisches Prinzip

- Parasympathikus und Sympathikus arbeiten als Gegenspieler
  - Sympathikus → Angriff, mobilisiert Hochleistungen (fight)
  - Parasympathikus → Entspannung, Regeneration, Verdauung (rest and digest)

- <u>Vorteil</u>:
  präzise Einstellung körperlicher Funktionen und Erhalt der Homöostase

Überblick der wichtigsten Nervenbahnen

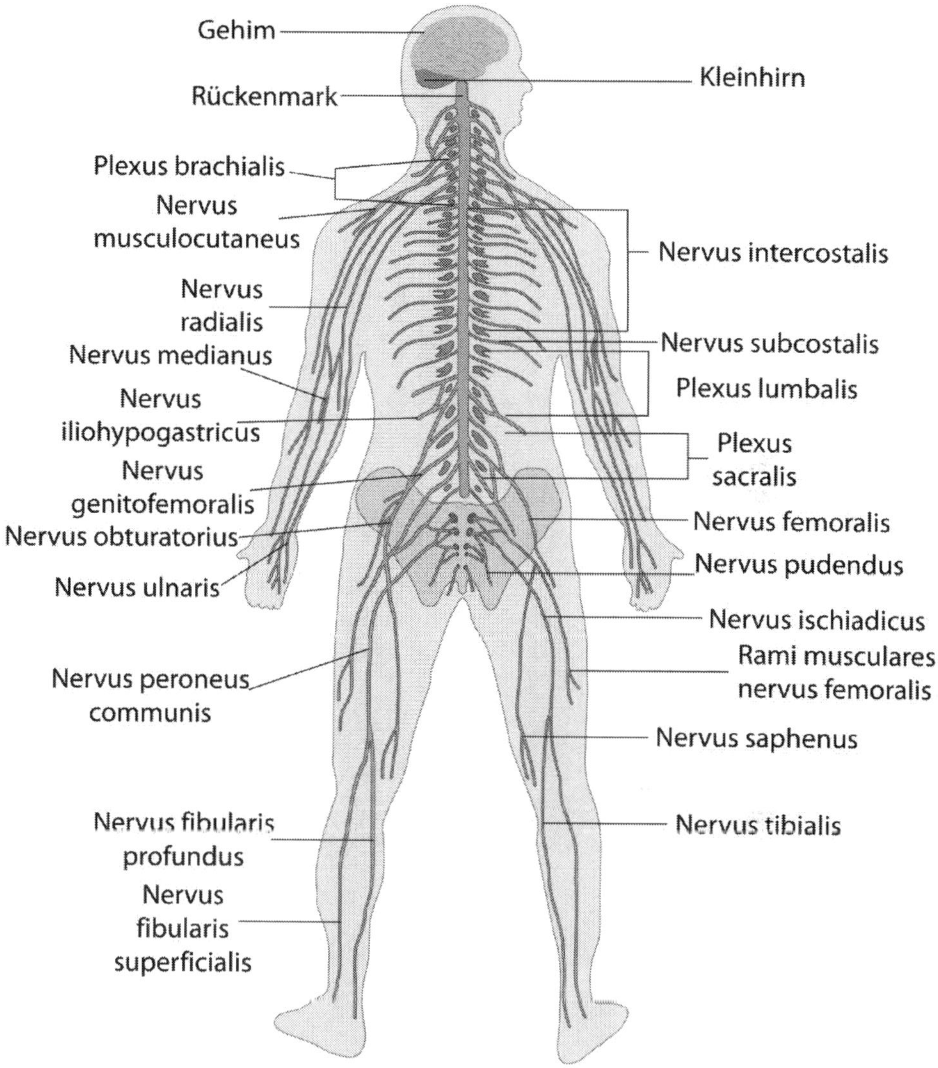

Quelle: TheEmirr, 28.04.2010, https://upload.wikimedia.org/wikipedia/commons/1/1c/TE-Nervous_system_diagram-de.svg , unverändert

2.3.5 Bau und Funktion des Rückenmarks

Aufbau

1. weiße Substanz (Axone)
2. hintere Wurzel mit sensorischen Nervenendigungen
3. Spinalganglion
4. Vorderhorn (motorischer Ausgang)
5. Spinalnerv
6. Faserring
7. Gallertmasse, die auf Spinalnerv drückt
8. Vordere Wurzel (aus motorischer Nervenfaser)
9. Wirbelknochen

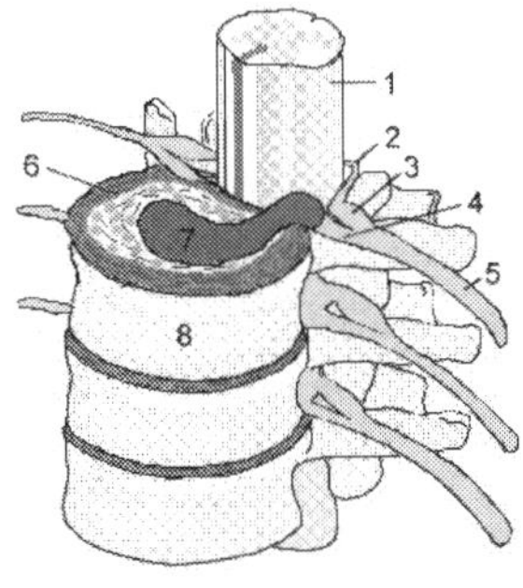

Quelle: https://upload.wikimedia.org/wikipedia/commons/1/19/Discusprolaps.jpg, unverändert

Funktion des Rückenmarks

- Zentrum der Reflexschaltung
- es verbindet ZNS mit der Periphere

Das Rückenmark ist in aufsteigende (sensible) und absteigende (motorische) Bahnen gegliedert

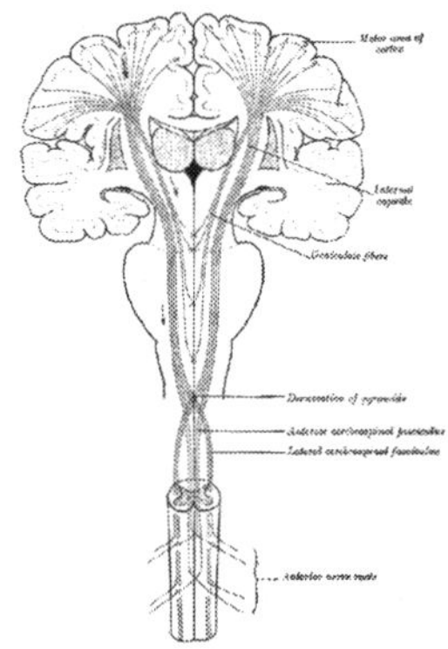

Die wichtigsten **sensiblen** Bahnen der weißen Substanz:

- Hinterstrangbahnen (mit Fasciculus gracilis und cuneatus)
- Kleinhirnseitenstrangbahnen (mit Tractus spinocerebellaris anterior und posterior)

Die wichtigsten **motorischen** Bahnen der weißen Substanz:

- Die Pyramidenbahnen sowie
- die extrapyramidalen Bahnen

Nicht nur die Wirbel, sondern auch die Häute schützen das RM

- Das RM ist im Wirbelkanal von drei Häuten umgeben
  - der harten Rückenmarkshaut (Dura mater spinalis)
  - der Archnoidea spinalis sowie
  - der darunter liegenden Pia mater spinalis

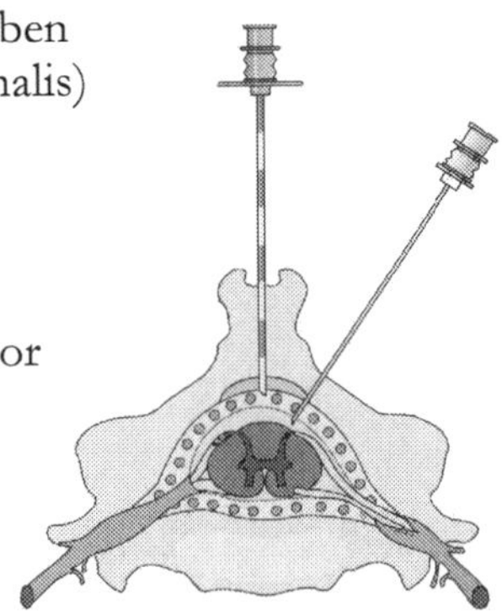

Lumbalpunktion

- Punktion des Duralsacks zur Gewinnung von Liquor cerebrospinalis zu diagnostischen Zwecken
- Anwendung bei: Enzephalitis, Leukämie, Meningitis, Multiple Sklerose

2.3.6 Reflexe

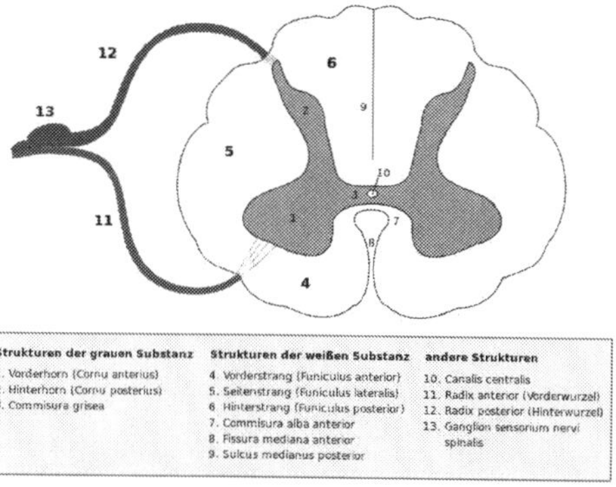

Quelle: https://upload.wikimedia.org/wikipedia/commons/1/13/Medulla_spinalis_-_Querschnitt_-_German_and_Latin.svg, unverändert

Eigenschaften

- Schutzreaktion
- willentlich, nicht kontrollierbar (unwillkürlich)
- schnell und stereotypisch
- ohne Beteiligung des Gehirns
- Verschaltung im RM oder Nachhirn

Eigenreflexe

- Entstehung und Ausführung im selben Organ
- monosynaptische Verschaltung
- Beispiel: Patellarsehnenreflex, Achillessehnenreflex

Fremdreflexe

- Entstehung und Ausführung in unterschiedlichen Organen
- polysynaptische Verschaltung
- Beispiel: Pupillenreflex, Würgreflex

Reflexbogen

- Verschaltungen von neuronalen Prozessen, bei denen eine sensorische Faser direkt mit einer motorischen Bahn verschaltet ist, sodass ein Reflex entsteht
- Voraussetzung:
  - ein Rezeptor (Nozizeptor)
  - ein afferenter Schenkel (afferente Fasern der Rezeptoren)
  - ein oder mehrere zentrale Neurone
  - ein efferenter Schenkel
  - ein Effektor (z.B. Muskel)

2.3.7 Rückenmarkssegmente und Dermatome

Dermatome Hautbereich, der von den afferenten (sensiblen) Fasern der Spinalnerven autonom versorgt wird
wichtig zur Beurteilung über das Ausmaß bei einer Läsion (Nervenschaden)

Merkhilfe für die Bestimmung der einzelnen Dermatome anhand folgender Reflexe:

- S 1/2: Achillessehnenreflex
- L 3/4: Patellarsehnenreflex
- C 5/6: Bizepssehnenreflex
- C 7/8: Trizepssehnenreflex

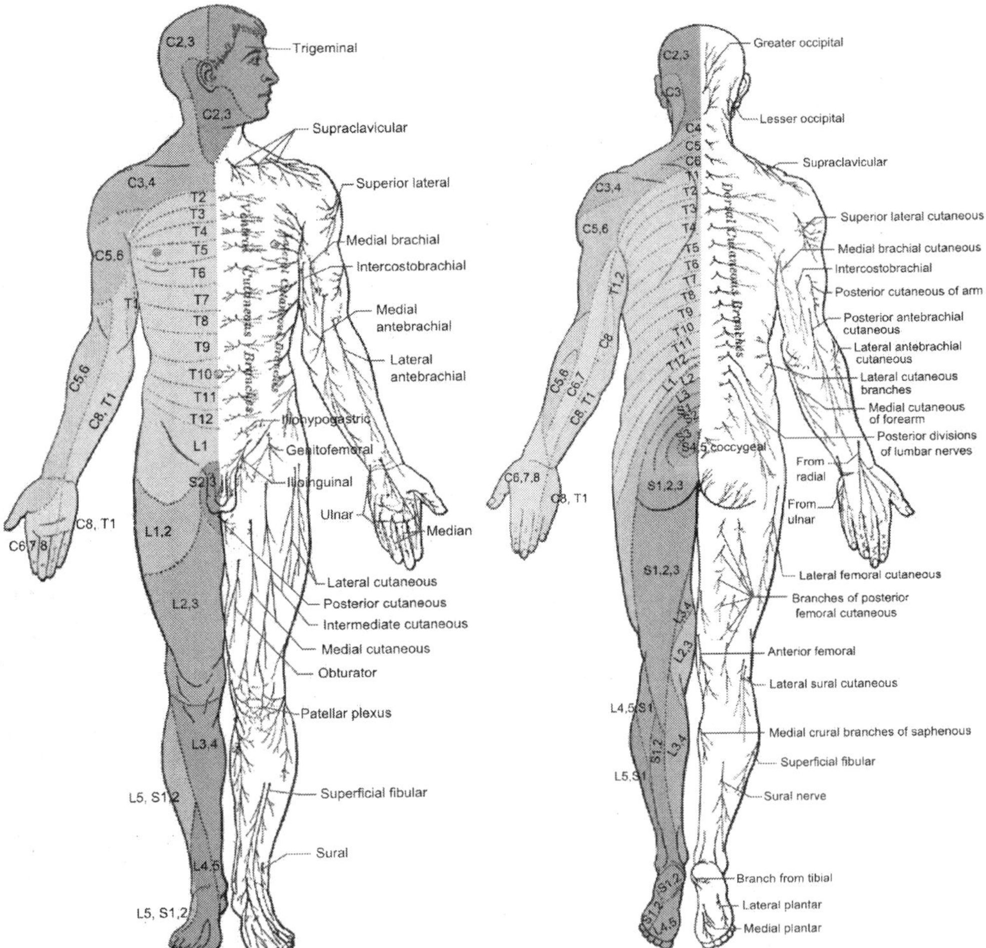

Fallbeispiel

Nach einem Autounfall überprüft der Arzt beim Patienten den Kniesehnenreflex. Welche Reflexe funktionieren bei folgenden Läsion noch?

a) Verletzung der sensiblen Neuronen des Oberschenkelstreckers *(M. quadriceps)*

b) Verletzung der motorischen Neuronen des Oberschenkelstreckers

c) Durchtrennung des Rückenmarks im Bereich der Brustwirbel *(auf Höhe Th10)*

d) krankhafter Abbau der Markscheiden

Lösungen:

a) der Oberschenkelstrecker kann sich noch kontrahieren
b) Da die Muskelfasern nicht erregt werden können, ist eine reflektorische Antwort unmöglich
c) Der Reflexbogen des Patellarsehnenreflexes ist unabhängig vom Gehirn und so weit oben wird der Reflex nicht verschaltet
d) Der Reiz wird nur langsamer weitergeleitet; statt 100 m/s → 10 m/s, die Motorik ist allerdings intakt

2.4 Hormonsystem

2.4.1 endokrine Drüsen und ihre Hormone im Überblick

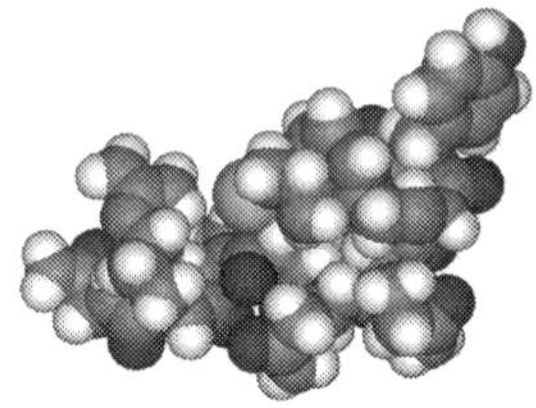

Definition

- Hormone sind chemische Botenstoffe (Signalstoffe)
- sie werden in endokrinen Drüsen gebildet
- Verteilung im Körper über den Blutstrom
- Erkennung durch Zielzellen über den Rezeptor
- sie bewirken über das Schlüssel-Schloss-Prinzip eine spezifische Stoffwechselveränderung an den Zielzellen
- Hormone sind nicht artspezifisch, aber wirkungsspezifisch
- Sie wirken in geringsten Konzentrationen, werden in der Leber abgebaut und über die Nieren im Urin ausgeschieden

Funktion:

- Übertragung von Informationen innerhalb des Körpers
- Regulation verschiedener Körperfunktionen

Unterschied Nerven- und Hormonsystem

	Nervensystem	Hormonsystem
Geschwindigkeit	schnell (ms - sec; bis 100 m/s)	langsam (sec bis Tage)
Wirkungsdauer	kurz	länger anhaltend
Signalübertragung durch	elektrisch und chemische Signale	chemisch über den Blutweg
Informationsweg	Neurone	Blutgefäße
Zielgewebe	Muskel- oder Drüsengewebe	Stoffwechsel der Ziellzellen
Reaktion	Kontraktion oder Sekretion	Stoffwechsel und Wachstum werden beeinflusst
Gemeinsamkeit von Hormonen und Transmittern	• chemische Botenstoffe • Bindung an spezifischen Rezeptoren • Abbau in unwirksame Produkte	

Hormonarten

Man unterscheidet Hormone nach ihrer **chemischen Struktur**:

Art	Löslichkeit	Wirkung	Beispiel
Peptidhormone	hydrophil (kann nicht oral zugeführt werden)	schnell	Insulin, Glucagon, Somatotropin, Somatostatin, ADH, EPO, Serotonin
Aminosäure-Derivate (Abkömmlinge)	hydrophil (Ausnahme: Thyroxin = lipophil)	schnell	Adrenalin, Noradrenalin. Thyroxin, Melatonin
Steroidhormone (Cholesterin-abkömmlinge)	lipophil	langsam	Östrogen, Cortisol, Progesteron, Testosteron, Aldosteron

hormonproduzierende Zellgruppen

- Zirbeldrüse (Melatonin; Ort: Epithalamus → 1)
- Hypothalamus (Releasing-Hormone, ADH, Oxytocin; über Hypophyse → 2)
- Schilddrüse (T3 u. T4, Calcitonin u. PTH → 3)
- Thymus (Thymosin → 4)
- Nebennieren (Cortisol, Adrenalin, etc. → 5)
- Pankreas (Insulin, Glucagon → 6)
- Eierstöcke (Östrogen, Progesteron → 7)
- Hoden (Testosteron → 8)
- Magen-Darm-Trakt (Gastrin, Cholezystokinin)
- Niere (EPO, Renin)
- Herz (ANP)
- Gewebehormone, die bei Entzündungen, Schmerz und Allergie eine Rolle spielen z.B. Prostaglandin, Histamin, Bradykinin

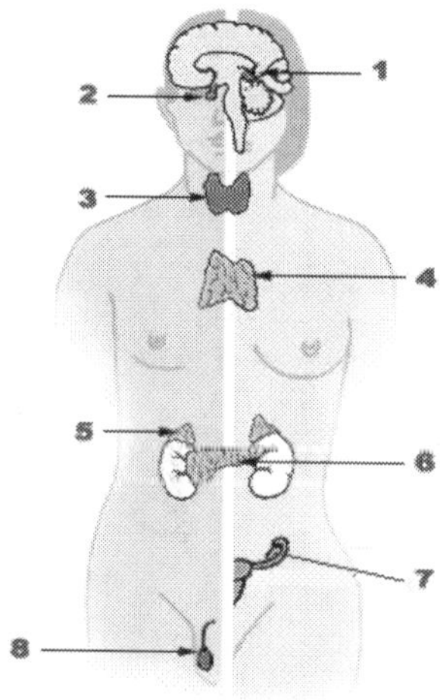

Endokrine Organe

- Hypophyse
- Schilddrüse
- Nebenschilddrüse
- Nebenniere

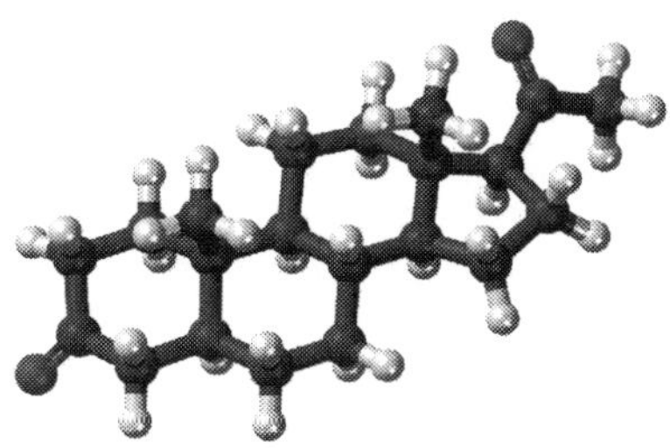

Hormone im Überblick

Drüse	Hormon	Chemische Struktur	Funktion
Hypophysen-vorderlappen	Wachstumshormone	Protein	Steuerung des Körperwachstums
	Steuerhormone	Protein	Steuerung anderer Hormondrüsen
Hypophysen-hinterlappen	Adiuretin	Peptid	Regelung des Salz- und Wasserhaushaltes
	Oxytozin	Peptid	Auslösen von Milchsekretion und Wehen
Epiphyse	Melatonin	Aminosäure-abkömmling	Regelung von tagesperiodischen Rhythmen über den Hypothalamus
Schilddrüse	Thyroxin	Aminosäure-abkömmling	Steuerung des Körperwachstums, des Stoffwechsels
	Calcitonin	Peptid	Steuerung des Ca^{2+}-Stoffwechsels
Nebenschild-drüse	Parathormon / Parathyrin	Peptid	Steuerung des Ca^{2+}- und Phosphat-Stoffwechsels
Pankreas: Langerschan'-sche Inseln	α-Zellen: Glucagon ß-Zellen: Insulin	Peptid Peptid	Regelung des BZ-Spiegels
Nebennieren-mark	Adrenalin (Noradrenalin)	Aminosäure-abkömmling	Regelung des BZ-Spiegels, Beeinflussung des Aktivitätszustandes
Nebennieren-rinde	Mineralo-Corticoide (Aldosteron) Gluco-Corticoide (Cortisol)	Steroide Steroide	Regelung des Salzhaushaltes Beeinflussung des BZ-Spiegels und der Immunreaktion
Testes (Hoden) **Ovar (Eierstock)**	Testosteron Östrogen	Steroide	Bildung von Geschlechtszellen, Ausbildung der Geschlechtsorgane, Sexualverhalten

Diabetes Mellitus

Regulation des Blutzuckerspiegels

- Speicherung der Glucose in Leber und Muskeln in Glykogen durch **Insulin**
  → Insulin senkt den Blutzuckerspiegel (-)

- Abbau von Glykogen zu Glucose durch **Glucagon**
  → Glucagon erhöht den Blutzuckerspiegel (+)

Ursachen der Krankheit

Diabetes Typ 1	Diabetes Typ 2
• Genetische Veranlagung (Autoimmunkrankung) • Viruserkrankung	• Störung in der Insulinfunktion • Insulinresistenz

Risikofaktoren

- Übergewicht, mangelnde Bewegung, falsche Ernährung
- familiäre Disposition
- zunehmendes Alter
- Medikamentenmissbrauch

Symptome

Diabetes Typ 1	Diabetes Typ 2
• Vermehrtes Durstgefühl • Häufiges Wasserlassen • Gewichtsabnahme (bis zur Kachexie)	• Acetongeruch in der Atemluft • Häufig asymptomatisch • Übergewicht

Insulingabe

- Insulin darf nicht in Tablettenform oral eingenommen werden
  → die Magensäure zersetzt die Eiweißstruktur und macht das Insulin unwirksam

- Typ-1-Diabetiker spritzen sich mehrmal täglich Insulin zur Aufrechterhaltung des Blutzuckerspiegels
- subkutane Verabreichung des Insulins, d.h. in eine Bauchfalte
- Um einer raschen Unterzuckerung rasch entgegenwirken sollten schnelle Kohlenhydraten wie z.B. Traubenzucker mitgenommen werden

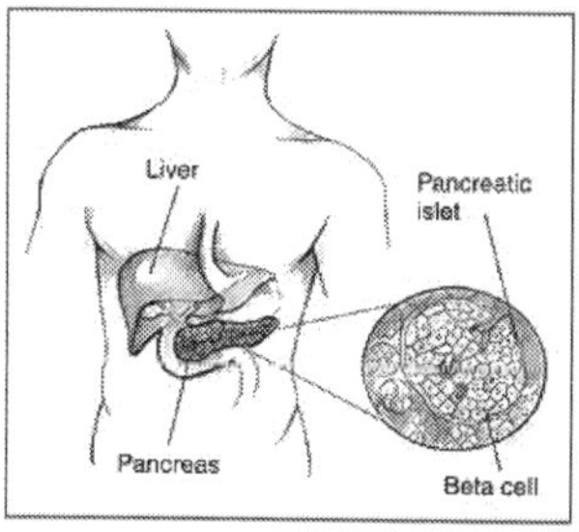

2.4.2 extragenitale Wirkungen der Sexualhormone

Geschlechtshormone des Mannes

Funktion
- Entwicklung der Geschlechtsorgane und -merkmale
- Sexualfunktion und Fortpflanzung

Körperliche Veränderungen durch Testosteron
- Stimmbruch, Bartwuchs
- Muskelwachstum
- Knochenwachstum, erhöhte Blutbildung
- Psyche und Libido, Hautdurchfettung

Primäre Geschlechtsmerkmale
- innere und äußere Geschlechtsorgane
- z.B. Penis, Hodensack mit Hoden und Nebenhoden, Prostata und Samenleiter

Sekundäre Geschlechtsmerkmale
- Bartwuchs, Stimmbruch

Tertiäre Geschlechtsmerkmale
- im Verhalten äußernde Geschlechtsmerkmale
- z.B. Berufswahl, Familienrolle

Vergleich der Geschlechtsorgane

Mann	Frau	Gemeinsamkeit
Hoden	Eierstöcken	Produktion der Geschlechtszellen
Penis	Vagina	Ausgang der Geschlechtsorgane
Prostata	Eileiter	Beförderung der Geschlechtszellen
Nebenhoden	Eierstöcken	Reifung der Samenzellen

Weg eines Spermiums
1. Hoden: Wachstumsort
2. Nebenhoden: Fortbewegungsfähigkeit
3. Samenleiter: Spritzkanal
4. Harnröhre: Herausschleudern der Samenflüssigkeit

Entwicklung von Spermien (Spermiogenese)

- Ausschüttung von FSH + ICSH
  → Beginn des Entwicklungsprozesses der Samenzelle
- Entwicklung der Samenzelle aus den Urstammzellen (Spermatogonien)
- Zellteilung der Spermatogonien
- Weitere Entwicklung zu Spermatozyten 1 und 2 → Spermatiden
- Spermatiden enthalten nur noch einen haploiden Chromosomensatz
- Es bilden sich die Akrosom und Geißel aus
- Lagerung und Reifung der Spermien im Nebenhoden

Störung der Spermienreifung durch

- Hitze
- Umweltgifte
- Mangel an Vitaminen und Spurenelementen

Auswirkung der Testosteroneinnahme bei Frauen

- Aggressiveres Verhalten
- Männlicheres Aussehen (z.B. leichter Bartwuchs)
- verfette Haut
- Akne-Neigung
- Haarausfall

Geschlechtshormone der Frau

Östrogenbildung in Eierstöcken

- Östrogen verursacht den Eisprung
- Östrogen dient der Schwangerschaftsvorbereitung
- Östrogen bildet die weiblichen Geschlechtsmerkmale aus

Gestagenbildung (Progesteron) in Plazenta

- Progesteron bereitet die Eizelle auf die Einnistung vor
- Progesteron fördert die Milchbildung

LH und FSH

- Hormone der Hypophyse
- Hormonproduktion von Östrogenen und Progesteron

1. Progesteron-Mangel

- entsteht durch Gelbkörperschwäche
- verursacht Zyklusstörungen und Unfruchtbarkeit

2. Basaltemperatur-Methode

- Bestimmung der fruchtbaren Tage durch Temperaturmessung (s. Abb.)

Hormonelle Verhütungsmittel

1. Anti Baby Pille
2. Verhütungsring
3. Verhütungspflaster

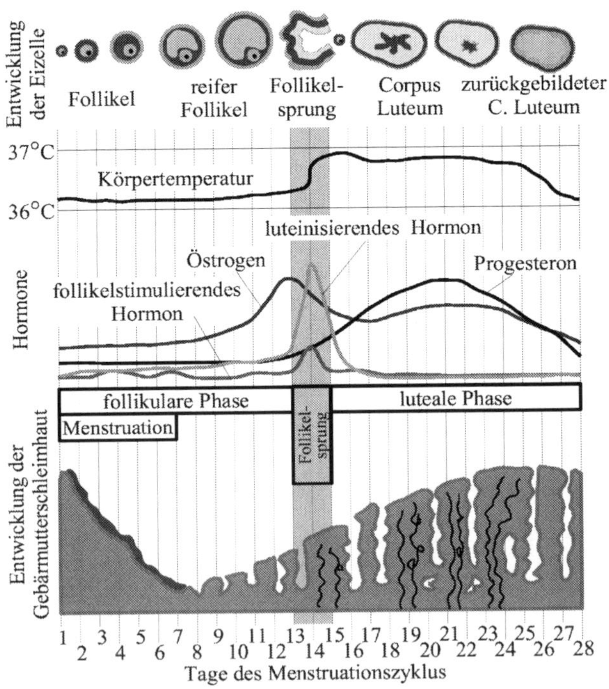

Quelle: Chris_73, https://upload.wikimedia.org/wikipedia/de/0/08/MenstrualCycle-de.png, unverändert

(alle Angaben sind Durchschnittswerte)

Ablauf des Menstruationszyklus

Allgemein

- Von der Pubertät bis zu den Wechseljahren reift monatlich eine Eizelle heran und wird wieder ausgeschwemmt, sofern sie unbefruchtet bleibt
- Schwangerschaften unterbrechen diesen Zyklus, hormonelle Verhütungsmittel können ihn unterdrücken

Der weibliche Zyklus und Eisprung wird durch ein Zusammenspiel von Hormonen gesteuert

1. **Menstruation**
   - Bleibt die Befruchtung innerhalb von rund 24 Stunden aus, schrumpft das Ei und zerfällt langsam
   - Durch die Monatsblutung wird das Ei mit der Gebärmutterschleimhaut ausgeschwemmt

2. **Proliferationsphase**
   - Nach der Menstruationsblutung schüttet die Hirnanhangdrüse (Hypophyse) die beiden Steuerungshormone LH und FSH aus
   - FSH gelangt über das Blut in die Eierstöcke und fördert die Reifung der Follikel
   - Der Follikel wächst heran und beginnt Östrogen zu produzieren
   - Östrogen wiederum fördert die Entwicklung der Gebärmutterschleimhaut
   - Der Follikel platz auf und entlässt die Eizelle in den Eileiter
   - Der starke Anstieg des LH löst den Eisprung aus

3. **Sekretionsphase**
   - Nach dem Eisprung wandert die Eizelle langsam durch den Eileiter zur Gebärmutter
   - Aus dem Follikel entwickelt sich der Gelbkörper, der das Hormon Progesteron ausschüttet
   - Progesteron bereitet die Schleimhaut auf eine mögliche Einnistung des Eis vor

Befruchtung der Eizelle	keine Befruchtung der Eizelle
• Bei Befruchtung bleibt der Geldkörper und die hohe Progesteronkonzentration erhalten • Das Ei nistet sich in die Gebärmutterschleimhaut ein	• Findet keine Befruchtung statt, bildet sich der Gelbkörper wieder zurück • Ohne Befruchtung sinkt die Progesteron-Konzentration und bewirkt die Abstoßung der Schleimhaut • Diese wird mit der Menstruationsblutung ausgeschwemmt

Schilddrüsenhormone

1. Entwicklung und Wachstum von
- Skelett
- Zentrales Nervensystem (Gehirn, Rückenmark)
- Gonaden (Eierstöcke, Hoden) → Fortpflanzung

2. Stoffwechsel
- Kohlenhydrate
- Fette
- Eiweiß

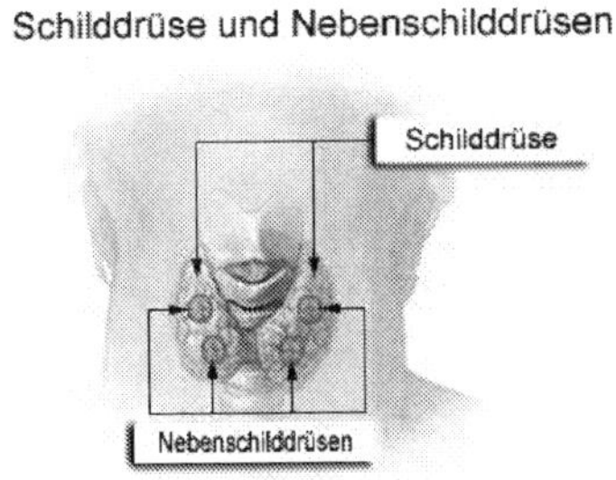

3. Mineral- und Wasserhaushalt

4. Sauerstoffverbrauch

Schilddrüsenhormone
- Die Schilddrüse produziert Trijodthyronin (T3) und Thyroxin (T4)
- **T3 =** aktives Hormon
- **T4 =** Speicherform des aktiven Hormons
  - kann jederzeit wieder in aktive T3-Form umgewandelt werden

Erkrankung der Schilddrüse

	Überfunktion (Hyperthyreose)	Unterfunktion (Hypothyreose)
Grundumsatz	gesteigert	gesenkt
Körpertemperatur	erhöht	niedrig
Herzschlag	erhöht	herabgesetzt
Unruhe	ja	nein
Müdigkeit	nein	ja
Nahrungs-aufnahme	gesteigert	gehemmt
Gewicht	untergewichtig	übergewichtig
Therapie	Thyroxingabe, um die negative Rückkopplung auf den Hypothalamus zu verstärken, dadurch wird die Aktivität der Schilddrüse gehemmt (ggf. Entfernen des Tumors)	Iodgabe, um T3 und T4 wiederherstellen zu können und den Stoffwechsel anzuregen

Behandlungsarten von Schilddrüsenerkrankung

- Medikamentöse Therapie
  - Jodid-Tabletten
  - Schilddrüsenhormon-Tabletten
  - Schilddrüsenblocker (Thyreostatika)

- Radiojodbehandlung
- Operation
- Psychologische Therapie

10 Tage starke Thyroxin Behandlung

- Auftreten von Symptomen einer Schilddrüsenüberfunktion
  - Herzklopfen und Herzyrythmusstörungen, Hitzegefühl und Schwitzen
  - Zittern, innere Unruhe und Schlaflosigkeit

erhöhte Thyroxin Konzentration unter Stress

1. Psychische Probleme
2. Überlastung des Körpers
3. Stress → evtl. Schilddrüsenerkrankung

Erkrankungen der Hypophyse

Funktion Hypophysenvorderlappen
- ACTH (wirkt auf Nebennierenrinde → Kortison)
- Wachstumshormon GH
- Schilddrüsenstimulierendes Hormon TSH
- Follikel-stimulierendes FSH und Prolaktin (Milchproduktion)

Funktion der Pars Intermedia d. Hypophyse
- Produktion von Melanozyten-stimulierendes Hormon MSH (Hautpigmentierung)

Funktion Hypophysenhinterlappen (Neurohypophyse)
- Speicherung von (...)
  - ADH (Rückresorption von Wasser in Nieren)
  - Oxytozin (Wehen bei Schwangerschaft)

Wachstumshormonmangel = GH-Defizite
- Ursachen:
  - Tumore, Verletzungen, Operationen oder Infarkte

- Symptome:
  - Kinder: Kleinwuchs, Fettpolster am Bauch
  - Erwachsene: abnehmende Muskelmasse, Antriebsverlust / Depression

- Therapie
  - Hormonersatztherapie
  - regelmäßige hormonelle Kontrolle

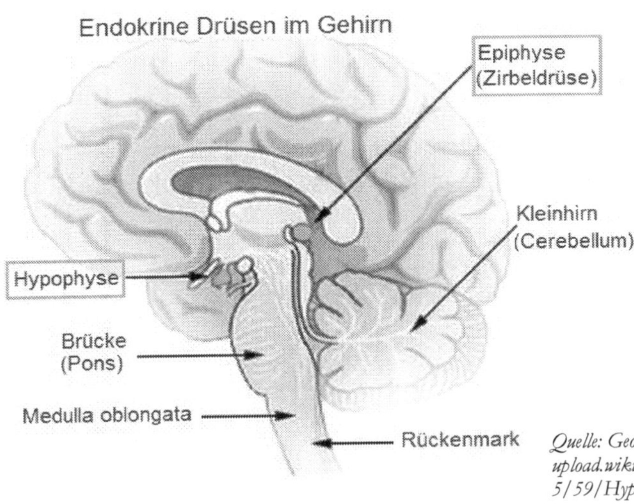

Quelle: Geo-Science-International, https://upload.wikimedia.org/wikipedia/commons/5/59/Hypophyse_und_Epiphyse.jpg, unverändert

Wachstumshormonüberschuss:

- Ursache
  - unkontrollierte Ausschüttung von GH durch Tumore in der Hypophyse oder Hypothalamus

- Symptome
  - Riesenwuchs, Diabetes, Sehstörungen und Kopfschmerzen
  - Wassereinlagerungen, Stimmungsschwankungen, Vergrößerung einzelner Körperteile

- Therapie:
  - Entfernen des Tumors
  - Medikamente (Hemmung der Wachstumshormone)
  - Bestrahlung

Hypophyseninsuffizienz

- Urasche: Ausfall der Hormonproduktion
- Symptome: Gewichtszunahme und Wachstumsstörungen
- Therapie: Hormonersatztherapie

Morbus Cushing

- Urasche: ACTH bildender Tumor
  = übermäßige Cortisol-Bildung in Nebennierrenrinde

- Symptome:
  - Fettleibigkeit
  - Muskelschwäche und Rückenschmerzen
  - Bluthochdruck

- Therapie:
  - Entfernen des Tumors
  - Medikamente
  - Bestrahlung

2.4.3 Hierarchisches Prinzip

Hierarchie im Hormonsystem

- das Hormonsystem ist **hierarchisch** aufgebaut:
- Hormondrüsen werden über dreistufige hierarchische Befehlskette kontrolliert

Beispiel:

1. Hypothalamus
   ▼
2. Hypophyse
   ▼
3. Hormondrüse
   ▼
4. Zielzelle
   ▼
5. Feedback

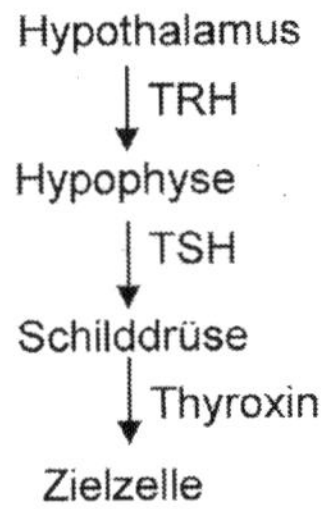

Ablauf

1. Stellt der Hypothalamus einen Abfall der effektorischen Hormone oder der Messgröße im Blut fest, schüttet er Releasing-Hormone aus
2. Diese veranlassen die Hypophyse glandotrope Hormone (Steuerhormone) zu bilden und freizusetzen
3. Diese setzen in den Hormondrüsen effektorische Hormone frei und beenden diese Freisetzung zusätzlich (= negative Rückkopplung)
   → Stoffwechselveränderung in den Zielzellen

Steuerung der Hormonausschüttung

- Die Ausschüttung von Hormonen ist sollwert-gesteuert (vgl. thermostatregulierte Heizung)
- Im Hypothalamus sind die Sollwerte für eine Menge von Stoffwechselgrößen wie z.B. des Blutzuckers gespeichert
- Messfühler im Organismus registrieren den Istwert dieser Stoffwechselgrößen und der Hypothalamus vergleicht sie mit den vorgegebenen Sollwerten
- Abweichungen führen zur Ausschüttung von Releasing-Hormonen (RH) im Hypothalamus
- Es folgt eine geordnete Ausschüttung verschiedener Hormone

2.4.4 Hormontypen

Hormontypen (Einteilung nach Funktion)

Hormonart	Ablauf
Releasing Hormone	Releasing- und Inhibiting-Hormone werden im Hypothalamus gebildet und gelangen über den Blutweg in die Hypophyse • Beispiel: Vasopressin, Oxytocin, Somatostatin
Glandotrope Hormone	Glandotrope Hormone werden im Hypophysenvorderlappen gebildet und sezerniert Sie wirken auf die Hormondrüsen • Beispiel: TSH, FSH, LH, ACTH
Effektorische Hormone	Effektorische Hormone werden in den Hormondrüsen gebildet und wirken auf die Zielzellen → Stoffwechseländerung • Beispiel: Insulin, Östrogen, Cortisol
Gewebshormone Mediatoren oder Botenstoffe	hormonartige Strukturen, die verteilt im Körper liegen und der Steuerung von endokrinen Drüsen dienen • Beispiel: Prostaglandin, Histamin, Serotonin

2.4.5 Abschalten der Hormonausschüttung

1. **Inaktivierung durch Abbau der Hormone**
   - Zur Vermeidung einer fortschreitenden Anhäufung der Hormone im Körper müssen die Hormone abgebaut werden
   - Dies geschieht durch Biotransformation im Erfolgsorgan selbst oder in der Leber, seltener in der Niere oder in der Lunge

   - Plasmahalbwertszeit
     - Die Hormonwirkung kann Minuten, Stunden oder Monate andauern
     - Die Plasmahalbwertszeit gibt an, nach welchem Zeitintervall 50% des Hormons aus dem Blutplasma eliminiert sind
     - Die Halbwertszeiten der Hormone weisen erhebliche Unterschiede auf und müssen bei therapeutischen Hormonapplikationen berücksichtigt werden
     - Bezug Niere: altersdegenerative Vorgänge sorgen dafür, dass Medikamente verzögert ausgeschieden werden, sodass die Medikamentengabe angepasst werden muss

2. **negatives feed-back / negative Rückkopplung** (über Hypothalamus)

3. **Antagonisten-Ausschüttung** (z.B. GH und Somatostatin)

2.4.6 Wirkungsmechanismen lipophiler Hormone

Wirkung an der Zielzelle

- Die Wirkung von Hormonen beruht auf der Änderung der Stoffwechselsituation in den Zielzellen, d.h. die Aktivierung von Enzymen, die bestimmte Stoffwechselfunktionen katalysieren

First messenger = Hormon   Second messender = cAMP

Hormone gehören aber unterschiedlichen chemischen Stoffklassen an und können aufgrund ihrer **lipophilen** und **hydrophilen** Eigenschaften die Zellmembran der Zielzelle passieren oder nicht

Wirkungsmechanismen lipophiler Hormone

1. Hormon diffundiert direkt durch die Zellmembran oder durch ein Tunnelprotein der Zielzelle

2. In der Zelle bindet es an einen spezifischen Rezeptor, der daraufhin seine Konformation (= räumliche Anordnung) ändert

3. Hormon-Rezeptor-Komplex bindet im Kern an die DNA (= Primärwirkung)
   → mRNA für ein bestimmtes Enzym wird gebildet (= Transkription)

4. Die mRNA wird im Cytosol in aktive Enzyme translatiert
   → Genexpression

5. Stoffwechseländerung

2.4.7 Wirkungsmechanismen hydrophiler Hormone

Wirkungsmechanismen

1. Hydrophile Hormone können durch die Membran nicht diffundieren

2. Das Hormon bindet an einen membranständigen Rezeptor

3. Dessen Stoffwechseländerung aktiviert die Adenylatcyclase

4. Das durch sie hergestellte cAMP (cyklisches AMP) wirkt als second messenger auf Proteinkinasen, welche unter ATP-Verbrauch inaktive Enzyme phosphorylieren (= Aktivierung der Enzymsynthese)
   → Stoffwechseländerung

5. Gelegentlich ist der Rezeptor = Proteinkinase

Selbstverstärkungseffekt

- Hydrophile Hormone wirken über das **Prinzip der Signalverstärkung**
- Innerhalb einer Wirkungskaskade können immer mehr Enzyme aktiviert werden

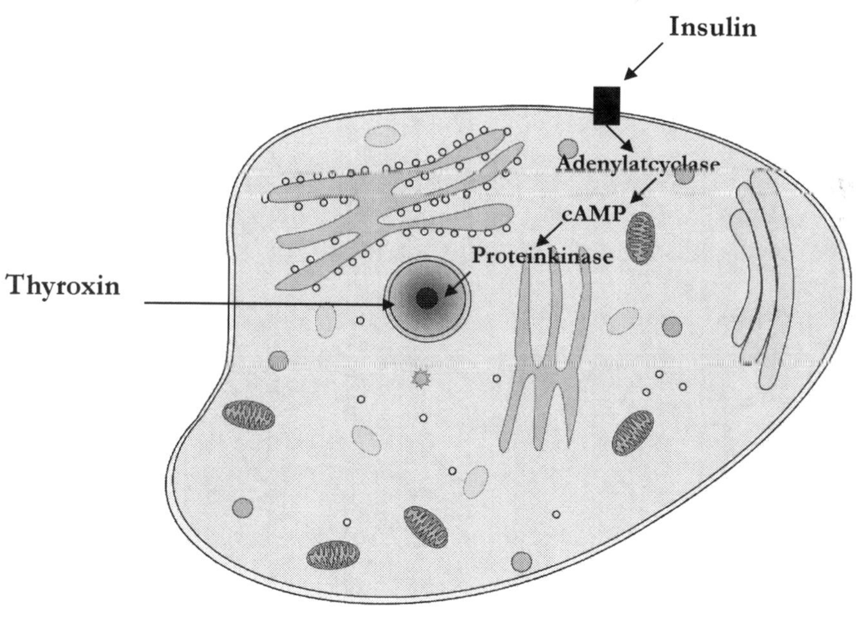

Vergleich der Hormonwirkung auf zellulärer Ebene

	Hydrophile Hormone	Lipophile Hormone
Transport im Blut	• Transport im Blut ohne Probleme • Hormone schwimmen mit dem Blut durch den Kreislauf und binden alleine und unabhängig an ihre Zielzellen	• Transport im Blut mittels Bindung an ein spezifisches Transportprotein • Schutz vor Zerlegung und Transport • Hormon gelangt mit Transportprotein zu den Zielzellen
Bindung an der Zelle	• Bindung an extrazelluläre Zellrezeptoren	• Bindung des Transportproteins an einen extrazellulären Rezeptor und Diffusion des Hormons durch die Zellmembran
Wirkung an der Zelle	• Wirkung über einen second-messenger	• Wirkung als first-messenger in der Zelle selbst
Signaltrans-duktion	• Signalverstärkung über Wirkungskaskade	• keine Signalverstärkung, sondern direkte Kontrolle über Genexpression
Signal-stärke	• stark und kaskadenhaft	• Stärke nach Hormonmenge
Abbau	• Hormon wird im Blut durch Enzyme zersetzt	• Abbau im Cytoplasma der Zielzellen

2.4.8 Regelkreis am Beispiel des Thyroxin-Regelkreises

Regelkreis in sich geschlossener Wirkungskreislauf zur Einstellung von Hormonspiegeln im Blut. Sämtliche hormonelle Botschaften werden über Regelkreise gesteuert

Ablauf

1. Hypothalamus ist das Führungsglied (-größe)
2. Er aktiviert den Regler (die Hypophyse) und diese mithilfe einer Stellgröße (glandotropes Hormon) das Stellglied (Hormondrüse)
3. Das Stellglied verändert die Menge/Höhe der Regelgröße (z.B. den BZ-Spiegel, die Körpertemperatur)
4. Der Wert der Regelgröße wird von Messfühlern registriert und als Istwert fortlaufend dem Hypothalamus gemeldet
5. Dieser vergleicht Ist- mit Sollwert und startet den Regelkreis, um den Istwert an den Sollwert anzugleichen
6. Störgrößen verändern die Regelgröße

Hormonelle Regulation – Negative Rückkopplung

- Ist die **Hormonkonzentration zu niedrig**, wird die Hormonproduktion stimuliert, indem es die Ausschüttung von RH bzw. Steuerhormon **fördert** → Erhöhung der effektorischen Hormone

- Ist die **Hormonkonzentration zu hoch**, wird die Hormonproduktion gehemmt, indem es die Ausschüttung von RH bzw. Steuerhormon **senkt** → Verminderung der effektorischen Hormone

Funktion Über- bzw. Unterproduktion durch Regelkreise mit negativer Rückkopplung vermeiden

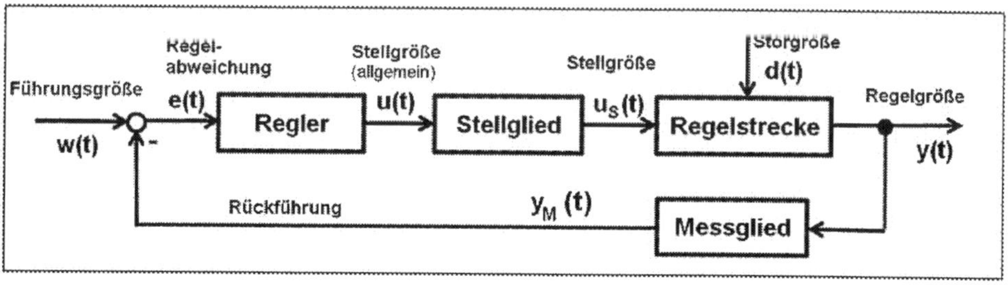

Quelle: HeinrichKü, https://upload.wikimedia.org/wikipedia/commons/0/0e/Blockschaltbild_erweiterter_regelkreis.gif, unverändert

Der Thyroxin-Regelkreis

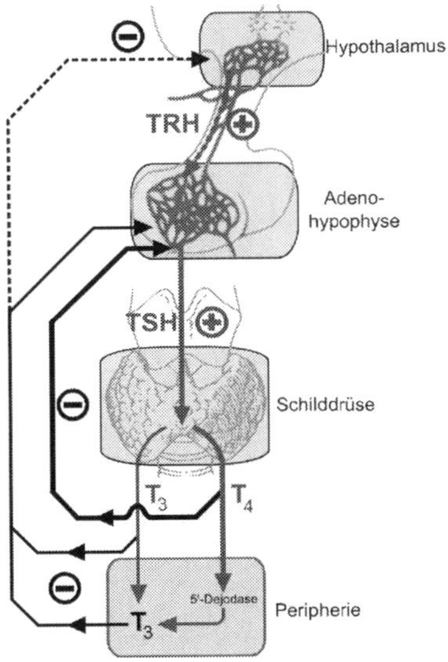

Quelle: Kuebi, https://upload.wikimedia.org/wikipedia/commons/e/ef/Thyroid_hormone_feedback.png, unverändert

1. Hypothalamus (HT, Führungsgröße) gibt den Sollwert der Schilddrüsenhormone im Blut vor

2. HT und Hypophysenvorderlappen messen ständig über Rezeptoren (Fühler) die Thyroxin-Konzentration im Blut (= Istwert, Fühler)

3. Istwert z.B. zu niedriger T4-Spiegel

4. Hypothalamus sezerniert TRH (Ziel: Istwert an Sollwert anpassen)

5. Stimulation der Hypophyse (Regler)

6. Ausschüttung vom Steuerhormon Thyreotropin (TSH: Stellgröße)

7. Stimulation der Schilddrüse (Stellglied)
   → Ausschüttung von Thyroxin (T4) und Triiodthyronin (T3)

8. Negative Rückkopplung (= Hemmung der Ausschüttung von TSH, TRH)

9. Einstellung einer Homöostase (Gleichgewichtsspiegel der Schilddrüsenhormone)

→ Konzentration der Schilddrüsenhormone im Blut bestimmt die Höhe des Grundumsatzes

Funktion

- Regulation der Blut-Thyroxin Konzentration
- Steuerung von Stoffwechselvorgängen (Energie- und Eiweißstoffwechsel, Wachstum, Herz, etc.)

2.4.9 Zusammenwirken von Hormon- und Nervensystem bei der Stressreaktion

Defintion

- physiologische Anpassungen an Stressoren
- Eustress → leistungsfördernd
- Distress → leistungshemmend

Stressoren (Stressmotive)

Körperregion	Mögliche Erkrankungen
Abiotische Stressoren	Hitze, Kälte, radioaktive oder elektromagnetische Strahlung, etc.
Biotische Stressoren	Krankheitserreger, Tumore
Psychosoziale Stressoren	Tod eines Angehörigen, Leistungsdruck, Diskriminierung

Folgen für den Organismus

Körperregion	Mögliche Erkrankungen
Herz-Kreislauf-Erkrankungen	Hypertonie, Herzinfarkt, koronare Herzkrankheit, Hirninfarkt
Muskulatur	Kopf- und Rückenschmerzen, Weichteilrheumatismus
Verdauung	Verdauungsstörungen, Magen-Darmgeschwüre
Stoffwechsel	erhöhter Blutzucker- und Cholesterinspiegel, Diabetes mellitus Typ 1 und 2
Immunsystem	verminderte Immunkompetenz gegenuber außere und innere Einflüsse (Infektionen, Krebs) gesteigerte Immunreaktion (Neigung für Autoimmunreaktionen, Allergie)
Schmerz	verringerte Schmerztoleranz
Geschlechts-organe	Libidoverlust, Impotenz, Infertilität, Zyklusstörungen

Vergleich: FFS und AAS

	Fight and Flight-Syndrom (FFS)	allgemeines Anpassungssyndrom (AAS)
Hormone	Adrenalin	Cortisol
Bildungsort	Nebennierenmark (NNM)	Nebennierenrinde (NNR)
Steuerung der Freisetzung	Hypothalamus → Sympathikus → NNM	Hypothalamus (CRH) → Hypophyse (ACTH) → NNR
Wirkung auf Zielorgane	• Tachykardie (verstärkte Pumpleistung des Herzens) • Vasokonstriktion • Bronchial- und Pupillenerweiterung • Anstieg des Atemvolumens • Blutdruckanstieg • erhöhter Glykogenabbau • Hemmung der Verdauung • erhöhte Schweißsekretion	<u>Hemmung von</u> • Sexualorganen • Immunsystem (Hemmung von Entzündungsreaktionen) Erhöhung des Blutzuckerspiegels
Geschwindigkeit	schnell	langsam
Biologischer Sinn	kurzfristige Mobilisierung der Energiebereitstellung → erhöhte Bereitstellung von Sauerstoff und Nährstoffen für die Sklettmuskulatur (z.B. schnelle Bewegung)	länger andauernde Anpassung an eine chronische Belastung

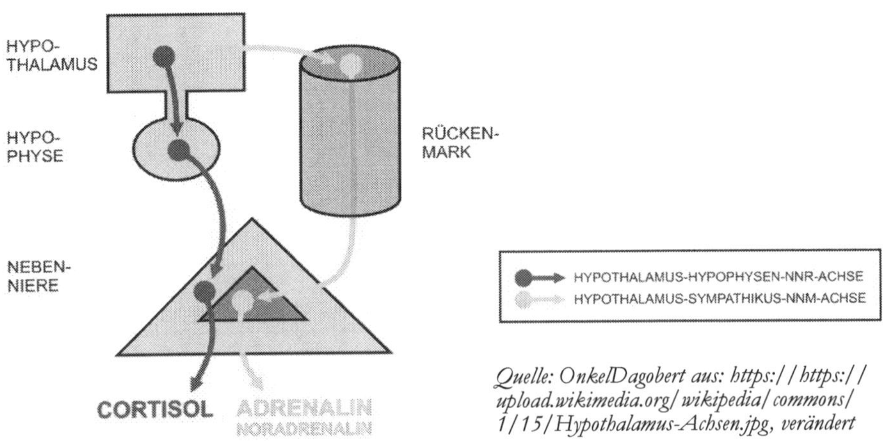

Quelle: OnkelDagobert aus: https://https://upload.wikimedia.org/wikipedia/commons/1/15/Hypothalamus-Achsen.jpg, verändert

3. Einheit – Stoff- und Energiebereitstellung

3.1 Blatt als Organ der Fotosynthese

3.1.1 Bau und Funktion des Laubblattes

Gewebe	Aufbau	Funktion
Cuticula	• cutinisierte Zellwand (Außenschicht) • Einlagerung von Wachs, Kalk oder Kieselsäure	Schutzschicht • schützt das Blatt vor Wasser- und Gasverlust • mechanischer Schutz durch Cutinisierung
Epidermis	1. Normale Epidermis 2. Schließzellen 3. Haarzellen (Pflanzenhaare)	1. Grundgerüst: bilden Abschluss- bzw. Schutzschicht 2. Bilden Spaltöffnungen (Stomata), welche einen geregelten H_2O-, CO_2- und O_2-Austausch ermöglichen 3. Schutz vor Vertrocknung + Schutz vor Fresszellen und Befall durch Parasiten z.B. durch Einbau von ätzende Stoffen
Schließzellen, Spaltöffnungen	Spaltöffnungen mit zwei Schließzellen	• regulieren den Wasseraustritt • Aufnahme von CO_2 und O_2
Palisaden-gewebe	zweidimensional angeordnete Pfahlzellen • mehrschichtiges Palisadengewebe bei Sonnenblätter • einschichtiges Palisadengewebe bei Schattenblätter	die in ihnen enthaltenden Chlorplasten ermöglichen die Photosynthese
Schwamm-gewebe	Durchlüftungsgewebe: • zusammenhängendes System mit großem Intrazellulärraum und Xylem (Leitbündel)	• Nährstoff- und Gasversorgung innerhalb des Blattes (siehe Vakuole/Leitbündel) • Ausbildung großer innerer Oberflächen im Blatt

3.1.2 Standortanpassung an die Umweltfaktoren Licht und Wasserversorgung

Abhängigkeit des Pflanzenwachstums von der Lichtintensität

	Sonnenblatt	Schattenblatt
Standort / Lichtintensität	Stark lichtbestrahlte Standorte → viel Licht	Schattige Standorte → wenig Licht
Lichtkompensationspunkt	Relativ spät erreicht *(bei starker Beleuchtung)*	früh erreicht *(bei niedriger Beleuchtungsstärke)*
Maximale Photosyntheseleistung	bei hoher Lichtintensität z.B. Frühblüher	bei geringer Lichtintensitäten z.B. in Krautschicht des Waldes
Palisadengewebe	mehrschichtiges Palisadengewebe	einschichtiges Palisadengewebe
Blattgröße / Blattdicke	kleine, dicke Blätter	große, dünne Blätter
Luftfeutigkeit	gering • Gefahr der Austrocknung • Transpiration	hoch
Andere anatomische Angepasstheiten	• Dicke Kutikula, • oft doppeltes Palisadengewebe • große interzelluläre, viele Spaltöffnungen • große Anzahl an Chlorplasten	• Dünne Kutikula, • einschichtiges Palisadengewebe • geringe Anzahl an Chlorplasten

Kurztagespflanzen	Langtagespflanzen
• benötigen zur Blühinduktion eine Belichtungsphase unter einer kritischen Tageslänge (10-14h) • kurze Tage: 12h Tag, 12h Nacht • z.B. Arten der Tropen und Subtropen	• benötigen zur Blühinduktion eine Belichtungsphase, in der eine kritische Tageslänge überschritten wird • z.B. Gemüse, Getreide

	Seerose	Wasser-knöterich	Buche	Feigenkaktus
Standort	Gewässer	Nasser Boden, feuchte Luft	trocken oder winterkalt	Trocken
vorkommender Gestaltstyp	Hydrophyten Wasserpflanzen	Hygrophyten Feuchtpflanzen	Mesophyten	Sukkulent
Blätter	gr. Blätter; SP nur auf Blattoberfläche; oft fehlend	gr. dünne Blätter; SP herausgehoben	Weiche Blätter; SP an Oberfläche der Blatt-unterseite	wasserspeich-ernde Blätter; oft versenkte SP
Spaltöffnungen pro Fläche	Wenige	Viele	Mäßig viele	Sehr wenig

***Xerophyten**: Typ zur Anpassung an extrem trockene Standorte
***Hygrophyten**: Spezialisierung von Pflanzen an Feuchtgebiete

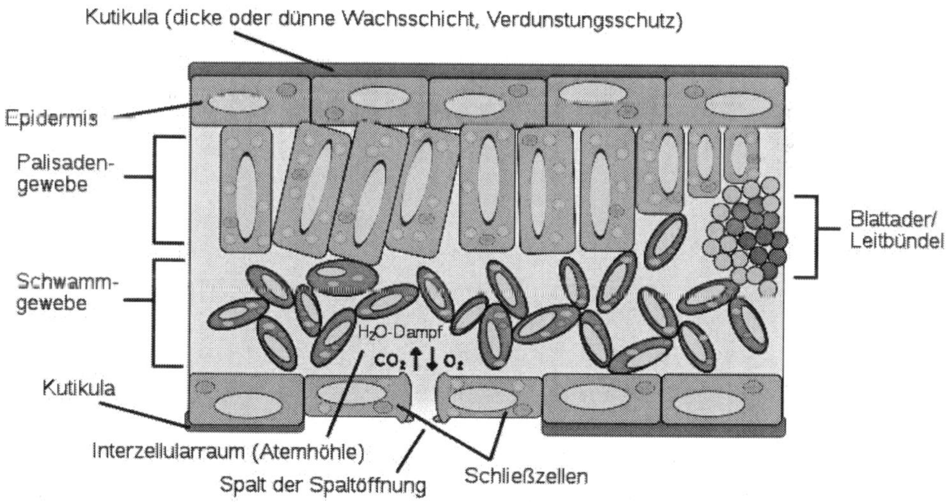

Quelle: https://upload.wikimedia.org/wikipedia/commons/c/c3/Laubblatt-Aufbau.svg; unverändert

3.2 Bedingungen und Produkte der Fotosynthese

3.2.1 Versuche zur Photosynthese (Nachweis der Photosyntheseprodukte)

Jan Baptist von Helmont

1. Das alleine der Humus und dessen Nährstoffe nicht genügen, um das Pflanzenwachstum anzuregen
2. H_2O und Mineralien sind nötig zur Photosynthese

Joseph Priestley

3. Pflanzen und Tiere stehen in Wechselwirkung zueinander
4. Pflanzen benötigen CO_2 und produzieren O_2
5. Pflanzen bilden Stärke

Jan Ingenhousz

6. Tiere benötigen O_2 und produzieren CO_2
7. Lichtintensität notwendig für Photosyntheserate = O_2 Produktion
8. Farbblattstoff für Absorption des Lichtes nötig → Chlorophyl

Jean Senebier

9. Neben Licht und CO_2 ist auch H_2O relevant für die Photosynthese

3.2.2 Summengleichung der Fotosynthese

Ort der Photosynthese

- H_2O und CO_2 strömen von außen in den Intrazellulärraum über die Schließzellen ein
- Die Photosynthese läuft in den Chloroplasten des Palisadengewebes ab
- der grüne Farbstoff Chlorophyll sorgt für die Absorption des Sonnenlichts

Zusammenfassung

- Photosynthese findet nur bei Pflanzen, Algen und bestimmten Bakteriengruppen statt
- Bei der Photosynthese produzieren Pflanzen aus Wasser, Kohlenstoffdioxid und Lichtenergie, Glucose und Sauerstoff
- Sauerstoff ist im Rahmen der Photosynthese nur ein Abfallprodukt

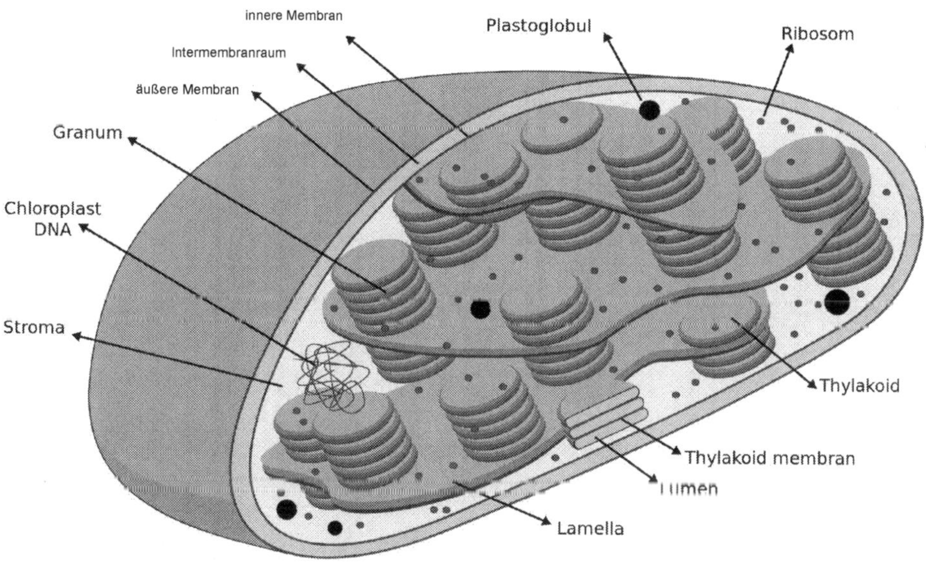

Quelle: https://upload.wikimedia.org/wikipedia/commons/6/69/Scheme_Chloroplast-ca.svg; verändert

3.3 Photosyntheserate in Abhängigkeit von abiotischen Faktoren

Lichtkompensationspunkt (LKP)

1. Lichtintensität, bei der O_2-Abgabe durch Fotosynthese = O_2-Verbrauch durch Zellatmung (Dissimilation)

2. die CO_2-Aufnahme durch die Fotosynthese = CO_2-Abgabe bei der Zellatmung

- Bei niedrigeren Lichtintensitäten überwiegt der O_2-Verbrauch durch die stets ablaufende Zellatmung
- Auch bei höheren Lichtintensitäten atmet die Pflanze; der damit verbundene O_2-Verbrauch bleibt aber durch die hohe Fotosyntheserate unberücksichtigt

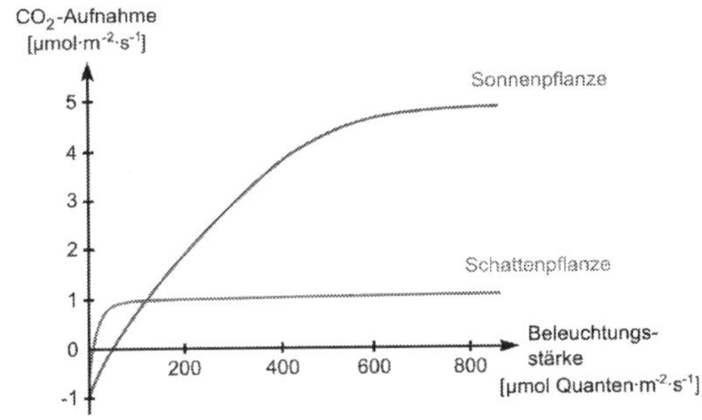

Quelle: https://upload.wikimedia.org/wikipedia/commons/b/b9/Photosynthese_Lichtmenge.svg; unverändert

Lichtsättigungspunkt (LSP)

- Die Lichtintensität, ab der die Fotosyntheserate nicht mehr ansteigt
- Bestimmung des LSP ist schwer, da sich die Fotosyntheserate dem LSP nur langsam annähert
- Recht leicht kann dagegen die Lichtintensität bestimmt werden, bei der genau die halbe maximale Fotosyntheserate erreicht ist

Abiotische Faktoren	Biotische Faktoren
Licht (Intensität und Wellenlänge)	Bau des Blattes (Sonnen- /Schattenblatt)
Wasserverfügbarkeit	Art und Anzahl der Blattpigmente (Chlorophyllgehalt)
Temperatur (chem. enzymatische Reaktion mit Optimum 20°- 40°C)	Enzyme der Primär- und Sekundärreaktion
CO_2-Konzentration (Sättigungswert: 0,1 - 0,2% CO_2-Anteil)	Öffnungszustand der Stomata

3.3.1 Lichtintensität und Temperatur

Faktor Licht

- Die Fotosynthese (O_2-Abgabe und CO_2-Aufnahme) ist abhängig von
  a) der Lichtintensität (Messung durch Bläschenzählmethode) und
  b) der Zusammensetzung des Lichts (Messung durch Engelmann-Versuch)

- Bei sehr geringen Beleuchtungsstärken:
  (1) CO_2-Abgabe durch Zellatmung > CO_2-Aufnahme durch Fotosynthese
  (2) O_2-Aufnahme durch Zellatmung > O_2-Produktion durch Fotosynthese

- Im Bereich niedriger Beleuchtungsstärken nimmt die Fotosyntheserate mit der Lichtintensität zu
- Erst bei noch höheren Lichtintensitäten ist die Fotosynthese in Form von CO_2-Aufnahme bzw. O_2-Abgabe messbar
- Die Fotosyntheserate erreicht bei einer bestimmten Lichtintensität ihren LSP, der auch mit steigender Lichtintensität nicht überschritten wird

Faktor Temperatur

- Trotz LSP kann die Fotosyntheserate durch eine Temperaturerhöhung um 2° C auf 37 °C steigen

- Ursache:
  Die Geschwindigkeit der Enzymreaktionen bestimmt die Geschwindigkeit der Fotosynthese. Das Optimum liegt meist bei etwa 37 °C

- Gefahr:
  über 37 °C denaturieren die Enzyme; Photosyntheserate sinkt

3.3.2 Kohlenstoffdioxidkonzentration

Faktor CO_2-Gehalt der Luft

- Je höher der CO_2-Gehalt in der Luft, desto höher ist die Fotosyntheserate
- CO_2-Kompensationspunkt liegt ca. bei 0,1 %
- ein zu hohem Kohlenstoffdioxidanteil kann zu Schädigungen führen

Folge: Pflanzen in Gewächshäusern werden mit exaktem Gehalt an CO_2 gedüngt, um die Fotosyntheserate zu maximieren

Bläschenzählmethode

- Faktoren
  - Bestrahlung von Wasserpest mit verschiedenen Lichtintensitäten
  - Erhöhung des CO_2-Gehalts im Wasser
  - Erhöhung der Temperatur

- Erkenntnis
  - Durch Zählen der aus einer Wasserpflanze abgesonderten Sauerstoffbläschen besteht eine Abhängigkeit der Photosyntheseleistung von der Helligkeit (Lichtintensität) und dem CO_2-Gehalt und der Temperatur

3.4 zweigeteilte Fotosynthese

3.4.1 lichtabhängige Reaktion: die Photolyse des Wassers

Ort: Thylakoidmembran

Ablauf der Photolyse des Wassers

- Chlorophyll-a-Molekül des Fotosystems II (P680) absorbiert Lichtenergie (Redoxpotential wird negativer)
- Freisetzung der fehlenden Elektronen für das Chlorophyll-Molekül durch Photolyse (Zerlegung von H_2O)

$$12\,H_2O \rightarrow 24\,H^+ + 6\,O_2 + 24\,e^-$$

- Übergabe der 2 e^- mittels der Elektronentransportkette am Chlorophyll und Carotinoiden (P700)
- Energie wird für die Bildung von ATP genutzt (= nichtzyklische Fotophosphorylierung)

$$18\,ADP + 18\,P_i \rightarrow 18ATP$$

- die Protonen H^+ aus der Photolyse sammeln sich im Thylakoidinnenraum
- Senkung des pH-Wertes in den Thylakoiden gegenüber dem Stroma (= Entstehung eines Protonengradienten)
  - Ladungsausgleich nur durch Protonenkanal (Fußteil der ATPase)
  - Veränderung der Protonen- Konformation im Protonenkanal
    → Ermöglichung zur Bildung von ATP aus ADP und Phosphat

- Protonenpumpe: zusätzliches Pumpen der Protonen aus Stroma in den Thylakoidinnenraum (größer Protonengradient)

$$12\,NADP^+ + 24\,H^+ + 24\,e^- \rightarrow 12\,NADP / H^+$$

Ergebnis:

- Die **lichtabhängige** Reaktion produziert **ATP** und **NADPH + H⁺**, die in der **lichtunabhängigen** Reaktion zum **Aufbau von Kohlenhydraten** verwendet werden

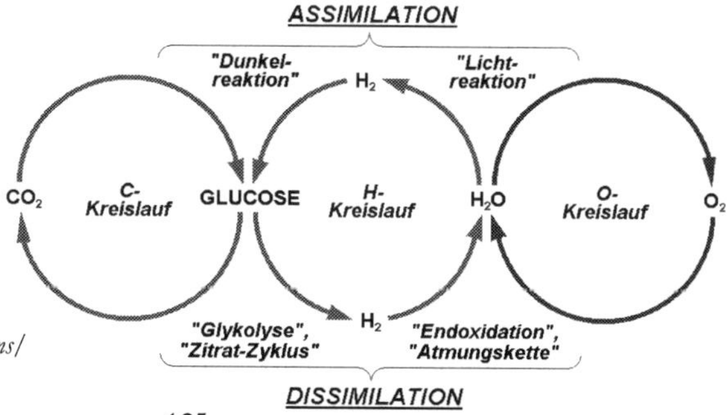

Quelle: Qniemiec, https://upload.wikimedia.org/wikipedia/commons/8/87/CHO-cycles_de.png; unverändert

3.4.2 Nachweis der Sauerstoffherkunft durch Isotopenmarkierung

Aufbau Chloroplast

- Chloroplasten besitzen zwei Hüllmembranen
- Im Inneren befindet sich das Plasma (Stroma), in das die Thylakoide als inneres Membransystem eingebettet sind
- In den Thylakoidmembranen befinden sich Chlorophylle

Das Hill-Experiment

- Robert Hill entdeckte bei seinen Versuchen mit isolierten Thylakoidsystemen, dass diese bei Belichtung Sauerstoff entwickeln und dabei Fe^{3+}-Verbindungen reduzieren (= Photolyse des Wassers)
- Die nach ihm benannte Hill-Reaktion benötigt aber kein CO_2 und es wird kein Kohlenhydrat gebildet
- Die Eisenverbindung stellt hier einen künstlichen Elektronenakzeptor dar, normalerweise ist dies in der Pflanzenzelle $NADP^+$.
- Erkenntnis:
  Das entstehende O_2 stammt aus dem Wasser und nicht aus dem CO_2

Sauerstoff-Isotopennachweis

- Das Hill-Experiment wurde später mithilfe eines Sauerstoffisotops (^{18}O) belegt
- Bietet man zur Fotosynthese Wasser, das ^{18}O gebunden enthält, so besteht das entstehende O_2 ausschließlich aus ^{18}O-Atomen:

$$12\ H_2{}^{18}O + 6\ CO_2 \rightarrow C_6H_{12}O_6 + 6\ {}^{18}O_2 + 6\ H_2O$$

- Erkenntnis.
  Die Bildung von Sauerstoff stellt damit eine **lichtabhängige** Reaktion dar

3.4.3 lichtunabhängige Reaktion: der Calvin Zyklus

Ort: Im Stroma eines Chloroplasten einer Mesophyllzelle im Blatt oder der Sprossachse einer Pflanze

Funktion Herstellung von Glucose für den Stoffwechsel der Pflanze

Ablauf

1. Fixierungsphase

- Binden des aufgenommenes CO_2-Molekül durch das Enzym RuBisCO an RuBP
  → C_6-Körper instabil, zerfällt in 2 C_3-Körper PGS *(Phosphorglycerinsäuren)*
  = Carboxylierung

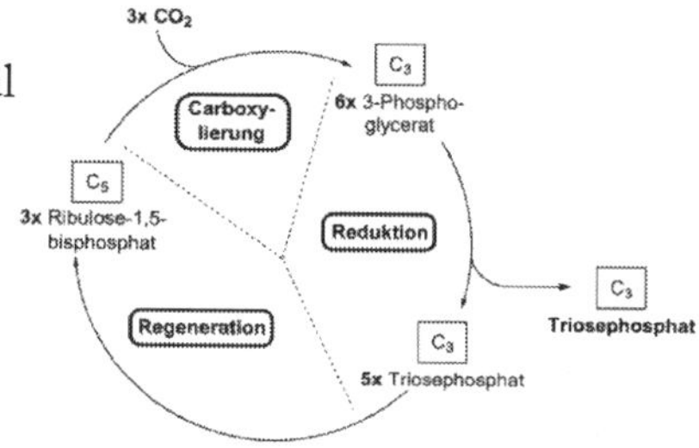

2. Reduktion

- Umwandlung von 2 PGS unter Verbrauch von NADPH / H^+ und ATP über Zwischenprodukt in 2 G3P (*Glycerinaldehyd-3-phosphate;* PGA = C_3-Körper)
  → Entstehung einer Glucose

3. Regenerationsphase

- Umwandlung des GAP-Moleküle unter ATP Aufwand über Zwischenprodukte wieder ins Ausgangsmolekül RuBP
  → erneuter Ablauf möglich *(Verarbeitung von Kohlenstoffdioxid)*

Bruttogleichung der Chemosynthese (zyklische Photophosphorylierung):

$$6\,CO_2 + 12\,NADPH / H^+ + 18\,ATP \rightarrow C_6H_{12}O_6 + 12\,NADP^+ + 18\,ADP + 18P_i + 6\,H_2O$$

Zusammenwirken von Photosynthese vs. Chemosynthese
(= lichtabhängige Reaktion und lichtunabhängige Reaktion)

- Endprodukte des Calvin Zyklus sind relevant für die Lichtreaktion (z.B. ATP und NADPH / H^+)
- das angeregtes Fotosystem P700 gibt 2 e^- über Ferredoxin (FD) an das Coenzym $NADP^+$ ab
- Dieses kann nun mit jeweils 2 Protonen aus der Fotolyse zu NADPH / H^+ reagieren:

$$NADP^+ + 2\,H^+ + 2\,e^- \rightarrow NADPH / H^+$$

3.4.4 Lichtabsorption in Chloroplasten

Lichtspektrum

- Licht ist Energie in Form von elektromagnetischer Strahlung mit den Wellenlängen im Bereich von etwa 400 bis 750 Nanometern (s. Abbildung)
- Pflanzen nutzen für die Fotosynthese nicht das gesamte Lichtspektrum mit gleicher Effizienz

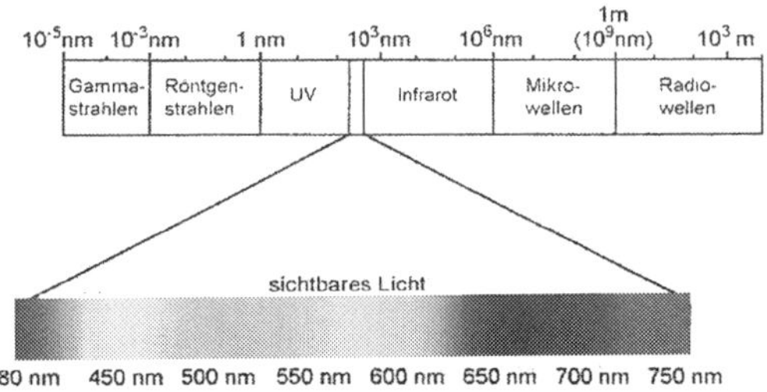

- die Fotosyntheserate bei der Bestrahlung mit blauem und rotem Licht ist am höchsten
- die Absorption des Lichtes erfolgt durch Photosynthesepigmente

Absorptionsspektrum	Absorptionsfähigkeit in Abhängigkeit der Wellenlänge
Wirkungsspektrum	Photosyntheseleistung in Abhängigkeit der Wellenlänge

Fotosynthesepigmente

- Chlorophyll a ist das wichtigste Photosynthesepigment in den Chloroplasten der grünen Pflanzen
  → es absorbiert rotes und blaues Licht und reflektiert grünes Licht
  (= sichtbare Farbe)

weitere Fotosynthesepigmente

- <u>Chlorophyll b:</u>
  absorbiert Lichtenergie, die vom Chlorophyll a nicht oder kaum genutzt werden kann
- gleiches gilt für die Carotinoide (z.B. ß-Carotin)

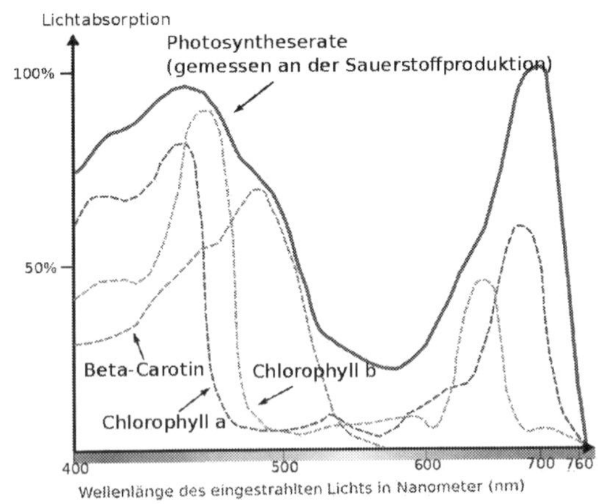

Quelle: , https://upload.wikimedia.org/wikipedia/commons/0/0e/Engelmannscher_Bakterienversuch.svg; verändert

3.4.5 <u>Der Photosyntheseprozess</u> (Umwandlung von Lichtenergie in chemische Energie)

I. Absorbierung der elektromagnetischen Energie des Lichtes

- Lichtenergie (elektromagnetische Wellen) wird von Außenelektronen des Pigmentmoleküls (z.B. Chlorophyll a) aufgenommen
- Dadurch wird das Elektron des Pigmentmoleküls gegen die Anziehungskräfte seines Atomkerns vom Grundzustand in einen höheren Energiezustand angehoben (= angeregter Zustand)
- Deshalb absorbiert jedes Pigmentmolekül nur Licht, das einem ganz bestimmten Wellenlängenbereich entspricht (vgl. Wirkungsspektrum)

II. Umwandlung der elektromagnetischen Energie in chemische Energie

- das angeregte Elektron vom Chlorophyll wird auf einen Elektronenakzeptor übertragen
- das Elektron kann über eine Elektronentransportkette, über weitere Elektronenakzeptoren, zurück zum Chlorophyll gelangen
- aus der Elektronenübertragung entstehet chemische Energie

III. Synthese und Spaltung durch chemische Energie

- chemische Energie wird zur Spaltung und Synthese von Kohlenstoffdioxid und Wasser genutzt
  → es entsteht Glucose und Sauerstoff

oxygene Photosynthese:

$$6\ CO_2 + 12\ H_2O \xrightarrow{\text{Lichtenergie}} C_6H_{12}O_6 + 6\ O_2 + 6\ H_2O$$

3.5 Ökologie: Bedeutung der Fotosynthese

Zellatmung

Glucose + Sauerstoff ——» Kohlenstoffdioxid + Wasser + ATP

Fotosynthese

Kohlenstoffdioxid + Wasser + Licht ——» Glucose + Sauerstoff

Wechselwirkung Tier/Mensch und Pflanzen

- Pflanzen und Tiere stehen in Wechselwirkung, sodass sich beide aktiv beeinflussen und einen Kreislauf im Ökosystem aufrecht erhalten
- Tiere (Konsumenten) verbrauchen den von den Pflanzen hergestellten O_2, um folglich CO_2 abzugeben
- CO_2 wird von den Pflanzen (Produzenten) aufgenommen, sodass O_2 gebildet wird
- Der Kreislauf beginnt von vorn

Funktion von Pflanzen für den Menschen

- Energiespeicher
- Schattenspender
- Baumaterial
- Grundbaustein im Wasserkreislauf
- Luftreinigung

3.5.1 Produktion von Biomasse

Verwendung von Biomasse durch die Konsumenten

- Biomasse dient der Energiebereitstellung (= Zellatmung)
- Biomasse dient für das Wachstum der Individuen sowie für die Produktion von Nachkommen (Produktion eigener Biomasse)

Beziehung zwischen der Menge an aufgenommener Biomasse und der Produktion einer Trophiestufe

- Die Produktion einer Trophiestufe ist geringer als die Menge der aufgenommenen Biomasse
- die von Konsumenten als Nahrung aufgenommene Biomasse kann nicht vollständig verwertet werden
  → Die Produktion der Trophiestufe beträgt nur 1/10 der darunter liegenden Stufe

Produktivitätseffizient Das Verhältnis der Produktion auf die folgende Trophiestufe liegt bei 1:10
Von der Trophiestufe zur folgenden nimmt nur die Produktion deutlich ab

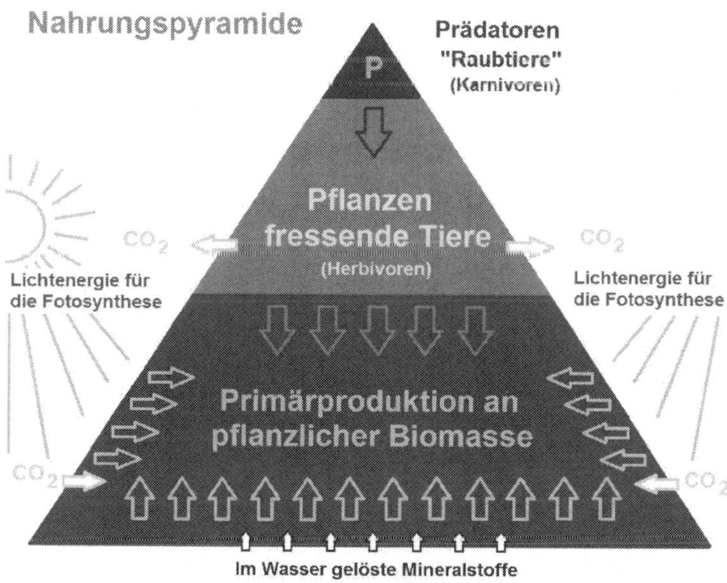

3.5.2 Trophiestufen und Energiefluss

Produzenten

Organismus, der organische Biomasse durch Fotosynthese selbst erzeugen kann. Autotrophe Pflanzen können aus anorganischen Stoffen (z.B. H_2O, CO_2) energiereiche Biomasse herstellen

Konsumenten

Organismus, der bereits vorliegende Biomasse lebender Organismen als Ressource nutzt. Heterothrophe Organismen produzieren eigene Biomasse aus der Biomasse anderer Organismen

<u>Konsumenten 1. Ordnung:</u>
Pflanzenfresser → produzieren neue Biomasse

<u>Konsumenten 2. Ordnung:</u> Fleischfresser

Destruenten

Organismen, die totes organisches Material als Energieressource nutzen und es zu anorganischen Substanzen abbauen z.B. Bakterien, Pilze

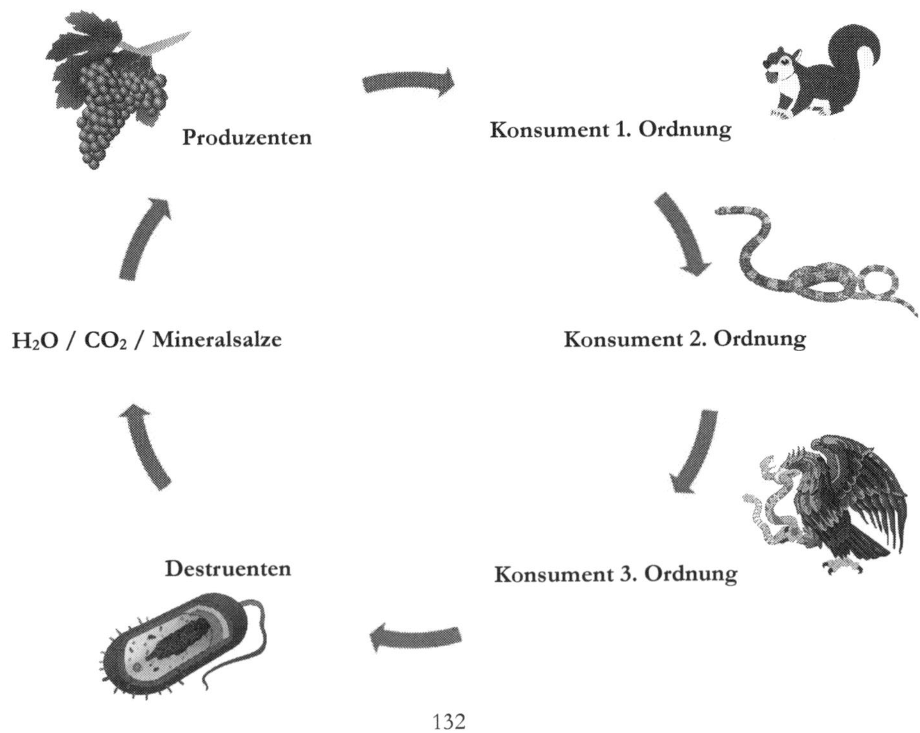

3.5.3 Stoffkreislauf im Ökosystem

Bedeutung des Sauerstoffs im Ökokreislauf

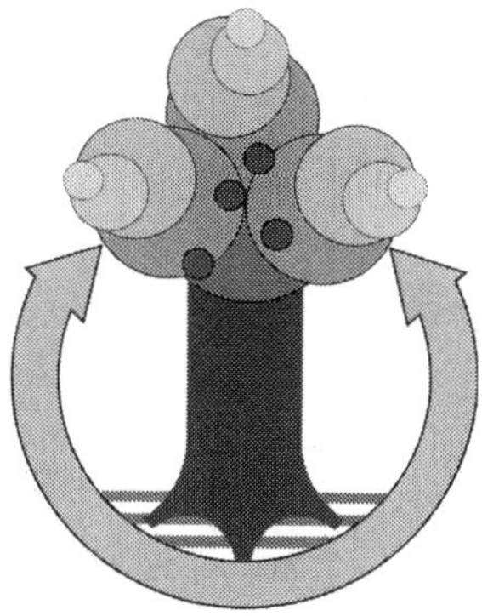

- Abgabe des Sauerstoffs in die Atmosphäre
- grüne Pflanzen bauen nachts mithilfe des Sauerstoffs bei der Zellatmung die selbst gebildeten organischen Stoffe wieder ab, um die darin gebundene Energie zu nutzen
- Menschen und Tiere benötigen den Sauerstoff bei der Zellatmung zum Abbau energiereicher Stoffe und Aufbau des universellen Energieträgers ATP
- der Sauerstoff trägt zur Bildung der sehr wichtigen Ozonschicht in der Stratosphäre bei

Bedeutung des Kohlenstoffdioxids

- CO_2 wird aus der Atmosphäre von Pflanzen aufgenommen, die es in Sauerstoff und Biomasse umbauen
- Durch Ablagerung von Biomasse im Boden sind fossile Brennstoffe entstanden (z.B. Erdöl)
- Weitere C-Speicher sind Karbonate (Kalk), Knochen oder Muscheln und organische Abfallstoffe
- Phytoplankton im Meer nimmt ebenfalls CO_2 auf
- Meerestiere nutzen das Phytoplankton als Nahrungsquelle und geben Exkremente ab, die zersetzt werden und sich absetzen
- durch Diffusion gelangt CO_2 in die Atmosphäre

	Definition
Biozönose	Lebensgemeinschaft aller Organismen in einem Biotop
Biotop	Lebensraum, Gesamtheit aller abiotischen Umweltfaktoren (nicht lebend z.B. Temperatur, CO_2)
Ökosystem	Biozönose + Biotop = Ökosystem (Lebensraum)
Biomasse	organisches Material von Lebewesen = gesamte Masse aller Individuen
Produktion	gemessen an Biomasse, in einer bestimmten Zeit neu gebildete Biomasse

Grund für die begrenzte Anzahl der Trophiestufen eines Ökosystems
Mit jeder höheren Stufe wird die Nahrung seltener und ihre Schwankungen wirken sich gravierender aus z.B. Entfall von Eukalyptos bedroht das Überleben der Koalas

Produktion beschreibt, wie viel neue Biomasse in einer bestimmten Zeit gebildet wird

Nahrungskette Eine lineare Reihe von Organismen, die ernährungsbedingt von einander abhängig sind. Diese haben einen direkten/indirekten Zusammenhang der Nahrungsbeziehungen in einem Ökosystem

Schadstoff-akkumulation Anreicherung in einem Organismus einer Substanz bzw. Stoffe oder Stoffgemische, die den menschlichen Körper oder andere Lebewesen durch deren Aufnahme gefährden

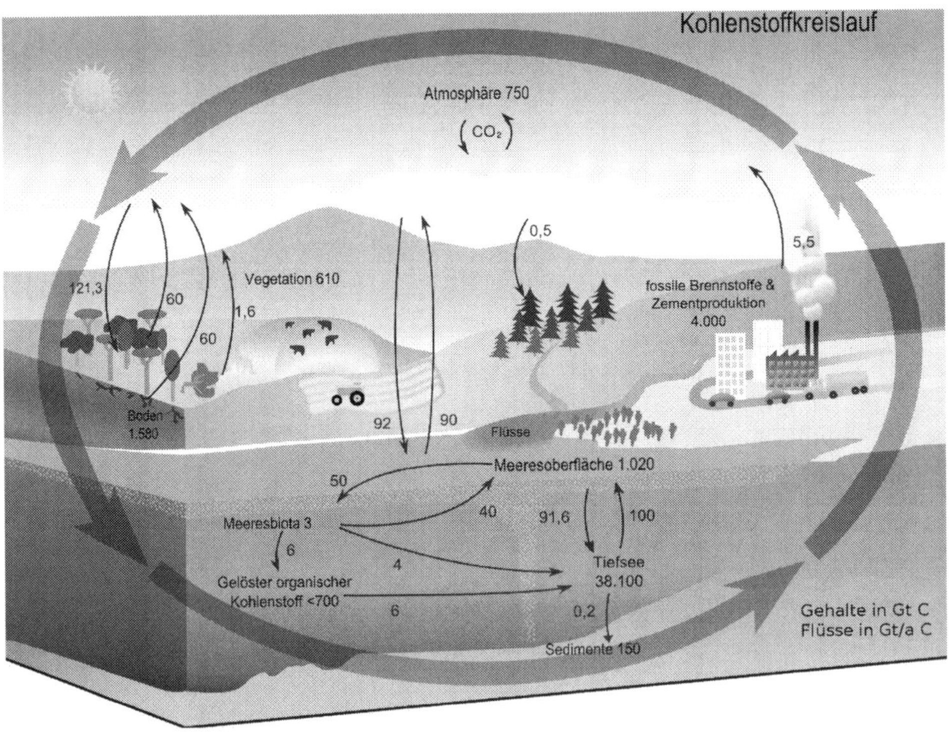

3.5.4 Beeinflussung eines Ökosystems durch den Menschen

Ökosystem ein Ökosystem setzt sich aus unbelebten (abiotischen) und belebten (biotischen) Komponenten zusammen

Schutzmechanismen des Waldes
- Schutz vor Erosion
- große Verdunstungsflächen
- Wasserspeicher
- Trinkwasserspender

Entstehung vom saurem Regen
- Schwefeldioxid und Stickstoffoxide entstehen durch Verbrennung von fossilen Brennstoffen in Kraftwerken oder im Straßenverkehr
- sie reagieren mit H_2O und O_2 und bilden schweflige Säure

$$SO_2 + H_2O \rightarrow H_2SO_3$$

Schwefeloxid + Wasser → schweflige Säure

Folge vom saurem Regen
- Senkung des pH-Werts der Böden
  → Mineralstoffe werden ausgewaschen (= Mineralstoffmangel)

- Freisetzung von Al^{2+} (schädlich für Wurzeln)
  → Bäume sind anfälliger für Schäden (= Befall durch Schädlinge)

Waldschäden
- Saurer Regen
- Bodenverunreinigung durch Trockenheit
- Luft und Bodenverunreinigungen unterbrechen die natürliche Versorgung der Bäume
- Feuer zerstört die Strukturen, die sie zum Wachstum benötigen (z.B. Nadeln)
- Ansammlung von Ozon, das ein starkes Oxidationsmittel ist
  = Schädigung der Zellwände und der Plasmamembranen

Eingriffe des Menschen in das Ökosystem
1. Störung des natürlichen biologischen Gleichgewichts
   → z.B. durch Einführung von Tierarten, die andere verdrängen

2. Landschaftsumgestaltung → Waldrodung
3. Ausrottung von Tierarten
4. Atomkraft, Umweltverschmutzung → CO_2 Ausstoß
5. Ausbeutung natürlicher Ressourcen → Abbau von Sand, Kies, Gestein

Folgen:
- Massensterben vieler Tier- und Pflanzenarten (z.B. durch Regenwaldabholzung)
- größer werdende Weltbevölkerung
  → steigender Bedarf an Nahrung und Anbaufläche
  → Industrielle Landwirtschaft wird zunehmend größer
  → zunehmender Gebrauch von Pflanzenschutz- und Düngemitteln, Pestiziden, die das Grundwasser, Flüsse, Meere und damit auch das Trinkwasser verschmutzen
  → beteiligt am Tod von etwa 3 Millionen Menschen pro Jahr

- 69% des weltweiten Wasserverbrauchs geht auf die Landwirtschaft
  → Wasserkonflikte (z.B. in Israel führt zu vielen Toten)

- erhöhter Ausstoß von CO_2 und Methan → Klimawandel
- Atomenergie → strahlender Atommüll muss gelagert werden (Krebsrisiko)
- Ozonschäden
- Brandrodungen

Möglichkeiten für mehr Nachhaltigkeit
- Trennen und Recyceln von Abfall
- Wiederverwendung von Rohstoffen
- Verzicht auf umweltbelastenden Luxus
- Nutzung öffentlicher Verkehrsmittel
- Engagement in Umwelt- und Naturschutzgruppen
- Kauf von saisonal und regional produzierten Nahrungsmitteln
- verantwortungsbewusster Umgang mit natürlichen Ressourcen
- Verwendung von erneuerbaren Energiequellen

Die Erdatmosphäre
- Sonnenstrahlen treffen auf den Erdboden auf, werden absorbiert und erwärmen den Erdboden
- reflektierte Wärmestrahlung wird wiederum an die Atmosphäre abgegeben
- Treibhausgase (CO_2, CH_4, H_2O) reflektieren einen Teil dieser Strahlung wieder zur Erdoberfläche → Anstieg der Erderwärmung
- Ursache: die natürlich vorkommenden Treibhausgase

Der Treibhauseffekt
- natürlicher Treibhauseffekt:
  CO_2, CH_4, H_2O in der Erdatmosphäre absorbieren die eingestrahlte Energie
  → ohne den natürlichen Treibhauseffekt läge die Temperatur bei -18° C

- anthropogener Treibhauseffekt:
  - Seit Beginn des Industriezeitalters (1760): Erhöhung des CO_2-Gehaltes der Atmosphäre durch Verbrennung fossiler Brennstoffe auf 380 ppm
    → Enorme Verstärkung des Treibhauseffekts (Zunahme um 25%)

klimatische Veränderungen durch verstärkten Treibhauseffekt

- Das IPCC rechnet mit einem Temperaturanstieg von 3 bis 6°C
- Folge:
  - Anstieg der Meeresspiegel
  - Verschiebung der Jahreszeiten
  - Aufschmelzen der Permafrostböden → weitere Freisetzung von Methan
  - Rückgang der Artenvielfalt
  - Überschwemmungen, Dürren, Stürme (s. Bangladesch)
  - Desertfikation (vermehrte Wüstenbildung)

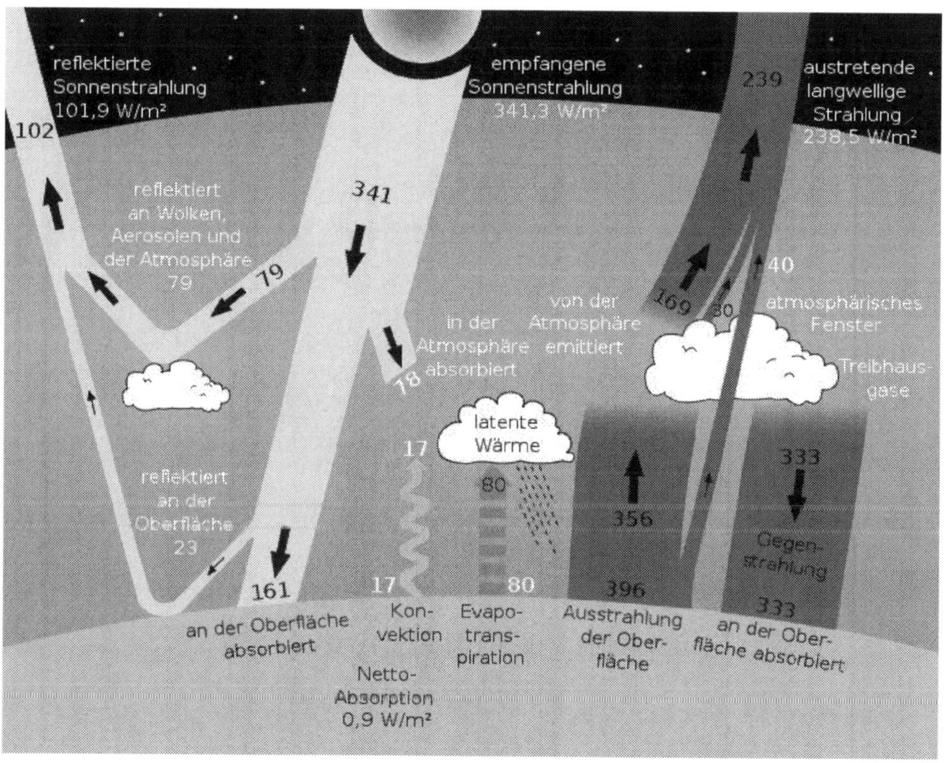

3.6 Aerober und Anaerober Glukoseabbau

äußere Atmung	Aufnahme von O_2 in den Körper
innere Atmung	entspricht der Zellatmung, d.h. Zellen benötigen O_2 zur Oxidation von energiereichen organischen Stoffen
Hautatmung	Aufnahme von O_2 (über die Haut, etc.) bei Tieren mit feuchter, durchlässiger Haut (z.B. Frösche)
Kiemen	Aufnahme von O_2 aus dem Wasser in den Körper der Wassertiere (z.B. Fisch). Großflächige, wasserumspülte, stark durchblutete Atemorgane
Tracheen	fein verzweigtes Röhrensystem nimmt Luft auf und verteilt sie im Körper (z.B. Insekten). Typisch für viele Gliederfüße
Lunge	Atmungsorgane der Landtiere. Typisch sind eine große Oberfläche, dünne Wände, gute Durchblutung

Die Dissimilation im Überblick

1. Aufnahme von Kohlenhydraten, Proteinen und Fetten über die Nahrung

2. Zersetzung der Nahrungsbestandteile durch Verdauungsenzyme

3. <u>mehrschrittiger Prozess der Zellatmung</u> (= Dissimilation)
   - Glykolyse (8 ATP - 2 ATP = 6 ATP)
   - Oxidative Decarboxylierung (6 ATP)
   - Citratzyklus (2 ATP)
   - Atmungskette (24 ATP)

3.6.1 die Glykolyse

Definition Abbau von Monosacchariden (Glucose)

Ziel Gewinnung von Energie für die Zelle (Ort: im Cytoplasma)

Glucose-Abbau:

- 1 mol Glucose = 2 mol Pyruvat + 2 mol ATP (+ 2 mol NADH)
- Pyruvat (Brenztraubensäure) = ATP + Laktat oder Ethanol
- ATP (Adenosintriphosphat) = Energie für die Zelle
- NAD (NADH/NAD^+) = Nicotinamid-Adenin-Dinukleotid (Co-Enzym)

ATP Vorwissen:

- ATP hat 3 Phosphatgruppen (T(ri) = 3)
- ATP = ADP + P + Energie (Gewinnung bei der Phosphat-Abspaltung)
- ADP hat 2 Phosphatgruppen (D(i) = 2)
- ADP + P = ATP

1. Vorbereitungsphase:

I. Phosphorylierung Nr. 1 (ATP - ADP)

- Glucose → Glucose-6-Phosphat (Anhängen einer P-Gruppe) (Enzym: Hexokinase oder Glucokinase)

II. Isomerisierung Nr. 1

- Glucose-6-Phosphat → Fructose-6-Phosphat (Umordnen der Bausteine, Enzym: Glucose-6-Phosphat Isomerase)

III. Phosphorylierung Nr. 2 (ATP → ADP)

- Fructose-6-Phosphat → Fructose-1,6-bi(s)phosphat (Anhängen einer P-Gruppe, Schlüsselenzym: Phosphofructokinase 1)

IV. Spaltung

- Fructose-1,6-bi(s)phosphat → Glycerinaldehyd-3-Phosphat und Dihydroxyacetonphosphat (Enzym: Aldolase)

V. Isomerisierung Nr. 2

- Dihydroxyacetonphosphat → Glycerinaldehyd-3-Phosphat (Umordnen der Bausteine, Enzym: Triose-Phosphat-Isomerase)

2. **Amortisierungsphase:** (gilt für beide Glycerinaldehyd-3-Phosphate)

VI. Oxidation (NAD^+ - NADH) x2

- Glycerinaldehydphosphat → 1, 3-Bi(s)phosphoglycerat (Anhängen einer P-Gruppe und Abspalten eines H-Atoms)
  (Enzym: Glycerinaldehyd-3-Phosphat-Dehydrogenase + NAD^+ + P)

VII.Dephsphorylierung Nr.1 (ADP -ATP) x2

- 1,3-Bisphosphoglycerat → 3-Phosphoglycerat (Abspalten einer P-Gruppe, Enzym: Phosphofructokinase)

VIII.Isomerisierung Nr. 3

- 3-Phosphoglycerat → 2-Phosphoglycerat (Umordnen der Bausteine)
  (Enzym: Phosphoglycerat-Mutase)

IX. Dehydratisierung (- H_2O) x2

- 2-Phosphoglycerat → Phosphoenolpyruvat (Abspalten von H_2O)
  (Enzym: Enolase)

X. Dephosphorylierung Nr. 2 (ADP - ATP) x2

- Phosphoenolpyruvat → Pyruvat (Abspalten einer Phosphatgruppe)
  (Enzym: Pyruvatkinase)

aerobische Bedingungen:

- Pyruvat und NADH werden in der oxidativen Decarboxylierung, im Citratzyklus und der Atmungskette weiterverarbeitet (je 18mol ATP + NAD^+)

anaerobische Bedingungen:

- Pyruvat und NADH werden in der alkoholischen Gärung oder Milchsäuregärung weiterverarbeitet
  (Ethanol oder Laktat + je 1mol ATP + NAD^+)

Summengleichung:

$$C_6H_{12}O_6 + 2\,NAD^+ + 2\,ADP + 2\,P \rightarrow 2\,C_3H_4O_3\,(BTS) + 2\,(NADH + H^+) + 2\,ATP$$

Zusammenfassung Glykolyse

Im Zellplasma findet die Zerlegung der Glucosemoleküle statt:

1. Das Adenosintriphosphat (ATP) lagert ein Phosphat an die Glucose an
   ATP → ADP
2. Aus dem Glucosemolekül entsteht ein Fructosemolekül
3. Ein weiteres Phosphatmolekül lagert sich an die Fructose
4. Die Fructose zerfällt in zwei C-3-Körper
5. Alle weiteren Reaktionen sind bei beiden Molekülen identisch
6. Es wird ein Wasserstoffmolekül an das NAD^+ abgegeben (→ NADH)
7. An das Ende lagert sich ein Phosphatmolekül an
8. Das Phosphat wird wieder abgegeben
9. Die Phosphatgruppe wechselt (unter Wasserabspaltung) innerhalb des Moleküls ihren Platz
10. Dann wird die Phosphatgruppe abgegeben, was zur Umwandlung eines ADPs zu ATP führt
11. Endprodukt der Glykolyse ist das Pyruvat (Brenztraubensäure), das in den Citratzyklus eingespeist werden kann

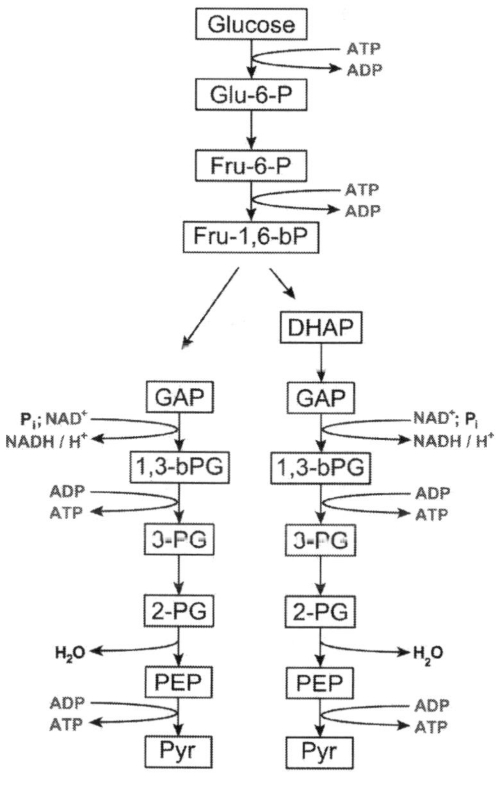

Ergebnis

- 2 Moleküle Pyruvat
- 4 ATP
- 2 NADH

3.6.2 Der Citratzyklus (Krebs-Zyklus)

Oxidative Decarboxylierung

- Decarboxylierung: Abspaltung der Carboxylgruppe der BTS im Mitochondrium
- Oxidation: Elektronenabgabe an das NAD^+
  → Acetyl + CoA = Acetyl-CoA

- Summengleichung:

$$2\,C_3H_4O_3 + 2\,NAD^+ + CoA\text{-}SH \rightarrow 2\,C_2H_3O\text{-}SCoA + 2\,CO_2 + 2\,NADH + H^+$$

Der Citratzyklus

1. Das Pyruvat diffundiert ins Mitochondrium
2. Ein C-Atom (in Form von CO_2) wird aus der 3er-Kette abgespalten
3. Wasserstoff wird frei
4. Das NAD^+ wird zu NADH aufgeladen
5. Der verbleibende C-C-Körper ist die aktivierte Essigsäure und wird in den Citronensäurezyklus eingeschleust
6. Die aktivierte Essigsäure reagiert zunächst mit Oxalacetat (Oxalessigsäure) → Citronensäure (Citrat)
7. Das Citrat verliert ein C-Atom (in Form von CO_2) sodass der C-5-Körper (α-Ketoglutarat) übrig bleibt
   - Erneute Abspaltung von CO_2
   - Wasserstoff wird frei und an NAD^+ zu NADH gebunden
   - Das C-4 Gerüst (Succinat) wird umgebaut in Fumarat (Fumarsäure), wobei das FAD den Wasserstoff aufnimmt ($FADH_2$)
   - Malat (Apfelsäure) reagiert zu Oxalessigsäure (Oxalacetat)

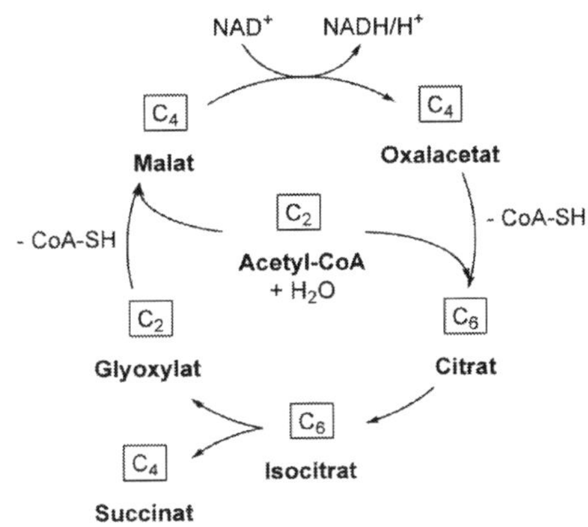

Quelle: Yikrazuul, https://de.wikipedia.org/wiki/Glyoxylatzyklus#/media/File:Glyoxylatzyklus_allgemein.svg, unverändert

Wasserstoff-Ionen und Elektronen werden in den Transportenzymen (NAD^+ und FAD) gespeichert

Darin steckt die zu gewinnende Energie

Summengleichung

$$2\,C_2H_3O\text{-}SCoA + 2\,ADP + 2\,P + 6\,NAD^+ + 2\,FAD + 6\,H_2O$$
$$\rightarrow 4\,CO_2 + 2\,ATP + 6\,(NADH + H^+) + 2\,FADH_2 + 2\,CoA\text{-}SH$$

3.6.3 Atmungskette

Ort: Innenmembran der Mitochondrien

1. Endoxidation (Elektronentransportkette)

(1) Transport der energiereichen Elektronen des NAD^+, H^+ und $FADH_2$ zum Sauerstoff
(2) Die Enzyme NADH und FADH übertragen nun ihre Elektronen und H^+ auf die Enzymkomplexe
(3) Diese geben die Elektronen weiter
(4) Die Elektronen wandern durch die Membran
(5) Bei jedem Durchlauf eines Elektrons durch ein Enzym gelangen auch H^+ in den Raum zwischen den beiden Mitochondrienmembranen
(6) bei der Übertragung der energiearmen Elektronen auf O_2 und H^+ → Bildung von Wasser

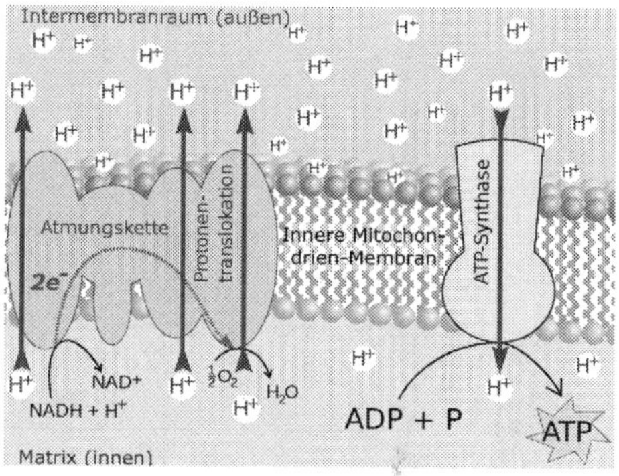

Quelle: Asw-hamburg, 24. Juli 2015, verändert https://de.m.wikipedia.org/wiki Datei:Elektronentransportphosphorylierung2.svg,

2. Oxidative Phosphorylierung (ATP Synthese mittels Protonengradient)

- Anreicherung der Protonen im Membranzwischenraum (= Aufbau eines Protonengradienten)
- Die Durchwanderung der Elektronen durch die Membran erzeugt die Energie, mit der das Enzym wie eine Pumpe betrieben wird
- die ATP-Synthase pumpt H^+ in den Innenraum und treibt durch das Konzentrationsgefälle die ATP-Synthase
  → 8 H^+ werden für eine komplette Drehung benötigt, die 3 ATP herstellen
  → insgesamte Ausbeute: 34 ATP Molekülen

Summengleichung

$$10\ NADH + H^+ \text{ (aus Glykolyse)} + 2\ FADH_2 \text{ (aus Citratzyklus)} + 34\ ADP + 34\ P + 6\ O_2$$
$$\rightarrow 34\ ATP + 10\ NAD^+ + 2\ FAD + 12\ H_2O$$

Summengleichungen im Vergleich

allgemeiner aerober Glukoseabbau:

$$C_6H_2O_6 + 6\ O_2 \rightarrow 6\ CO_2 + 6\ H_2O + 36\ ATP$$

Glucose + Sauerstoff → Kohlenstoffdioxid + Wasser + Adenosintriphosphat

aerobe Atmung

- Aerobe Atmung kann nur unter Anwesenheit von elementarem Sauerstoff ablaufen
- Aerobier produzieren während der aeroben Atmung den wichtigen Energieträger ATP

allgemeiner anaerober Glukoseabbau (Milchsäuregärung):

$$C_6H_{12}O_6 + 2\ ADP + 2\ P \rightarrow 2\ C_3H_6O_3 + 2\ ATP$$

Glucose + Adenosindiphosphat + Phosphat → Milchsäure + Adenosintriphosphat

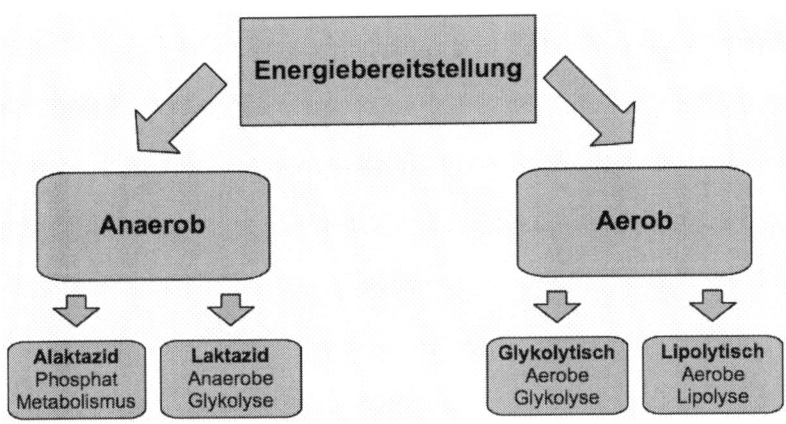

3.7 Vergleich der ATP-Bilanzen von aerobem und anaerobem Glucoseabbau

3.7.1 Sauerstoff als begrenzender Faktor

Anaerobe Atmung

- Sauerstoff ist bei der aeroben Atmung ein begrenzender Faktor
- die anaerobe Atmung kann unter Abwesenheit von Sauerstoff ablaufen
- Bei der Milchsäuregärung wandeln Mikroorganismen, zwecks Energiegewinnung, Glucose zu Milchsäure um
- Bei diesem Prozess entstehen im Rahmen zwei ATP

Milchsäuregärung

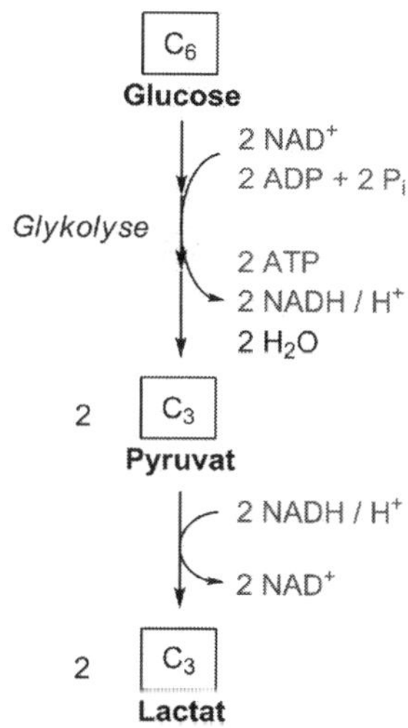

1. durch die Glykolyse kommt es zum Abbau der Glucose in zwei Pyruvat (Brenztraubensäure)
2. Das Enzym Lactatdehydrogenase dient nun als Katalysator für die Reaktion, bei der NADH als Co-Faktor arbeitet
3. Die zwei Pyruvat werden zu je einem Lactat-Molekül reduziert
4. Lactat ist ein Stoffwechselendprodukt und für den Körper nicht weiter verwertbar
5. Über den Blutkreislauf gelangt das Lactat in die Leber und wird dort wieder zu Pyruvat oxidiert

Bedeutung in der Lebensmittelherstellung

- Konservierung von Lebensmitteln (z.B. Joghurt, Quark, Sahne) mittels Milchsäurebakterien
  - pH-Wert Senkung auf 4
  - kein Leben anderer Mikroorganismen möglich
  - Laktat dient als Energiequelle für die bakterielle Dissimilation

ATP-Ausbeute im Vergleich

1. Nachteil des anaerobem Glukoseabbaus:
   - ATP-Ausbeute ist bei der Milchsäuregärung um das 19-fache verringert, d.h. es werde nur 2 ATP Moleküle bei anaerobem Glukoseabbau gewonnen anstatt von 34 bis 38 ATP Moleküle bei aerobem Glukoseabbau → ineffektive ATP-Ausbeute

2. Vorteil des anaerobem Glukoseabbaus:
   - schnelle Bereitstellung von ATP bei schnell auszuführenden Bewegungen wie z.B. Sprint-Übungen
   - kein Sauerstoff-Bedarf

3.7.2 Trainingseffekte

	Wirkungen eines regelmäßigen Krafttrainings
Muskulatur	• Kraftzunahme in trainierten Muskeln, größerer Querschnitt und bessere Koordination
Stütz- und Bewegungs-apparat	• Höhere Festigkeit und Belastbarkeit von Sehnen, Bändern und Knochen und dadurch geringeres Risiko für Verletzungen und Verschleiß (Arthrose / Osteoporose) • Verbesserung des muskulären Gleichgewichts und dadurch Vermeidung von Haltungsfehlern und Haltungsschäden (Rückenbeschwerden)
Leistung	• ausgeprägte Kraftfähigkeit ist eine wichtige Grundlage für fast alle Sportarten
Regeneration Rehabilitation	• Schnellere Wiederherstellung der Funktionsfähigkeit nach Verletzungen (Bänderriss, Knochenbruch) • Verringerung von Beschwerden am Bewegungsapparat (Rückenschmerzen, Gelenkbeschwerden)
Körperform	• Vergrößerung des Muskelquerschnitts • Ausprägung der Muskelstruktur und Gewebestraffung (Bodybuilding) • Betonung der Körperformen durch Abbau der Fettpolster (Bodyshaping) • Steuerung des Körpergewichts (Zu- oder Abnahme)
Psyche	• Besseres Wohlbefinden • Entwicklung eines positiveren Körperbewusstseins • Größere Selbstsicherheit und stärkeres Selbstbewusstsein

3.8 Energieumsätze beim Menschen

3.8.1 Grund- und Leistungsumsatz

Grundumsatz

Energiemenge, die ein Mensch bei Ruhe für die Aufrechterhaltung der lebenswichtigen Körperfunktionen pro Tag benötigt. Der GU ist vor allem abhängig von Alter, Größe, Gewicht, Geschlecht, Klima, Muskelmasse, Hormonspiegeln und den lebenswichtigen Körperfunktionen, die durch den Grundumsatz aufrechterhalten werden z.B. Atmung, Herz, Gehirn, Organe

GU-Berechnung: Körpergewicht x 24 h

Leistungsumsatz

Energiemenge, die unser Körper innerhalb eines Tages benötigt, um die geleistete Arbeit zu verrichten. Energie, die über den Grundumsatz (Energiebedarf für Organtätigkeiten bei völliger Ruhe) hinausgeht. Abhängig von der körperlichen Aktivität, Wärmeproduktion, Verdauungsarbeit für den Bedarf an Wachstum, Schwangerschaft und Stillzeit.
Beispiele: Joggen, Krafttraining

Gesamtumsatz

Grundumsatz + Leistungsumsatz

3.8.2 Faktoren des Grundumsatzes

Fakor	Auswirkung
Größe und Gewicht	• GU steigt mit zunehmender Größe und Gewicht, da mehr Gewebemasse versorgt werden muss
Geschlecht	• Je höher der Anteil an aktiver Muskelmasse, desto höher ist der GU • Im Vergleich zu Frauen haben Männer höheren einen Muskelanteil
Alter	• Mit zunehmendem Alter nimmt GU ab, da Herzfrequenz, Körpertemperatur und Anteil der Muskelmasse abnehmen und deswegen weniger Energie benötigt wird
Klima	• Je extremer das Klima, umso höher ist der GU • Kälte: Körper muss verstärkt Wärme produzieren • Hitze: Vermehrter Energieverbrauch durch Schwitzen

4. Einheit – Evolution

4.1 Altersbestimmung von Fossilien

4.1.1 <u>C14-Methode</u>

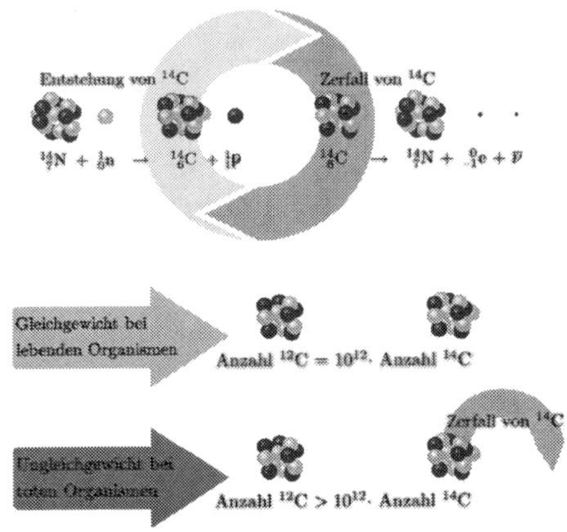

Quelle: Sgbeer, https://upload.wikimedia.org/wikipedia/commons/2/27/C14_methode_physikalische_grundlagen.svg, unverändert

Halbwertszeit: 5.700 Jahre

geeigneter Zeitraum: 100 - 50,000 Jahre

Ablauf

1. Durch kosmische Höhenstrahlung in der Atmosphäre wird ^{14}N durch den Beschluss von Neutronen in das radioaktive ^{14}C-Isotop umgewandelt

2. Der Gehalt an ^{14}C bleibt in der Atmosphäre dauerhaft konstant

3. das radioaktive ^{14}C wird durch die Assimilation in das organische Material aller Pflanzen eingebaut (Verhältnis: ^{14}C : ^{12}C = 1 : 10^{12} (1 : 1 Billionen))

4. Tiere und Menschen essen diese Pflanzen

5. somit besteht bei allen Lebewesen ein gleichermaßen stabiles Verhältnis von ^{14}C (Isotop) zu ^{12}C (normales Atom)

6. Nach dem Tod wird der Anteil des radioaktiven ^{14}C im Laufe der Zeit immer geringer, da nun die ^{14}C Aufnahme unterbricht

7. Aus dem Mengenverhältnis von ^{14}C und ^{12}C in einer Probe kann auf das Alter dieser Probe geschlossen werden

8. <u>Beispiel</u>: beträgt der ^{14}C-Gehalt nur noch 75 %, kann davon ausgegangen werden, dass das Lebewesen vor ca. 2850 Jahren gestorben ist

4.1.2 Die Kalium-Argon Methode

Halbwertszeit von ^{40}K: 1,25 Millionen Jahre

Ablauf

1. Kalium ist in den meisten Gesteinen enthalten, ebenso gibt es auch das radioaktive ^{40}K-Isotop, allerdings nur zu einem sehr geringen Anteil

2. Dieses zerfällt unter anderem in das stabile Edelgas ^{40}Ar

3. Indem das Verhältnis von ^{40}K und ^{40}Ar im Gestein ermittelt wird, kann auf das Alter geschlossen werden

Vorteil:
- neben den entstandenen ^{40}Ar werden nur die radioaktiven ^{40}K-Isotope erfasst, deren Menge wesentlich geringer ist

Nachteil:
- Man benötigt zwei verschiedene Proben, weil die beiden Elemente nur in zwei getrennten Messungen erfasst können
  → Gefahr von Messfehler

4.2 Vergleichende Morphologie

4.2.1 Fossilien und Brückentiere

1. **Fossil:** Abstammung verstorbener Tiere vergangener Epochen

2. **Leitfossil:** Fossil aus dominierenden Organismen vergangener Epoche

3. **Brückentier:** Abzweigungsfossilien, die Merkmale verschiedener systemischer Gruppen aufweisen

4. **lebendes Fossil:** Lebende Brückenfossilien als Abzweigungen für lebende Tiere (Rezente weisen gleichen Bauplan wie Fossilien auf)

	Name Brückentier	Tiergruppe	Merkmal
Archaeopteryx 	Reptil	Vogel	Schnabel, Krallen
Schnabeltier 	Reptil	Säugetier	Eierlegend

4.2.2 Homologie

Homologie

dasselbe Organ in verschiedenen Tieren in allen Form-und Funktionsvarianten
→ gleicher Grundbauplan
→ es besteht eine Verwandtschaft

Homologiekriterien (verwandte, unterschiedliche Merkmale)

1. Kriterium der Stetigkeit (Kontinuität)

- Entstehung eines einzelnen Merkmals durch Zwischenstufen
- Beispiel: Fossilien

2. Kriterium der spezifischen Qualität und Struktur

- Ähnliche Qualität von Merkmalen
- Beispiel:
  Schwimmblase von Knochenfischen und Lunge von Landwirbeltieren

3. Kriterium der Lage

- Verwandtschaft in Körperstruktur, Anzahl und Anordnung
- Beispiel: Vogelflügel und Pferdebeine

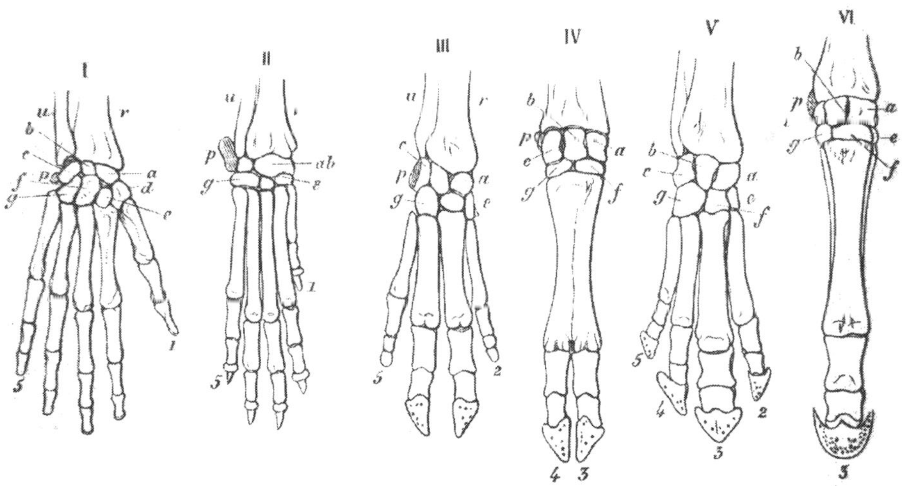

Mensch Hund Schwein Kuh Tapir Pferd

4.2.3 Analogie

Analogie

Ähnlichkeit von Organen hinsichtlich Funktion und Verhaltensweisen. Analoge Strukturen haben sich aufgrund ähnlicher Lebensumfelder, aber nicht aus einem gemeinsamen Ursprung entwickelt
→ verschiedener Grundbauplan
→ ähnliche Funktion, aber keine Verwandtschaft

	Divergent (Verschieden)		
	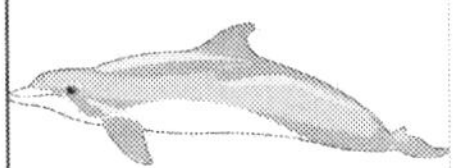		
Analoges Merkmal	• Stromlinienförmiger Körper • Flossen		
Tierart	Delfine	Pinguin	Hecht
Tierklasse	Säuger	Vögel	Fische
Erklärung	stromlinienförmiger Körper (ohne Kanten oder Vorsprünge) → Gleiten durch das Wasser wegen geringeren Widerstand		

	Konvergent (Übereinstimmend)		

Analoges Merkmal	• Flügel		
Tierart	Amsel	Fledermaus	Schmetterling
Tierklasse	Vogel	Säuger	Insekt
Erklärung	Flügel als Tragflächen wurden entwickelt, die durch eine ausgeprägte Flugmuskulatur bewegt werden → ermöglicht Gleiten und aktives Fliegen in der Luft		

4.2.4 Rudimente

Rudimente	Atavismen
• Organe die keine Funktion mehr haben bzw. erfüllen müssen • sie geben Hinweise auf die Abstammung innerhalb Evolution	• Das Wiederauftreten anatomischer Merkmale bei einem Lebewesen, die bei den entfernt verwandten Vorfahren ausgebildet waren, dem unmittelbaren Vorfahren jedoch abgingen

Beispiel 1: winzige Überreste des Beckengürtels bei Walen
(→ Abstammung der Extremitäten von den ursprünglich an Land lebenden Vorfahren)

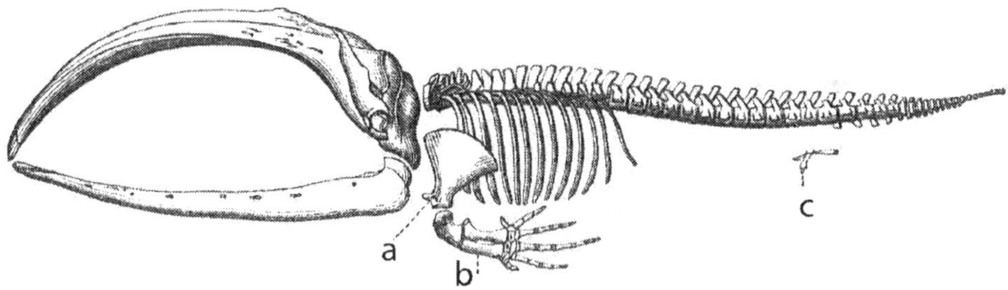

Beispiel 2: starke Behaarung beim Menschen (v.a. am Rücken und Brust)

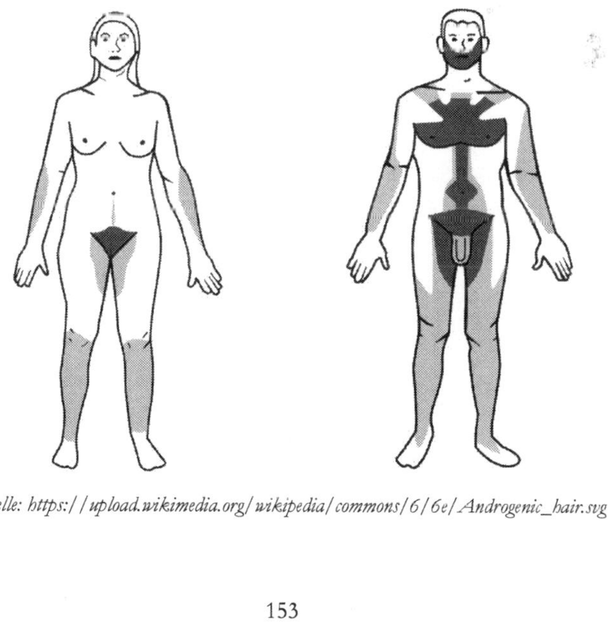

Quelle: https://upload.wikimedia.org/wikipedia/commons/6/6e/Androgenic_hair.svg

4.3 Evolutionstheorien

4.3.1 Vergleich der Theorien von Lamarck und Darwin

Lamarck	Darwin
• veränderte Umweltbedingungen führen zu veränderten Bedürfnissen der Individuen • Individuen können Veränderungen, die sie erworben haben weitervererben • Gebrauch/Nichtgebrauch von Organen führt zu Ausprägung/ Zurückbildung • Theorie gilt als **widerlegt** Beispiel • Die Giraffen der ersten Generation verlängern ihren Hals durch ständiges Strecken, um an die Pflanzen zu kommen • Dadurch verlängert sich dieser • Diese Verlängerung wird weitervererbt • Der Hals wird dadurch über viele Generationen immer länger	• es besteht ein Kampf ums Dasein (→ struggle for life) • da die Ressourcen knapp sind, können nur die Angepasstesten überleben (→ survival of the fittest) • durch zufällige Mutation/Rekombination der elterlichen Gene erhalten bestimmte Individuen solche Gene, die besser an die bestehenden Umweltbedingungen angepasst sind • während diese Individuen überleben, sterben die mit den schlechteren Genen aus (= natürliche Selektion) • ausgestorbene Individuen können ihre Gene nicht in den Genpool der nächsten Generation einbringen Folge: Veränderung des Genpools

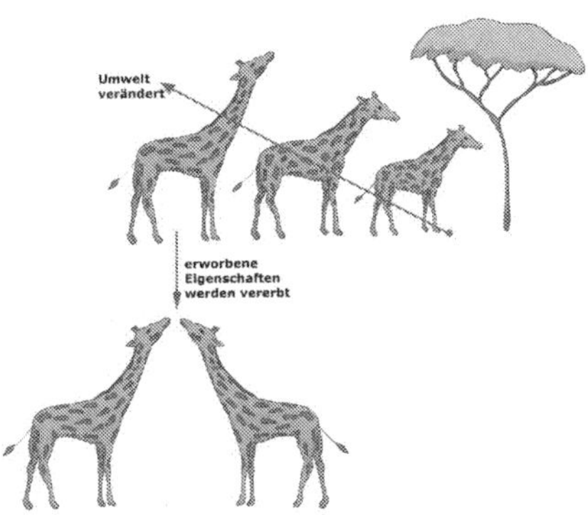

Quelle: Lamarcks Evolutionstheorie: https://upload.wikimedia.org/wikipedia/commons/a/a2/Evolutionstheorien.jpg

4.4 Synthetische Evolutionstheorie

4.4.1 genetische Variabilität

Artbegriff und andere Grundbegriffe

Name des Wissenschaftlers	Carl von Linné	Ernst Mayr	Hardy/Weinberg
Bezeichnung Artbegriff	Morphologisch	Biologisch	Populations-genetisch
Definition Artbegriff	Individuen gehören zu einer Art, wenn sie wesentliche Körpermerkmale gemeinsam haben	Individuen, die sich sexuell paaren und fruchtbare Nachkommen zeugen können	Eine Art ist eine Population, die einen abgeschlossenen Genpool aufweist

Variabilität:
- Phänotypische Variation (bzgl. Aufbau, Funktionsweise, Verhalten)
- Unterschiede in den Genen
  → Ursache: die auf Grundlage von Mutationen neu entstandenen Arten
- Anpassung der Arten an das Ökosystem
  → Ökosystem steuert die biologischen und Variabilitäts-Faktoren

Variation:
- Phänotypisch sichtbare, unterschiedliche Eigenschaften bzw. Merkmale (bzgl. Aufbau, Funktionsweise, Verhalten)

Die Variabilität ist die Ursache für die Variation

4.4.2 Evolutionsfaktoren

Genpool:
- Gesamtheit aller Generationen (Allele) einer Population:
- Die Population hat alle diese Allele zur Verfügung, um sich ihrer Umwelt optimal anpassen

Mutation	Rekombination	Gendrift	Migration u. Gentransfer	Konjugation
	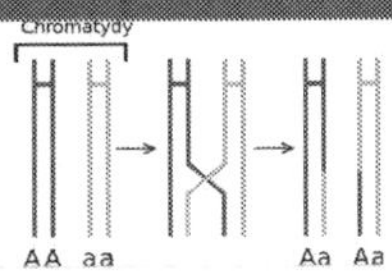			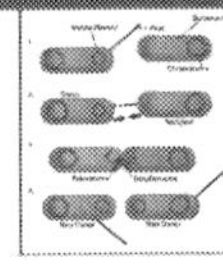
Zufällig auftretende Veränderungen des Erbguts	Durchmischung des Erbguts während der Meiose	Schlagartige Veränderungen des Genpools durch Umweltveränderungen	Genfluss durch zu- oder abwandernde Individuen	Genaustausch bei Mikroorganismen z.B. durch Konjugation

Neue Eigenschaften des Genpools werden ermöglicht durch:
- Mutation
- Migration

Die Häufigkeitsverteilung im Genpool wird beeinflusst durch:
- Gendrift
- Rekombination
- Konjugation

Mutationstypen

Punktmutation: (Substitution) Eine Base wird durch eine andere ersetzt	**Deletion** → Zerstörung durch exogene Faktoren	**Insertion** → Enzymfehlfunktion
• Keine Auswirkung (Misssense, Stumme Mutation) • Funktionsstörung • Positive oder negative Auswirkungen	Rasterverschiebung • Falsche Basentripletts = fehlende AS • Funktionsloses Protein	Bei Triplett-Einfügung • Funktionsverlust • Veränderung des Proteins

Genmutation	**Chromosomenmutation**	**Genommutation**
• Punktmutation • Rastermutation	• Deletion • Insertion	• Translokation • Trisomie 21

Die Bedeutung von Mutation für die Evolution:

- Durch die zufälligen Veränderungen der Gene können sich Merkmale ändern, wenn diese für das Individuum und auch für den Genpool positiv sind, setzen sie sich durch und verändern die Population bzw. die Art

4.4.3 Selektion

Adaption durch Biologische Selektionsfaktoren

Tarnung	Mimese	Warntracht	Mimikry	Koevolution
Anpassung an Farbe/ Oberflächen-struktur	Anpassung an Objekte	Erfahrung werden weitergegeben (z.B. grelle Farben als Ziechen für giftige Oberfläche)	Nachahme von giftigen Oberflächen	Gegenseitige Anpassung von 2 Objekten (Symbiose)

Der Erfolg von Warntracht und Mimikry hängt von schlechten, aber nicht tödlichen Erfahrungen der Feinde ab

- Ursache: Feinde dürfen sich nicht an giftige Oberfläche adaptieren, sondern sollen nur schlechte Erfahrungen weitergeben

Selektionsfaktoren:

Biotisch	Abiotisch
zwischenartlich - Parasiten - Beute - Fressfeinde - Nahrungskonkurrenten innerartlich - Fortpflanzungskonkurrenten	• Umweltverschmutzung • Bodenbeschaffenheit • Temperatur • Licht • Feuchtigkeit

→ **Folge: Selektionskampf**

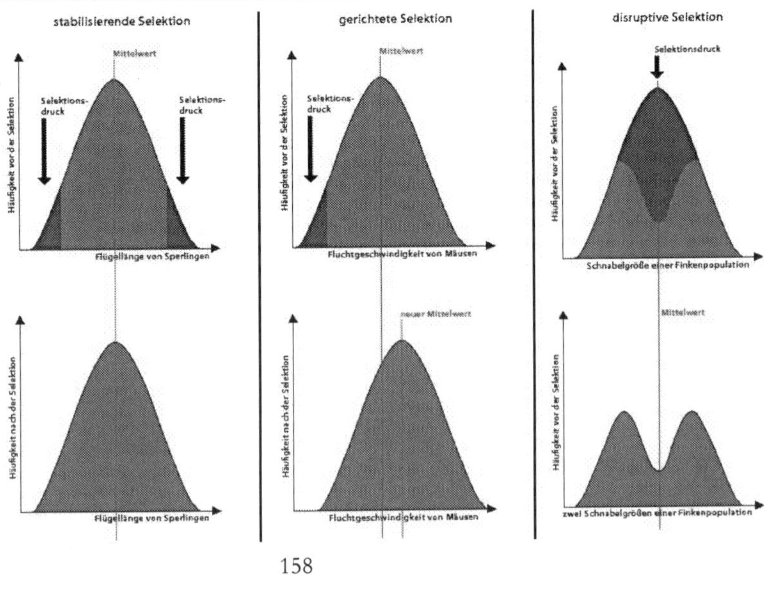

4.4.4 Isolation als Voraussetzung der Artbildung

Isolationstypen

Art	Definition
Geographische Isolation	• Große Entfernung der Teilpopulationen • Unüberwindbare Hindernisse sorgen für mangelnden bzw. keinen Genaustausch
Ökologische Isolation (Einnischung)	• das Besetzen unterschiedlicher ökologischen Nischen bewirkt die Aufspaltung einer Population → adaptive Radiation → Isolation durch Nischenbildung

Zusammenwirkung aller Faktoren

Ursprungspopulation	Mutation	Selektion	Isolation	Enstandene Population
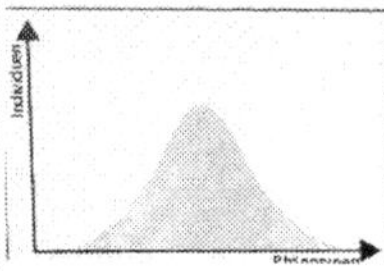	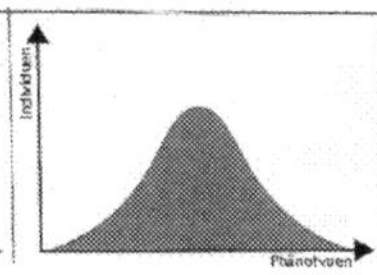	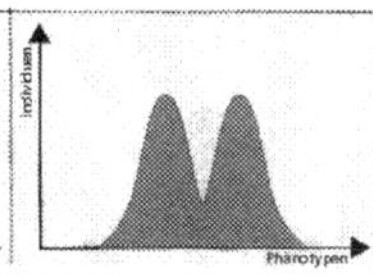	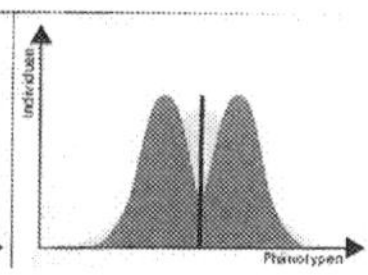	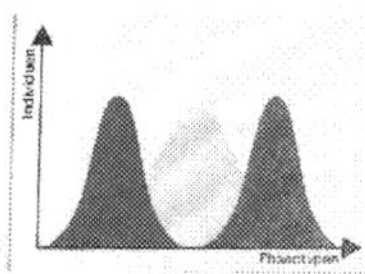
Der Genpool der Ursprungspopulation weist verschiedene Ausprägungsformen (= Allele) aller Gene in unterschiedlicher Häufigkeit auf	Durch spontane Veränderungen kommen weitere Allele hinzu Sofern diese in der Keimbahn auftreten, können sie weiter vererbt werden	Durch verschiedene Umweltfaktoren bleiben nur die Allele dauerhaft vorhanden, die eine gute Anpassung darstellen Diese Individuen können sich erfolgreich fortpflanzen	Durch räumliche, zeitliche oder sonstige Trennung entstehen zwei Teilpopulationen, in denen die ursprünglichen Allele unterschiedlich verteilt sein können zwischen den Gruppen findet kein Genaustausch mehr statt	Die beiden Populationen entwicklen sich durch unterschiedliche Mutationen (+ Selektionsfaktoren) in verschiedene Richtungen auch nach Wegfall der Isolationsbarriere ist keine Durchmischung mehr möglich

4.4.5 Isolation am Beispiel der Darwin-Finken: Adaptive Radiation

Adaptive Radiation – die Darwin-Finken

	Geospiza magnirostris	Geospiza scandens	Camarhynchus parvulus	Camarhynchus psittacula	Certhida olivacea
Schnabelform	Kernbeißer	Spitzen-ähnlich	Klein, spitz	Papageienartig, groß, länglich, hakenförmig	Länglich, spitz, schmal
Nahrung	Samen	Kaktus-blüten	Vorwiegend Insekten	Vorwiegend Insekten	Insekten
Lebensraum	Grund (Boden)	Kakteen	Baum	Baum	Baum

Entstehung der Artenvielfalt auf den Galapagos-Inseln:

- spezielle, zuvor unbesetzte Nahrungsquellen
  → Adaption an Umweltbedingungen innerhalb kurzer Zeit
- fehlende Konkurrenz durch Nahrungsvielfalt
  → Spezialisierung bei der Nahrungsaufnahme
- Auslese der Bestangepassten
- Darwin Finken haben hohe limitierende Selektionsfaktoren
  → z.B. Räuber, Konkurrenten gab es nicht
- Hohes Nahrungsangebot
  → Darwin Finken haben eigene ökologische Nische

1. Geospiza magnirostris
2. Geospiza fortis
3. Geospiza parvula
4. Certhidea olivacea

5. Einheit – Enzymatik

5.1 Enzyme

Enzyme	Biokatalysatoren und Nahrungszerkleinerer, die elementar für den Stoffwechsel sind
Monomere	bestehen aus einer Proteinkette
Oligomere	bestehen aus mehreren Proteinketten
Multienzymkomplex	zusammenhängende Monomere und Oligomere

5.1.1 Enzymklassen

1. **Oxidoreduktasen**:
   Katalyse von Redoxreaktionen
2. **Transferasen**:
   Übertragung von Atomgruppen von einem Substrat auf andere Substrate
3. **Hydrolasen**:
   Spaltung chemischer Bindungen unter Einsatz von H_2O
4. **Lyasen**:
   Spaltung oder Synthese einfacher Substrate zu komplexen Substraten
5. **Isomerasen**:
   beschleunigt die Umwandlung in Isomere
6. **Ligasen**:
   Synthese von einfachen Substraten in komplexere Substrate *(nur durch ATP)*

5.1.2 Eigenschaften von Enzymen

Wirkungsspezifität	ein Enzym katalysiert nur eine bestimmte chemische Reaktion
Substratspezifität	Enzyme katalysieren eine Reaktion nur bei einem bestimmten Substrat

Enzymerhalt Enzyme werden bei chemischen Reaktionen nicht abgebaut

Katalyse Herabsetzen der Aktivierungsenergie
→ Beschleunigung der Reaktionsgeschwindigkeit

5.2 Abhängigkeit der Enzymaktivität

5.2.1 Temperatur

- Anstieg gemäß der RGT-Regel
  → Verdopplung der Enzymaktivität
  bei 10°C Temperaturanstieg

- höchste Aktivität = Optimum
  (37°C v.a. bei menschl. Enzymen)

- Wenn das Temperaturoptimum überschritten wird
  → Enzym-Aktivität sinkt sehr schnell

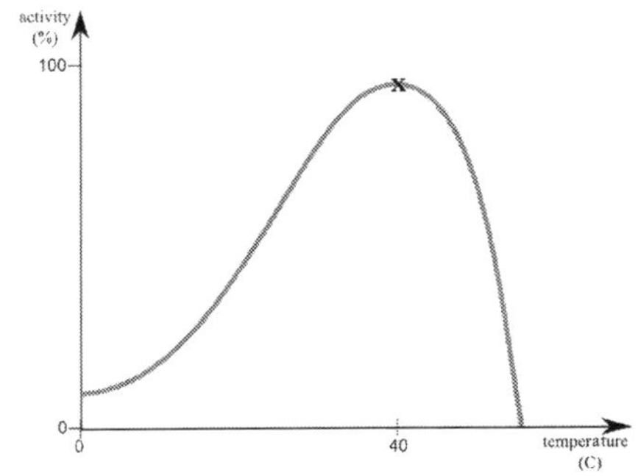

Quelle: https://upload.wikimedia.org/wikipedia/commons/6/66/Enzyme-temperature.png

- zu hohe Temperaturen:
  Proteine denaturieren (H- und Disulfidbrücken brechen auf)
  → reversible Änderung des Aktiven Zentrums (Tertiärstruktur)
  = reduzierte Wechselzahl (Arbeitsleistung)

5.2.2 pH-Wert

- alle Enzyme haben einen optimalen pH-Wert (angepasst an die Umgebung)
  - Pepsin (Magen): 2,5 [= saurer]
  - Trypsin (Dünndarm): 8 [= basisch]

- leichte Änderungen des pH-Wertes
  → Änderungen der Enzymkonformation
  - (Struktur des Aktiven Zentrums)

→ Substrate passen nicht mehr in das veränderte Aktive Zentrum hinein
= reduzierte Wechselzahl

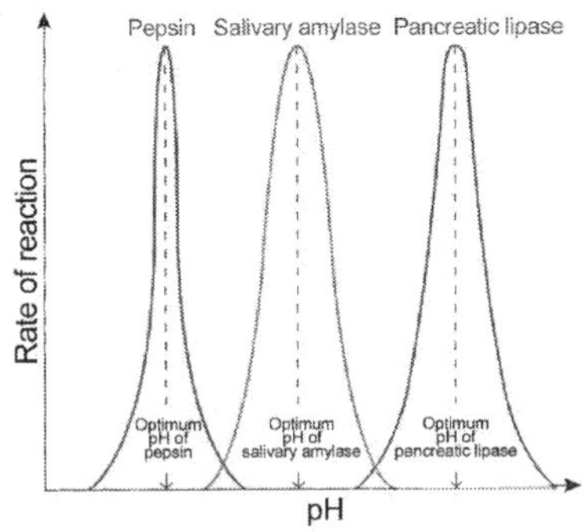

Quelle: https://upload.wikimedia.org/wikipedia/en/3/33/Enzyme_pH.png

5.2.3 Substratkonzentration

- Erhöhung der Substratkonzentration sorgt dafür, dass mehr Enzyme mit Substraten besetzt werden
  = Beschleunigung der katalysierten Reaktion

- alle Enzyme sind belegt (= Sättigung)
  → keine Steigerung der Enzymaktivität

- Bei niedriger Substratkonzentration ist die Wahrscheinlichkeit einer Bindung an ein Enzym und damit einer Umsetzung gering

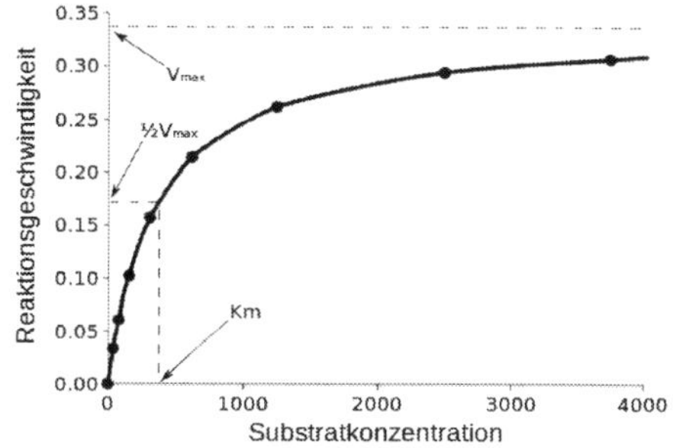

Quelle: https://upload.wikimedia.org/wikipedia/commons/thumb/d/dc/Michaelis Menten_Sättigungskurve_einer_Enzymreaktion.svg.png; unverändert

5.2.4 Übungsaufgabe

1. Aufgabe

Interpretieren Sie den dargestellten Kurvenlauf.

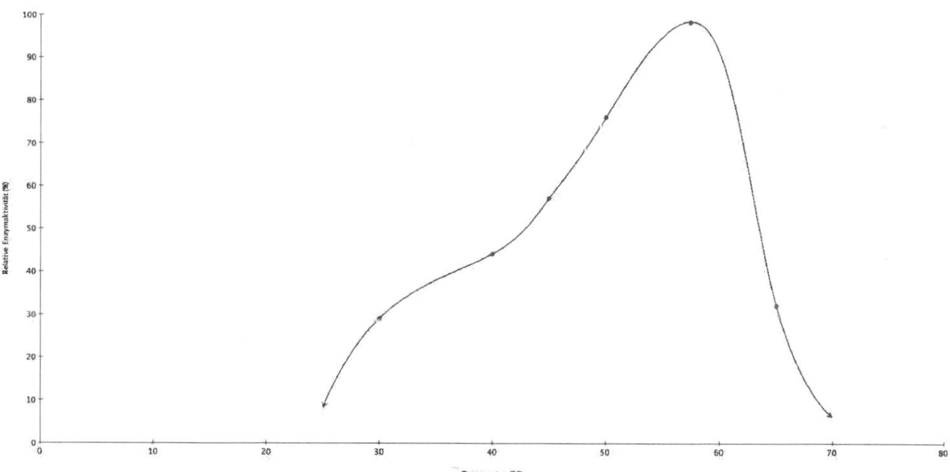

Lösung

Das Diagramm stellt die Enzymaktivität eines Bakteriums in Abhängigkeit der Temperatur dar. Deutlich zu erkennen ist, dass es dem Bakterien-Enzym bei 25°C zu kalt ist aufgrund des vermindertem Stoffwechsel bzw. bei 70°C zu warm ist, da die Denaturierung der Enzym-Konformation bereits einsetzt. Das Enzym arbeitet optimal bei etwa 60°C, da es dort sein Optimum (-99%) erreicht.

2. Aufgabe

Pepsin und Trypsin sind zwei eiweißspaltende Enzyme, die im Verdauungstrakt des Menschen vorkommen. Könnte Pepsin auch im Dünndarm wirken, bzw. Trypsin im Magen? Begründen Sie ihre Antwort.

Jedes Enzym hat sein eigenes pH-Optimum; d.h. das Enzym Pepsin, welches beim Menschen vorwiegend in der Salzsäure des Magens vorkommt, arbeitet bei pH 2-3 optimal, wobei Trypsin, das im Zwölffingerdarm vorkommt, bei einem pH von 8 am effektivsten arbeitet.

Durch das Verändern des pH-Wertes, kommt es zu strukturellen Umformungen der Enzymkonformation. Da allerdings das Enzym substratspezifisch ist, d.h. nur an gewisse Substrate binden kann (vgl. Schlüssel- Schloss- Prinzip) und das Enzym nicht mehr den Substraten angepasst ist, führt dies zur verminderten Aktivität bis hin zur vollkommenen Denaturierung des Protein-Komplexes. Danach bleibt die Wechselzahl bzw. das Umsetzungen der Substrate in die jeweiligen Produkte aus.

Sollten die genannten Enzym nun im jeweils anderen Bereich des Verdauungstraktes vorkommen bzw. tauschen, würde ihre Funktionalität vollkommen wegfallen, da sie eher denaturieren als das sie Substrate umsetzen.

5.3 die Enzymreaktionen

5.3.1 Reaktionsgleichung

$$E + S \rightarrow [ES] \rightarrow E + P$$

5.3.2 Ablauf der Enzymreaktion

1. Bindung des Substrats an sein für sich spezifisches aktives Zentrum (= Substratspezifität)
   → Entstehung des Enzym-Substrat-Komplexes

2. Andocken von ATP bewirkt eine kurzzeitige Änderung der Enzymkonformation
   → Spaltung des Substrats in seine Produkte (Enzym-Produkt-Komplex)

3. Freisetzung der Reaktionsprodukte und erneute Katalyse
   → Herabsetzung der Aktivierungsenergie für die Reaktion

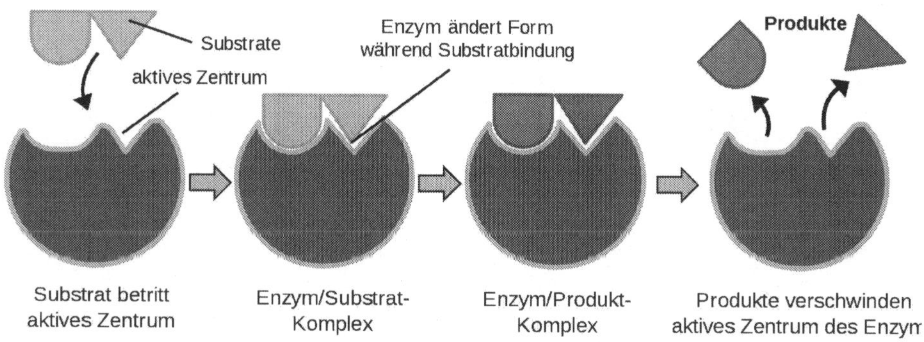

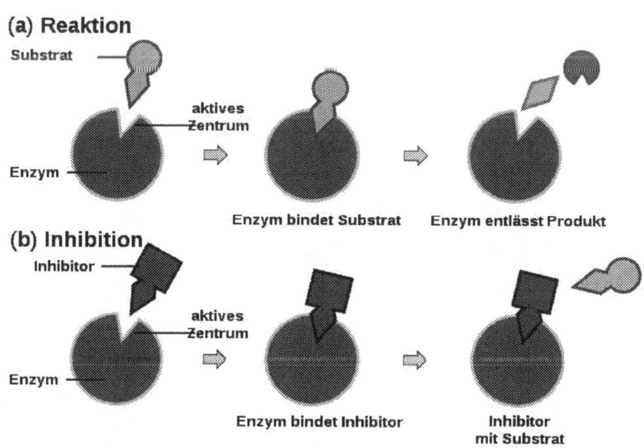

5.4 Enzymhemmung

5.4.1 <u>Kompetitive Hemmung</u>

Spezifische Hemmung

- der Hemmstoff bindet nur vorübergehend an ein Enzym
- Mechanismus zur Stoffwechsel-Kontrolle (Regulation der Homöostase)
  → d.h. der Mechanismus ist reversibel; er wird willkürlich gesteuert

Kompetitive (konkurrierende) Hemmung

- Blockierung des Aktiven Zentrums durch einen Hemmstoff, der eine ähnliche Struktur wie spezifische Substrate aufweist
  → Hemmstoff und Substrat konkurrieren um das Aktive Zentrum

- Hemmung = konzentrationsabhängig
  - hohe Substratkonzentration:
    → Verdrängung des Hemmstoffs = Enzymaktivität steigt

5.4.2 <u>allosterische Hemmung und Aktivierung</u>

Ablauf

1. Bindung des Effektors am allosterischen Zentrum des Enzyms
2. Konformationsänderung des Aktiven Zentrums
   → Verhinderung der Bindung weiterer Substrate am Aktiven Zentrum (= Hemmung)

Feedback-Hemmung [negative Rückkopplung]

- Hemmung eines oder mehrerer Enzyme der Reaktionskette durch Anreicherung des Endproduktes
- sehr exakte Regulation katalysierter Reaktionen
- dient einer ökonomischen Stoffwechselaktivität)

  a) Konzentration des Endproduktes bleibt konstant
     = Homöostase -Gleichgewicht
  b) Konzentration passt sich den gewissen veränderten Bedingungen an (z.B. während des Muskeltrainings)

  <u>Ziel</u>: Erhalt von Rohstoffen und Energiereserven des Organismus

Beispiel:

- kein Gebrauch des Produkts einer Stoffwechselreaktion
  = zunehmende Konzentration in der Zelle
  - Anteil allosterisch gehemmter Enyzme steigt (reduzierte Enzymaktivität)
  - Bei Abbau des Endprodukts (= Senkung der Konzentration)
    → <u>Aktivator</u>: Anzahl gehemmter Enzyme nimmt ab
    = Wechselzahl steigt wieder an

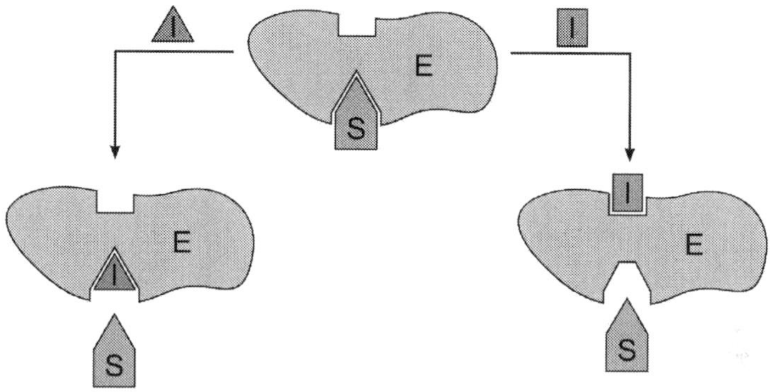

Quelle: https://upload.wikimedia.org/wikipedia/commons/thumb/c/c9/Binding_sites_enzyme_inhibitors.svg/2000px-Binding_sites_enzyme_inhibitors.svg.png

allosterische Aktivierung	Aktivator bindet an allosterisches Zentrum → Aktivierung des Enzyms und Erhöhung dessen Wechselzahl

5.4.3 <u>Unspezifische Hemmung</u>

unspezifische Hemmung	irreversibele, das heißt unwillkürliche, Hemmung durch einen Giftstoffe (wie Schwermetalle)

Hemmung durch Schwermetallionen (z.B. Hg^{2+} oder Pb^{2+})

1. Aufnahme von Schwermetallionen (durch Umwelteinflüsse)
2. Bindung dieser an einem Enzymmolekül (Blockierung des Aktiven Zentrums)
3. irreversible Veränderung der (Enzym-) Konformation

→ keine Enzymaktivität = schließlich Enzymdefekt

6. Einheit – Immunbiologie

6.1 Bestandteile und Funktion des Immunsystems

6.1.1 <u>Überblick Krankheitserreger</u>

Erregertyp	Erläuterung
Bakterien 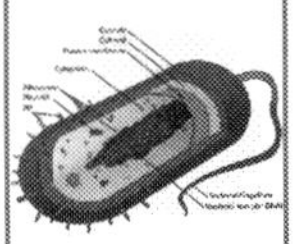	• besitzen kohlenhydratreiche Zellwände, die das Immunsystem erkennt • manche sind nützlich, andere krankheitserregend • Infektionen beginnen fokal, breiten sich dann im gesamten Körper aus • zerfallene Bakterien bilden den Entzündungsstoffe • phagozytierte Erreger bilden mit Granulozyten den Eiter
Parasiten	• größten Krankheitserreger • Übertragung meist von Tier auf Mensch • <u>Infektionsquellen</u>: Nahrungsmittel (Verunreinigung durch Eier, tierischer Kot, abgelaufenes Schweinefleisch)
Protozoen (Einzeller)	• <u>Gruppe</u>: Parasiten • verbreitet in Trichomonadem + Totoplasmen • <u>trichomonas vaginals</u>: sexuell übertragbare Vaginalinfektion • Protozoen hauptsächlich Auslöser tropischer Krankheiten z.B. Malaria • <u>Überträger von Malaria</u>: Anopheles Stechmücke
Pilze 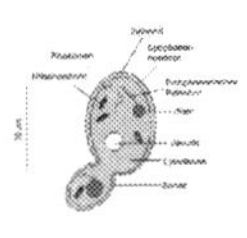	• Mikroorganismen • bestehen aus einzelnen Zellkernen → bilden Fäden → wird zu Geflecht • <u>Vermehrung</u>: Sporen (überleben ohne Stoffwechsel) • ideale Lebensbedingungen → keimen → Pilzgeflecht • äußere Hautbereiche betroffen • Organe von immunschwachen Personen können betroffen werden
Viren / Phagen 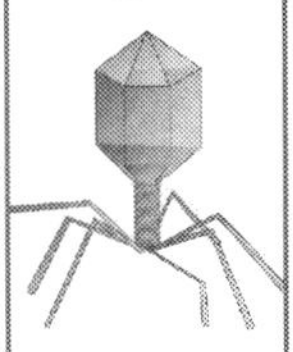	• sehr kleine Krankheitserreger • keine eigenständige Lebensweisen • bestehen aus Erbinformationen, die in Hülle verpackt sind 1. Dringen in die Wirtselle ein 2. Bauen ihre Erbinformation in die DNA der Wirtszelle ein 3. Zwingen Wirtszelle, Viren zu produzieren → virusinfizierte Körperzellen werden zerstört • Viren selbst sind wegen geringer Größe kaum zu bekämpfen • verzögerte Reaktion auf Virus beginnt häufig in mehreren Organen gleichzeitig, i.d.R. mit einem Fieberschub • reine Virusinfektion nie eitrig
große Giftmoleküle und Toxine	• physikalische (z.B. UV-Strahlung) oder chemische Reize (z.B. Giftstoffe) • verändern DNA • können normale Zellen in Krebszellen umwandeln → werden vom Immunsystem erkannt und bekämpft

6.1.2 Vergleich von Viren und Bakterien

Eigenschaft	Viren	Bakterien
Aufbau	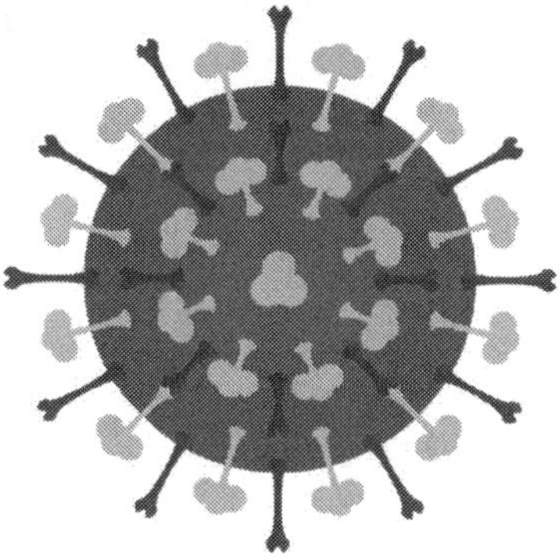 • DNA frei im Cytosol • kein Zellkern • nur Ribosomen	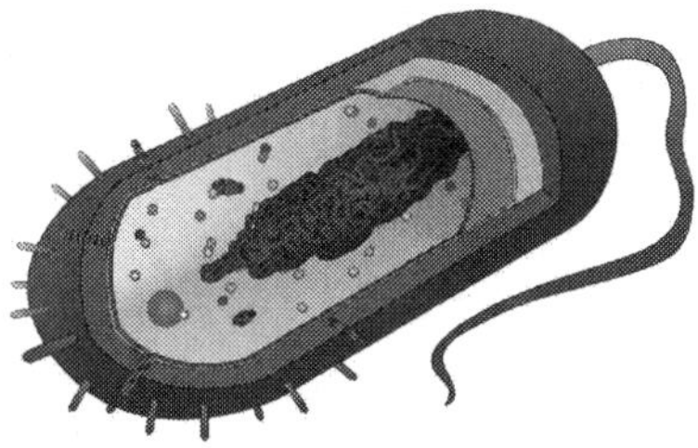 • DNA frei im Cytosol • Umschlossen von Capsid mit Spikes
Größe	0,5 - 8 µm	20 - 350 nm (deutlich kleiner)
Aussehen	• Bazille (stäbchenförmig) • Kokken (rundlich) • Spirillen (geschraubt)	• stabförmig, rund • große Vielfalt aufgrund von vielen Mutationen
Fort-bewegung	• aktiv; mittels Geißel	• passiv; via Flüssigkeitsstrom
Vermehrung	• Ungeschlechtlich durch Mitose • ggf. Sporen bei extremen Bedingungen	• kein eigener Stoffwechsel • Veränderung einer Wirtszelle zur Reproduktion
Krankheiten	• Tuberkulose • Hirnhautentzündung (Meningitis) • Pneumonie (Pneumokokken)	• Grippe • Tollwut • AIDS (HI-Viren)

6.1.3 Überblick über die lymphatischen Organe

Primäre lymphatische Gewebe
- B-Zellen aus dem rotem Knochenmark
- T-Zellen aus der Thymusdrüse

Sekundär lymphatische Gewebe
- Rachenring mit lymphatischer Mandeln (Tonsillen)
- Achsellymphknoten
- Blinddarm mit Appendix
- Milz
- Leistenlymphknoten

Aufgaben
- primäres Gewebe:
  - **Entstehung** und Reifung zu immunreaktiven Immunzellen
  - **Aussortieren** der Lymphozyten: Erlernen von eigen und fremd

- sekundäres Gewebe:
  - Antigenerkennung
  - Differenzierung und Proliferation

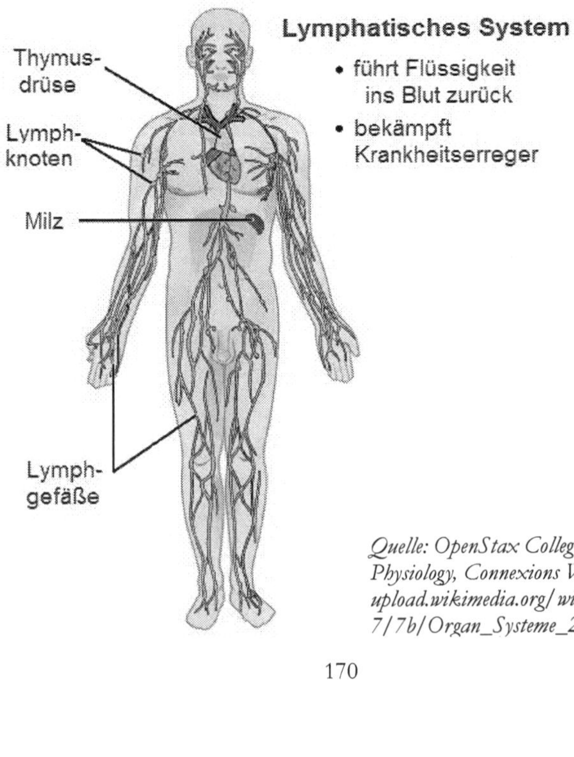

Quelle: OpenStax College. Anatomy & Physiology, Connexions Web site, aus: https://upload.wikimedia.org/wikipedia/commons/7/7b/Organ_Systeme_2.jpg, verändert

6.1.4 Leukopoese: myeloische und lympathische Differenzierung

1. **Leukozyten**

2. **Leukopoese**:
   Differenzierung aus pluripotenten Stammzellen des Knochenmarks

3. **myeloische Linie**
   - Granulozyten
   - Monozyten
   - Makrophagen

4. **lympathische Linie**
   - B-Lymphozyten
   - T-Lymphozyten

5. **Komplementsystem**
   - Bestandteile: 30 Plasmaproteine und Zytokine z.B. Interferone, Proteasen
   - Funktion: Markierung durch Komplementfaktoren (Opsonisierung)

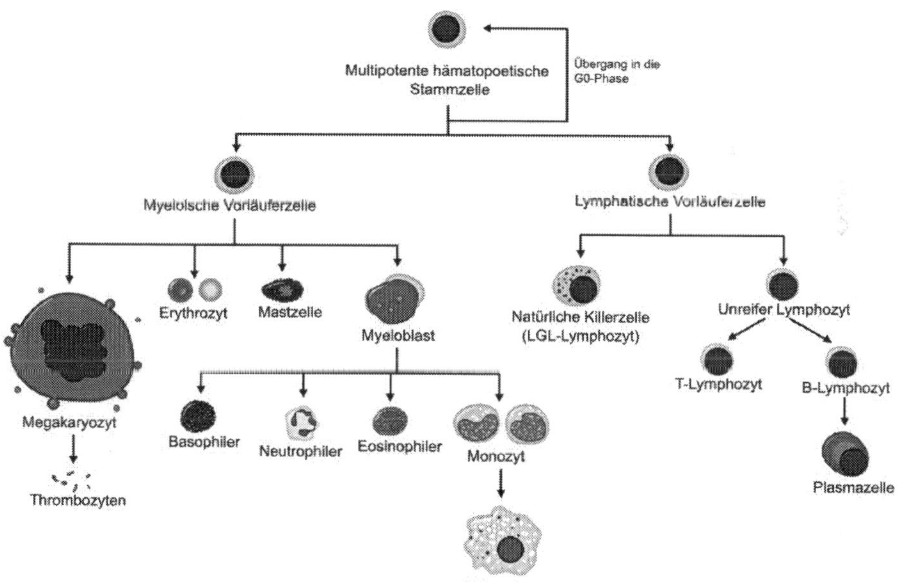

Quelle: https://upload.wikimedia.org/wikipedia/commons/0/0c/Hematopoiesis_simple_de.svg, unverändert

6.2 unspezifische Abwehr

Allgemeines - Immunsystem

- Antigene, sind Proteinstrukturen auf der Oberfläche von Erregern, die das Immunsystem aktivieren
- Folge:
  leichte Infektionskrankheit (z.B. Erkältung) oder schwerere Störungen (z.B. Lungenentzündung oder Blutvergiftung (Sepsis))

6.2.1 Schutzbarrieren des Körper

natürliche Abwehrmechanismen des (allgemeinen) unspezifischen Immunsystems

- mechanischer Schutz:
  - Hornschicht der Haut
  - Flimmerhärrchen der Bronchien

- chemischer Schutz:
  - Säureschutzmantel der Haut und Magensäure
  - Lysozymen in der Tränenflüssigkeit

- biologischer Schutz:
  Schleimhäutesekrete z.B. in Atemwegen, Darmperistaltik, Scheidenflora

6.2.2 Selbsterkennung von Zellen: MHC-Proteine

MHC

- Komplexe aus speziellen Oberflächenproteinen auf Zellen
- mithilfe der MHC-Proteine präsentieren die Zellen zelleigene Peptide oder aber auch Proteinfragmente von Erregern
- polyklonale Immunantwort: mehrere Klone von B-Lymphozyten im Zuge der Immunisierung die über MHC-Proteine aktiviert werden

Gewebeverträglichkeit (HLA)

- zur Erkennung körpereigener Strukturen, tragen alle Zellen einen bestimmten HLA-Marker
- dringen fremde Stoffe mit verschiedenen HLA ein, werden diese bekämpft
  → Erkennung verursacht Abstoßreaktion bei Organtransplantationen

6.2.3 Vergleich unspezifische und spezifische Immunantwort

Das Abwehrsystem des Menschen besteht aus vier Teilsystemen:

	Unspezifisches Abwehrsystem	Spezifisches Abwehrsystem
zelluläre Abwehr	Phagozyten (selektive Abwehr) • Makrophagen • neutrophile Granulozyten	• T-Lymphozyten • T-Helferzellen • T-Suppressorzellen • T-Killerzellen • T-Gedächtniszellen
humorale Abwehr (Körperflüs-sigkeiten)	Natürliche Abwehrmechanismen • Enzym Lysozym in Mundschleimhaut und Tränenflüssigkeit • Komplementsystem: Enzyme und Zytokine (z.B. Interferon gegen Viren)	• B-Lymphozyten • Gedächtniszellen • Plasmazellen • Immunglobuline
Vorteil	• schnelle Verhinderung des Eindringens potentiell infektiöser Erreger (z.B. rasche Beseitigung von Erreger nach Wunde) • **antigenunabhängig:** richtet sich gegen alle fremden Antigene (= alltäglicher Schutz des Organismus vor Krankheitserreger) • Mechanismen sind angeboren	• kann Immunität über Antigengedächtnis entwickeln (Erreger ist nach Zweitkontakt schnell beseitigt) • hohe Effektivität aufgrund starker Selektivität (Treffsicherheit)
Nachteil	• nicht effektiv aufgrund geringer Selektivität	• **antigenabhängig:** kann nur ein Antigen beseitigen *(geringe Vielfalt)* • muss erlernt werden, da nicht angeboren • Aktivierung und Bekämpfung bei Erstkontakt sehr langsam

Eigenschaft des Immunsystems
- (Antigen-) Gedächtnis
- Vielfalt (Abwehrmechanismen passt sich dem Fremdkörper an)
- Spezifität (zur effektiven Bekämpfung)
- Selbst- und Fremderkennung (Unspezifische Immunabwehr außer Autoimmunkrankheiten)

6.3 Entzündungsreaktion: koordinierte Abwehrreaktion

Ursache: lokale Verletzung / Eindringen von Bakterien

6.3.1 Reaktionen des Gesamtorganismus

Ablauf

1. Entzündungsmediatoren wie Histamine, Prostaglandine und Interleukine führen zu einer Leukozytenanschwemmung im Entzündungsgebiet (= **Leukozytose**)

2. Weitere Mediatoren führen zur Bildung von Plasmaeiweiß und dem C-reaktiven Protein (= CRP) in der Leber

3. Das CRP aktiviert das Immunsystem, indem es sich an Schadstoffe heftet

4. Leukozytose und Plasmaeiweiße beschleunigen der BSG (Blutkörperchensenkungsgeschwindigkeit)

5. Pyrogene, die von Leukozyten und Abwehrzellen freigesetzt werden, erhöhen im Temperaturzentrum des Hypothalamus den Sollwert für die Körpertemperatur

6. es folgt eine Vasodilatation und Plasmaaustritt, die zum allgemeinen Blutdruckabfall und im Extremfall und zum Schock führen können

7. Interleukine fördern die Bildung von spezifischen Antikörpern

6.3.2 Reaktionen im Entzündungsgebiet (die 5 Kardinalsymptome)

Ablauf

1. Freisetzung von Histamin, Interleukinen, Prostaglandinen führen zu Leukozytose

2. Histamin löst Juckreiz aus und führt zu einer Vasodilatation (Weitstellung der Blutgefäße)

3. **Verstärkte Durchblutung des betroffenen Gewebes**
   → bessere Anschwemmung von Abwehrzellen
   → Entstehung der Kardinalsymptome Rubor (Rötung) und Calor (Überwärmung)

4. **Erhöhung der Gefäßpermeabilität**
   → Einwandern von Phagozyten in das betroffene Gewebe (Beteiligung am Komplementsystem)

5. Leukozyten und Blutplasma treten ins Gewebe, wodurch es zur Ödembildung und dem Kardinalsymptom Tumor (Schwellung) kommt

6. **Eiterbildung** = Phagozytose von Bakterien, toter Zellen und Zelltrümmer

7. Prostaglandin steigert ebenfalls die Gefäßpermeabilität und führt zur Vasodilatation. Zudem reizt es Nozizeptoren, was zum Kardinalsymptom Dolor (Schmerz) führt

8. **Das betroffene Gewebe wird gleichzeitig ruhig gestellt**
   → Kardinalsymptom Functio laesa (Funktionsverlust)

9. bei systemischer Entzündungsreaktion kann es zu Fieber kommen

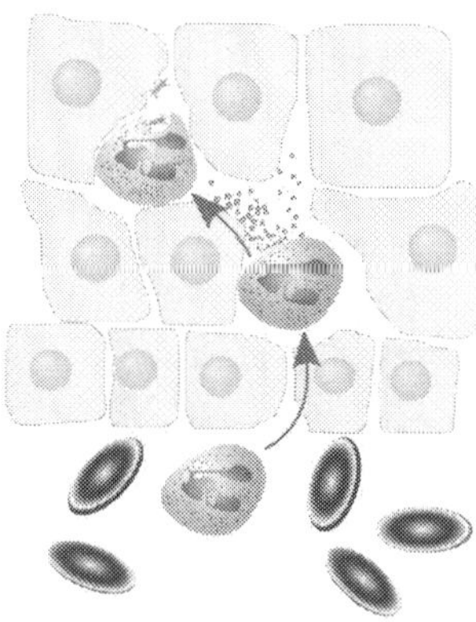

5 Kardinalsymptome einer Entzündung

1. **Rubor** - Rötung
2. **Functio laesa** - gestörte Funktion
3. **Calor** - Überwärmung
4. **Dolor** - Schmerz
5. **Tumor** - Schwellung

6.4 spezifische Abwehr

6.4.1 Ablauf und Funktion der humoralen und zellulären Immunreaktion

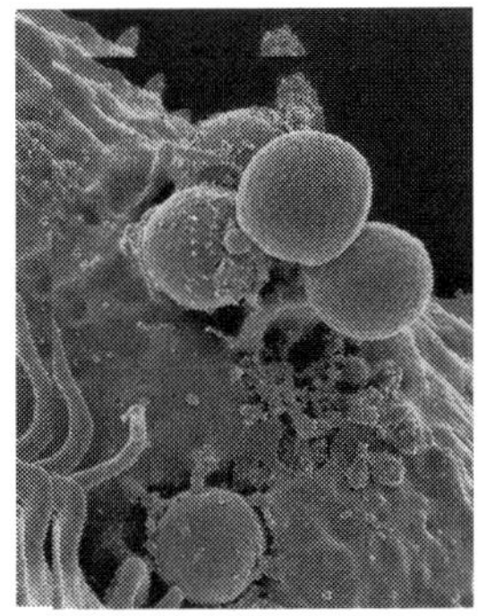

Funktion:

- unspezifische Abwehr reicht nicht aus, um die Erreger vollständig zu vernichten
- effektive Bekämpfung bestimmter Antigene
- Immunität

Ablauf der spezifischen, primären Immunabwehr

Antigenpräsentation:

1. Fremdes Antigen wird von Antigen-präsentierenden Zellen (APC), z.B. B-Zelle, Makrophagen, dendritische Zellen (unspezifische Abwehr), als fremd erkannt und phagozytiert
2. APC präsentieren Bruchstücke des Antigens auf ihrer Zelloberfläche (= Antigenpräsentation)
3. T-Helferzellen erkennen die von Makrophagen oder B-Zellen präsentierten Antigenbruchstücke mittels MHC-II (Rezeptoren) und werden durch Interleukine aktiviert (= Antigenerkennung)

humoral:

4. T- Helferzellen aktivieren B-Lymphozyten, die sich proliferieren und in Plasmazellen und B-Gedächtniszellen differenzieren
5. Plasmazellen produzieren spezifische Antikörper gegen das Antigen
6. Antikörper binden an die HLA-Struktur des Antigens und bilden den Antigen-Antikörper-Komplex
   → Makrophagen können das Antigen am AAK effektiver phagozytieren

zellulär:

1. Eine T-Zelle nimmt Kontakt mit einem B-Lymphozyten auf, wird dadurch aktiviert und stimuliert T-Helferzellen
2. T-Helferzellen stimulieren T-Lymphozyten zur Differenzierung in cytotoxische T-Killerzellen und T-Gedächtniszellen
3. Körperzelle präsentiert nach Befall über MHC-I Teile des körperfremden Antigens
4. T-Killerzellen schütten Perforin (Lyse) aus und zerstören virusinfizierte Zellen oder Krebszellen durch Einleitung von Apoptose
5. abgetötete Zelle wird phagozytiert

Die spezifische Immunantwort

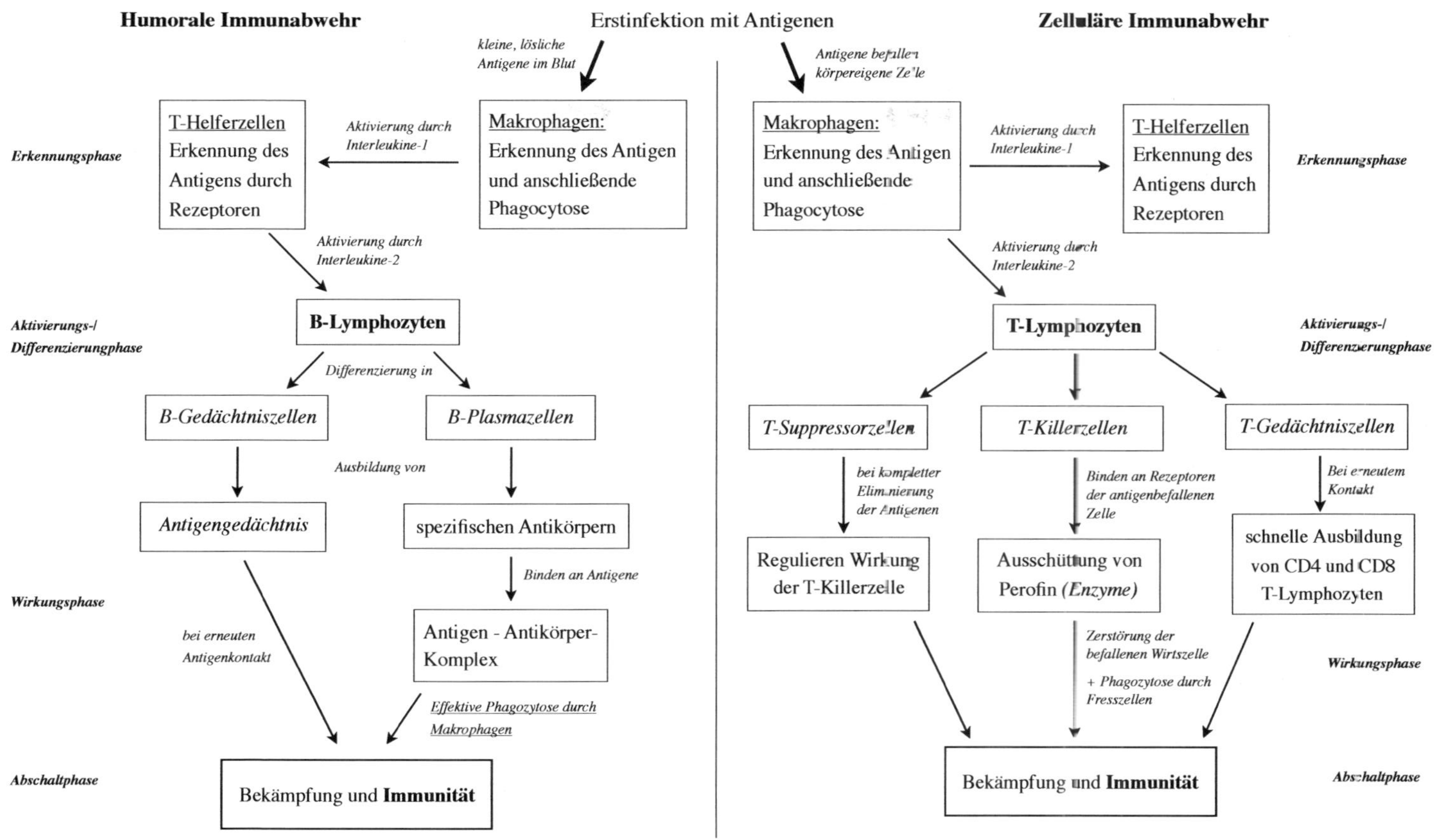

Abschaltphase

6. Die T- Suppressorzelle produzieren Hemmstoffe, die die Proliferation von B-Lymphozyten (Plasmazellen) und zytotoxische Zellen (Killerzellen) hemmen (= Abschalten de rImmunreaktion)
7. So verhindern sie falsche Abwehrreaktionen z.B. gegen körpereigene Zellen

6.4.2 Immungedächtnis: sekundäre Immunantwort

sekundäre Immunantwort

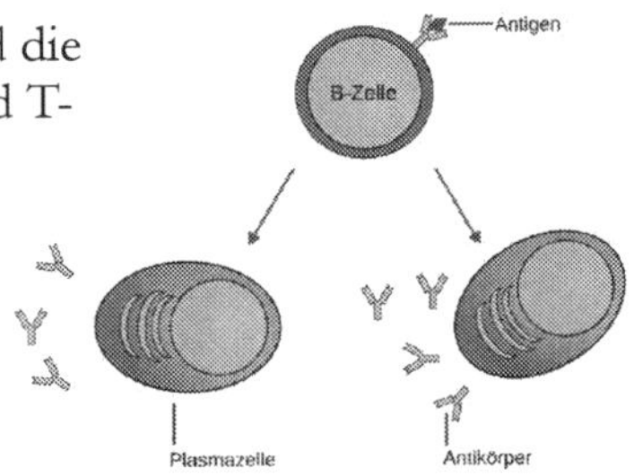

- Nach Bekämpfung des fremden Antigens wird die Information in den antigenspezifischen B- und T-Gedächtniszellen gespeichert
- Bei Zweitkontakt mit dem Antigen, werden diese Gedächtniszellen in kürzester Zeit aktiviert und große Mengen Antikörper produziert
  → effektive und schnelle Bekämpfung
- Die Erreger werden derart effizient bekämpft, sodass meist keine Krankheitssymptome auftreten
- Schutz überdauert Jahrzehnte

primäre Immunantwort: nach erstem Kontakt mit Antigen; kurzlebige Zellen

6.4.3 Antigenpräsentation und Antigen-Antikörper-Reaktion

Kommunikation der Immunzellen

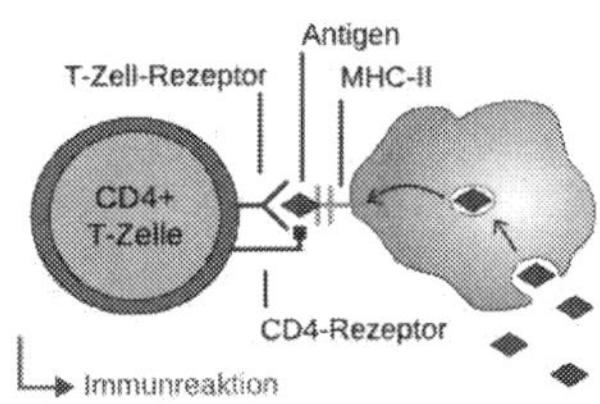

Quelle: https://de.wikipedia.org/wiki/Immunsystem#/media/File:CD4-recognition.svg, verändert

- CD 4
  → T-Helferzellen
  → MHC-II-Komplex
- CD 8
  → T-Suppressorzellen
  → MHC-I-Komplex
- MHC-II-Adapter:
  Präsentation extrazellulärer Antigen zwischen Lymphozyten
- MHC-I-Adapter:
  Präsentation (Erkennung) intrazellulärer Antigene durch Lymphozyt

- T-Helferzellen sind die Grundlage der spezifischen Immunantwort
- CD 4-Zahl im befallenen Gewebe > CD 8-Zahl → Autoimmunkrankheit
- CD 4-Zellen < CD 8-Zellen → Immunschwäche (z.B. bei HIV-Infizierten)

Antigen-Antikörper-Reaktion

- Immunglobuline + Antigenen = Inaktivierung der Antigene und Phagozytose durch Makrophagen

6.4.4 Antikörperklassen als diagnostisches Mittel

Klasse	Beschreibung
IgG (Monomer)	• häufigster Antikörper Typ (80% der Antikörper im Blut) • Auftreten: v.a. in der späten Phase der Erstinfektion und bei einer Zweitinfektion • Komplementaktivierung • plazentagängig: können in fetale (kindliche) Blut übertreten = Immunschutz des Neugeborenen, da das Immunsystem des Fetus noch unreif
IgE (Monomer)	• Funktion: Wurmparasitenabwehr und Bindung an Mastzellen (Histaminausschüttung) • Folge: hauptverantwortlich für die Symptome von allergischen Reaktionen
IgD (Monomer)	• dient als Antigen-Rezeptor der B-Lymphozyten (sitzt auf Oberfläche)
IgA (Dimer)	• Vorkommen in Körpersekreten und auf Schleimhäuten (z.B. in Speichel, Darmsekreten und Bronchialschleim) • Funktion: lokale Abwehr von Erregern auf Schleimhäuten (Schutz von Körperoberflächen) • in Muttermilch enthalten: gestillte Neugeborene bekommt „Antikörperschutzmantel“
IgM (Pentamer)	• erster Antikörper nach Infektionen, der von Plasmazelle ins Blut abgeben wird • nicht plazentagängig • sehr großes Molekül, da hier fünf Y-förmige Antikörpermoleküle miteinander verbunden sind - Folge: hohe Effizienz durch viele Bindungsstellen (Pentamer) • Funktion: - Agglutination durch viele Antigenbindungsstellen mit ganze Zellen - dient als Antigenrezeptor der B-Zellen (auf Oebrfläche) und zur Aktivierung der Zelle führt

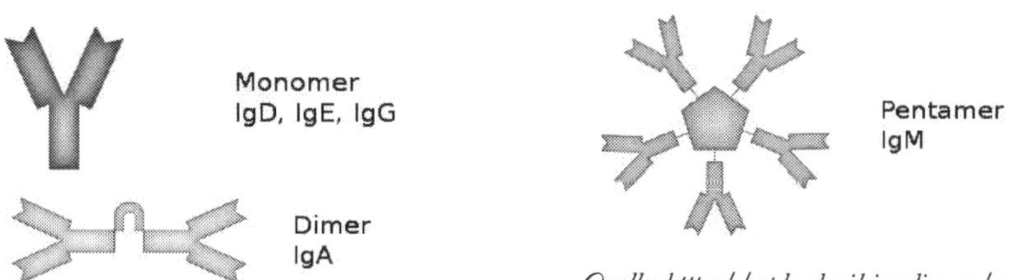

Quelle: https://upload.wikimedia.org/wikipedia/commons/3/31/Mono-und-Polymere.svg, verändert

6.5 Unerwünschte Reaktionen des Immunsystems

6.5.1 Allergie

Definition:

- erworbene spezifische Überempfindlichkeitsreaktion gegenüber harmlose Allergene (Antigene), die vom Immunsystem als fremd erkannt werden
- <u>Beispiele für Allergene:</u>
  Gräser- und Getreidepollen, Hausstaubmilben, Penicillin

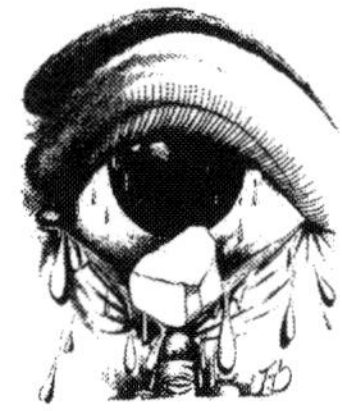

- <u>lokale und systemische Symptome</u>:
  - Hautrötungen, Ausschlag mit Juckreiz und Schwellungen (Ödembildung)
  - anaphylaktischer Schock, Blutdruckabfall, Atemnot

Anaphylaktischer (allergischer) Schock:

- Blutdruckabfall aufgrund hoher Histaminausschüttung
- <u>Folge</u>:
  Bewusstlosigkeit und Gefahr der Mangelversorgung von Organen (= lebensgefährlich)

Ablauf einer allergischen Reaktion Typ I:

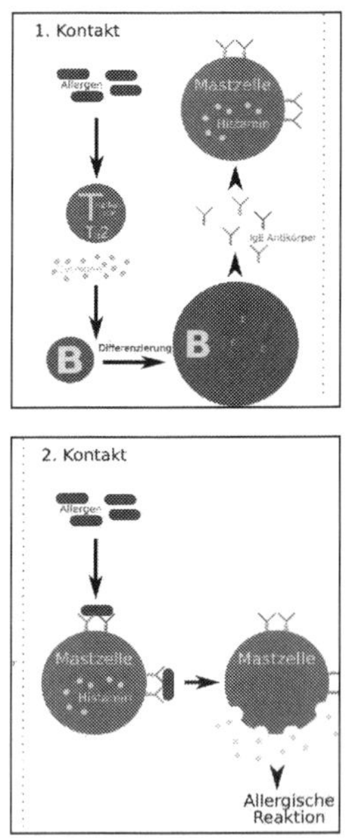

Quelle: https://upload.wikimedia.org/wikipedia/commons/thumb/b/b7/Allergische_Reaktion_Typ1.svg/2000px-Allergische_Reaktion_Typ1.svg.png; verändert

1. Erstkontakt mit einem Allergen
   - <u>beim normalen Menschen</u>:
     keinerlei Reaktion der Mastzelle
   - <u>Beim Allergikern</u>:
     Abwehrsystem hält sie irrtürmlich für schädlich und bildet viele spezifische IgE-Antikörper
2. <u>Allergisch veranlagter Mensch:</u>
   Der Betroffene wird sensibilisiert, indem er IgE-Antiköprer bildet, die sich an die Mastzellen heften, jedoch zunächst keine Symptome auslöst
3. erneuter Antigenkontakt mit der durch die Antikörper sensibilisierten Schleimhaut kommt es zur Antigen-Antikörperreaktion
4. Durch die AAK setzen Mastzellen über die Membran massiv Histamin in die Umgebung frei
5. Diese Mediatoren führen zu den vielfältigen Symptomen

Allergien im Kindesalter

- Ursache für Histaminausschüttung (Ausbildung von Allergien):
  Genetik in Kombination mit Umweltfaktoren

- Kinder, die in besonders hygienischer, keimarmer Umgebung aufwachsen, leiden häufiger an Allergien als Kinder, deren Immunsystem sich durch eine frühe Auseinandersetzung mit Mikroorganismen ausgebildet hat

Behauptung: „Ich kann nicht allergisch werden"
- Falsch, da der Körper bereits gegen ein bestimmtes Allergen sensibilisiert sein kann, aber bislang keine Symptome zeigt
- Bei Zweitkontakt bricht dann die allergische Reaktion aus
  → Frage der Zeit, wann Allergie ausbricht

Diagnostik

6. Hauttest

- mögliches Allergen wird auf die Haut gebracht
- geht dann evtl. mit vorhandenen Antikörpern eine Reaktion ein
- Sind Antikörper vorhanden und kommt es zur Antigen-Antikörper-Reaktion, wird Histamin ausgeschüttet
- nach 10 bis 20 Minuten entsteht an der Teststelle Quaddeln und Rötungen

7. Provokationstest
- führt das Allergen tatsächlich zu den Krankheitssymptomen?
- Allergene werden auf den Ort seiner möglichen Wirkung getestet
- z.B. Asthma bronchiale
  - Allergen wird in wässriger Lösung inhaliert
  - Verengung der Atemwege?

Therapie

1. Immuntherapie oder Hyposensibilierung

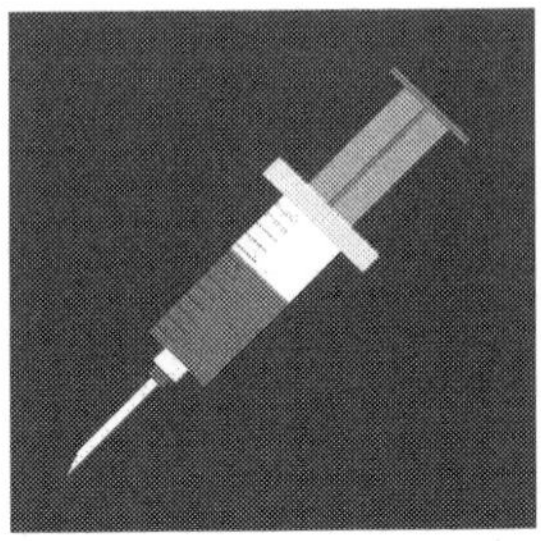

- Injektion von langsam in der Konzentration steigenden Pollenextrakten (v.a. im Winter)

- Pollenallergiker nach Immunotherapie vor der Pollenflugzeit:
  Die meisten IgE-Antikörper sind durch IgG-Antikörper besetzt (= Bildung blockierender Antikörper)

- Polleneinstrom beim immuntherapierten Pollenallergiker:
  Keine oder fast keine Reaktion, da die Pollen nicht an die IgE-Antikörper gelangen und kein Histamin freisetzen

2. Antihistaminika

- Hemmung der Histaminausschüttung oder Blockierung der Histaminrezeptoren z.B. Cetirizin
- Nebenwirkung: Müdigkeit, Kopfschmerzen, Mundtrockenheit

Prävention

- primär: Kontakt mit Allergenen z.B. häufiges Spazieren gehen
- sekundär: Allergietests und dann Auswirkung reduzieren
- tertiär: medikamentöse Therapie z.B. mit Antihistaminika oder Filter in Klimaanlage beim Auto

6.5.2 Prinzip Autoimmunerkrankung

Entstehung einer Autoimmunerkrankung

1. Damit sich keine autoaggressiven Zellen bilden, die körpereigene Strukturen angreifen, werden T-Zellen im Thymus und die B-Zellen im Knochenmark aussortiert
2. Körper hat eine Immuntoleranz, da Lymphozyten nicht körpereigene Strukturen bekämpfen
3. Durch verschiedene Ursachen wird das Unterscheidungsvermögen eingeschränkt
4. es kommt zur Aufhebung der Immuntoleranz, da nicht mehr zwischen körpereigen und körperfremd unterschieden wird
5. Bildung von autoaggressiven T-Lymphozyten sowie Autoantikörper gegen körpereigenes Gewebe
6. Folge:
   Autoimmunerkrankungen mit lebensbedrohlichen Symptomen
7. Ursachen
   - sind weitgehend unbekannt
   - eine Vermutung ist, dass es zu einer fälschlichen Antigenpräsentation durch MHC-Moleküle (durch genetische Disposition, Infektionen mit Viren/Bakterien) kommt

Beispiele autoaggressiver Erkrankungen sind:

- rheumatisches Fieber (bakterielle Infektion, führt zur Antikörperproduktion gegen Herzgewebe)
- Diabetes mellitus Typ I
- Zöliakie, Morbus Crohn
- Psoriasis
- chronische Polyarthritis (rheumatoide Arthritis)
- Colitis ulcerosa

Therapie:

1. Immunsuppressiva wie Glukokortikoide (Cortison) lindern schnell die Krankheitssymptome
   - Nachteil:
     erhebliche Nebenwirkungen, z.B. Anstieg des Blutzuckerspiegels und verstärkte Infektanfälligkeit, aufgrund des unterdrückten Immunsystems (= Immunschwäche)
2. Ciclosporin A, dass spezifisch die T-Zell-Vermehrung unterdrückt und so sehr wirksam gegen die Transplantatabstoßung eingesetzt werden kann

Diabetes Typ 1 – eine Autoimmunreaktion ?

Ursache

1. Genetische Disposition:
   Da B-Zellen zur Produktion von Antikörpern die Hilfe von T-Zellen benötigen, sind die autoaggressiven T-Zellen für eine Autoimmunerkrankung verantwortlich
2. Fremdprotein (z.B. Virus) weist einen Sequenzabschnitt auf, der einem körpereigenen Protein aus den ß-Zellen sehr ähnlich ist
3. Immunreaktion (produzierte Antikörper und T-Killerzellen) richtet sich auch gegen das sehr ähnliche, körpereigene Protein auf den Inselzellen
4. Zerstörung der ß-Zellen der Langerhans'schen Inseln des Pankreas durch produzierte Antikörper und T-Killzellen des eigenen Immunsystems
5. Durch den Ausfall der Insulinproduktion reichert sich Glucose bis zu etwa 1,8 g/l im Blut an und wird ab dieser Konzentration mit dem Urin ausgeschieden

Ablauf der spezifischen Immunantwort für Diabetes Typ I:

humoral

1. Fremdprotein (aus Krankheitserreger) wird durch Makrophage aufgenommen
2. Antigen-Präsentation mittels MHC-Proteinen auf der Oberfläche
3. T-Lymphozyten werden aktiviert durch Antigen-Präsentation
4. B-Lymphozyten werden durch T-Helferzellen stimuliert
5. B-Lymphozyten differenzieren in Plasmazellen und B-Gedächtniszellen
6. B-Plasmazellen produzieren massenhaft Antikörper gegen diesen Proteinabschnitt
7. Bildung eines Antigen-Antikörper-Komplexes zwischen ß-Zellen und Antikörpern
8. Phagozytose des AAK
   → Zerstörung der ß-Zellen der Langerschan'schen Inseln

zellulär

1. T-Lymphozyten werden durch Antigenpräsentation aktiviert
2. T-Helferzellen stimulieren T-Lymphozyten
3. TH-Zellen differenzieren zu T-Killerzellen
4. T-Killerzellen töten Zellen durch Lyse

6.6 Die Influenza

6.6.1 Verlauf einer Infektionskrankheit

Verlauf einer Infektionskrankheit

1. Infektion
   Eindringen und Vermehrung von Erregern z.B. Tröpfcheninfektion; asymptomatisch

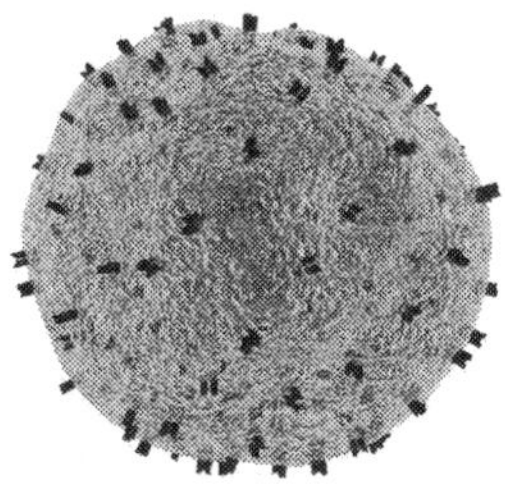

2. Inkubationszeit
   Zeit zwischen Infektion und Symptomen; Erregerwachstum

3. Infektionskrankheit
   Symptome durch Gegenwehr des Immunsystems = Prodrome

4. Rekonvaleszenz
   Gesundheitsphase, Immunität (am wahrscheinlichsten) oder Tod, Defektheilung bzw. Chronifizierung

6.6.2 Definition

WHO-Definition der Epidemie

- „echte" Grippe; Fachsprache = Influenza
- Influenza verursacht in Abständen von Jahren weltweite Epidemien und führt zu vielen Todesfällen (z.B. Vogelgrippe, SARS)
- Erreger: Influenzaviren Typ A, B oder C
- Gliederung der Influenzaviren nach Eiweißen:
  - in ihrer Hülle (= Hämagglutinin) und
  - der Virusoberfläche (= Neuraminidase)
    → nach diesen Subtypen werden sie auch benannt (z.B. Influenza A H1N1)
    → wichtigste Influenzaantigene: Hämaglutinin und Neuraminidase (z.B. H1N1 / H5N1)
- Übertragungsweg: Tröpfcheninfektion
- Mutationen: rasche Veränderung der Antigene der Virusoberfläche
  - Immunität ist funktionslos, da sich Influenza-Viren durch häufige Mutationen sehr schnell verändern, sodass eine Immunität wenig schützt
    → erkennbar an den immer wieder auftretenden Influenzaepidemien (z.B. Schweinegrippe)

Symptome

- Inkubationszeit: etwa zwei Tagen
- hohes Fieber (schlechtes Allgemeinbefinden)
- Pharyngitis
- Kopf- und Gliederschmerzen
- Myalgie
- Heiserkeit

6.6.3 Komplikationen

Komplikationen und Folgeerkrankungen

- besonders gefährlich und teils lebensbedrohlich für alte, abwehrgeschwächte und vorerkrankte Menschen
- bakterielle Superinfektion: virusgeschädigte Schleimhäute zusätzlich mit Bakterien infiziert (z.B. geschädigten Atemwege)
- Gefahr der Grippenpneunomie (→ Tod)
- selten Myokarditis mit Herzrhythmusstörungen

6.6.4 Therapie

Therapie

- Die Behandlung hat vorrangig die Beschwerdelinderung zum Ziel
- symptomatisch: Bettruhe, viel Flüssigkeit, Schmerzmittel
- virushemmende Medikamente: Neuraminidasehemmer (wie Oseltamivir) z.B. bei Immunschwäche wichtig

Prävention

- RKI empfiehlt jährliche Impfung gegen die aktuellen Influenzaviren z.B. für Berufsgruppen im Gesundheitswesen, sowie ältere und chronisch kranke Menschen
- Impfung erfolgt jährlich mit den im Winter wahrscheinlich auftretenden/am häufigsten verbreiteten Subtypen

6.7 Fieber als typisches Symptom einer Infektionskrankheit

6.7.1 Regulation der Körpertemperatur

Regelkreislauf der Temperaturregulation

- Körperkern (Kopf und Rumpf ohne Extremitäten): 36,5 - 37°C
- Körperschale (Extremitäten mit Hautschicht): kann 10°C unter der des Körperkerns liegen

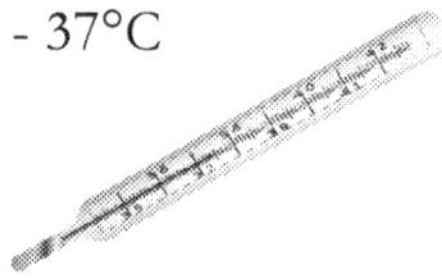

1. Die Regulation der Körpertemperatur erfolgt durch das thermoregulatorische Zentrum im Hypothalamus
2. Mittels Thermorezeptoren der Haut und im Körperinneren werden die aktuellen Temperaturwerte an das Regulationszentrum im Hypothalamus gesendet
3. Hier erfolgt ein Abgleich zwischen dem Ist-Wert (momentane Temperatur) und dem Soll-Wert (gewünschte Temperatur)
4. Da der Soll-Wert bei 37°C liegt, versucht der Körper bei Abweichungen, diesen durch bestimmte Reaktionen der Wärmezufuhr oder -abgabe wieder anzugleichen

Reaktionen auf Kältereize

- Kälterezeptoren leiten den Kältereiz an die thermoregulatorischen Zentren im Hirn weiter
- Folgende Reaktionen werden ausgelöst, um die Wärmebildung zu fördern:
  - Verengung der Hautgefäße (Vasokonstriktion), um die Wärmeabgabe zu vermindern
  - Steigerung des Energieumsatzes, um Wärme zu erzeugen (über die Hormone T3 und T4)
  - Aufrichtung der Haare zur Wärmeisolation
  - Aktivierung des Zitterzentrums im Hypothalamus mit unwillkürlichen Kontraktionen der Skelettmuskeln zur Wärmeproduktion
  - Verhaltensänderungen, um Wärmeverluste zu minimieren bzw. die Wärmeproduktion zu steigern, wie z.B. Zusammenrollen oder das Tragen warmer Kleidung

Reaktion auf Wärmereize

- Wärmerezeptoren registrieren den Anstieg der Temperatur der Haut oder des Blutes, was zur Aktivierung des thermoregulatorischen Zentrums im Hypothalamus führt

- Folgende Reaktionen werden ausgelöst, um die Wärmeabgabe zu steigern:
  - Erweiterung der Hautgefäße (Vasodilatation), um die Wärmeabgabe über die Haut zu fördern
  - Innervation der Schweißdrüsen, um über die Schweißproduktion Wärme abzugeben
  - Verhaltensänderungen, um die Wärmeabgabe zu fördern, wie z.B. wenig Bewegung, um die Wärmeproduktion zu minimieren oder das Trinken kühler Getränke

6.7.2 Definition und Entstehung

Fieber Beim Fieber handelt es sich um eine Temperaturerhöhung aufgrund einer Sollwertverstellung im Hypothalamus

Entstehung / Uraschen

1. Bakterien im Blut stimulieren die Leukozyten zur Pyrogenproduktion (fiebererzeugende Stoffe)
   - Diese führen zu einer Sollwerterhöhung des Temperaturzentrums im Hypothalamus, sodass es zur Erhöhung der Körpertemperatur auf über 38°C kommt
   - zu den Pyrogenen zählen:
     Stoffwechselprodukte oder Toxine (= Gifte) von Bakterien, Viren oder Pilze, körpereigene Eiweiße oder Prostaglandines (Entzündungsbotenstoffe)

2. Der Körper befindet sich bei erhöhter Temperatur in einer Abwehrsituation:
   - die Durchblutung ist verstärkt, dadurch gelangen Abwehrstoffe schneller zu den Entzündungsorten
   - bei erhöhter Körpertemperatur können sich manche Krankheitserreger weniger gut vermehren

3. Nach Ausheilen z.B. der bakteriellen Infektion sinkt die Pyrogenproduktion

Fieberarten

Fieberarten	Temperaturbereich
subfebriles Fieber	37,5 bis 37,9°C
mäßiges Fieber	38 bis 38,9°C
hohes Fieber	39 bis 40,5°C
Sehr hohes Fieber	über 40,5 °C (ab ca. 42°C findet eine Gerinnung der Körpereiweiße statt, sodass Lebensgefahr besteht)

Fiebertypen

- Je nach Verlauf der Fieberkurve kann man aus den Schwankungen der Körpertemperatur evtl. schon bestimmte Erkrankungen als Fieberursache schließen

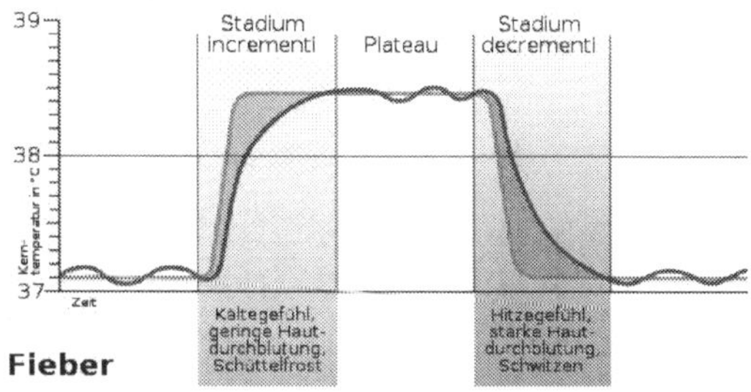

1. <u>Kontinuierliches Fieber:</u>
   - Gleichmäßige Temperatur: die Tagesdifferenz liegt unter 1°C
   - Ursachen: Viruspneumonie, Scharlach, Typhus, Erysipel (Wundrose)

2. <u>remittierendes Fieber</u>
   - Nachlassendes Fieber: Tagesdifferenz beträgt 1,5°C
   - Ursachen: Tuberkulose, Pyelonephritis (Nierenbeckenentzündung), Sepsis

3. <u>intermittierendes Fieber</u>
   - Tagesdifferenz beträgt mehr als 2°C
   - Ursachen: akute Pyelonephritis Rippen- oder Brustfellentzündung, Sepsis

6.7.3 <u>Komplikation</u>

Fieberkrampf erhöhte Temperatur führt zu Schädigungen von Gehirnzellen und folglich zu schweren Bewusstseinsstörungen oder zerebralen Krampfanfällen

Kreislaufzusammenbruch schnelles Absinken der Körpertemperatur / Sinken des Fiebers

6.8 Immunisierung

6.8.1 aktive und passive Immunisierung

Aufgabe von Schutzimpfungen:
- Verbreitung von Krankheiten eindämmen und ggf. vor dem Tod schützen, v.a. bei Kindern

Schutzimpfung = Immunisierung
- Immunisierung:
  Erstkontakt mit abgeschwächtem Antigen sorgt für Immunreaktion und der Ausbildung von Antikörpern, B- und T-Gedächtniszellen
  → dauert relativ länger

- Immunität:
  Zweitkontakt mit gleichen Antigenen, sodass vorhandene Gedächtniszellen Fremdkörper schnell und effektiv bekämpfen (= keine Symptome)

Aktive Immunisierung (Schutzimpfung)
- Gabe von (...)
  - abgeschwächter bzw. abgetöteter Antigene (z.B. gegen Keuchhusten),
  - abgeschwächter Krankheitserreger (z.B. gegen Röteln, Polio) oder
  - Giften (Toxine) in einer unschädlichen Form (Toxoid) (z.B. gegen Diphtherie, Tetanus)

- Impfung löst aktive Immunantwort aus:
  Bildung eigener, spezifischer Antikörper ohne Erkrankung

- Ziel:
  Ausbildung einer langfristige **Immunität** (meist mehrere Jahre, seltener lebenslang) durch Bildung von B- und T-Gedächtniszellen gegen ein bestimmtes Antigen
  → Schutz durch Sekundärreaktion

Passive Immunisierung (Heilimpfung)
- Gabe von Antiseren oder körperfremden Immunglobulinen (z.B. von Tieren)

- Funktion:
  kurzfristige Schutzwirkung (Wirkung: innerhalb von Minuten; Dauer: etwa 1 bis 2 Monate)

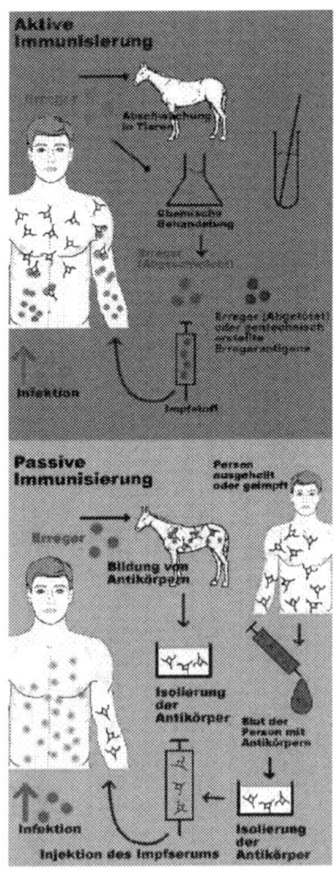

Quelle: https://upload.wikimedia.org/wikipedia/commons/b/bf/Immunisierung_export.png; unverändert

- Ziel:
  - Impfschutz innerhalb weniger weniger Minuten
  - schnelle Bekämpfung von Erregern in akuten Fällen
  - zugeführten Antikörper unterstützen den Organismus, bis dieser selbst genügend eigene Antikörper produziert

Vor- und Nachteile der aktiven und passiven Schutzimpfung

	Aktive Immunisierung	Passive Immunisierung
Vorteile	• lange Schutzwirkung	• schnelle Schutzwirkung (bei Tollwutinfektion lebensrettend) → geeignet für akute Notfälle
Nachteile	• langsam eintreffende Schutzwirkung aufgrund der aktiven Immunisierung • Grundimmunisierung: viele Impfungen müssen mehrfach in einem Impfschema wiederholt werden, bevor sie wirksam sind	• kurze Schutzwirkung, da keine eigene Immunität aufgebaut wird (Impfschutz lässt bereits wenigen Wochen nach)

Simultanimpfung (simultan = gleichzeitig)
- aktive und passive Immunisierung zur gleichen Zeit beim Benötigen eines Sofortschutzes
- Man verbindet die Vorteile der aktiven Impfung (lang anhaltende Wirkung) und der passiven Impfung (schnell einsetzende Wirkung)
- Beispiel: Tetanusimpfung bei verletzten Personen ohne Tetanusschutz
  - wenn nach der Verletzung nicht bekannt ist, ob der Betroffene über einen ausreichenden Schutz verfügt
  - Tetanusimmunglobulin (passive Impfung) und Tetanustoxid (aktive Impfung)

Booster-Effekt
- Der Impfschutz kann lebenslang anhalten (z.B. Masern)
- dieser muss allerdings oft nach einigen Jahren durch eine erneute Impfung wieder aufgefrischt werden („boostern")
- Beispiel: Boostern gegen Tetanus etwa alle 10 Jahre

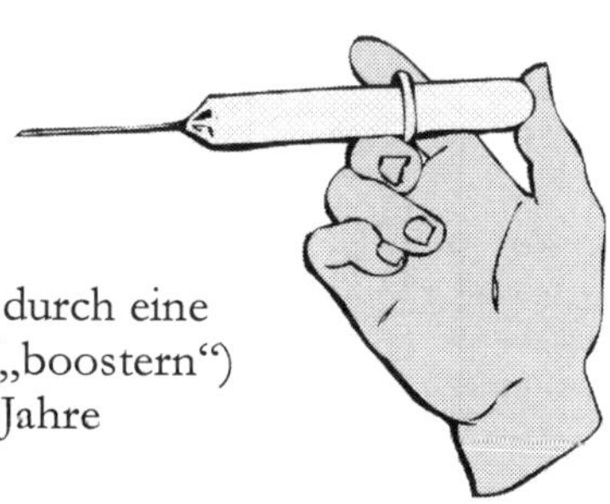

Beispiele

1. Passive Schutzimpfung
   - Martinas Schwester ist noch sehr klein und noch nicht gegen Masern geimpft. Als Martina die Masern bekommt, wird bei ihrer Schwester sofort eine Impfung mit passenden Antikörpern gegen Masern vorgenommen. Somit ist ihre kleine Schwester gegen eine mögliche Ansteckung geschützt

   - Mechanismus:
     - Injektion von Immunglobulinen, die zur kurzfristigen Bekämpfung des Antigens führen

2. Simultanimpfung
   - beim Angeln hat sich Nick durch den Angelhaken am Daumen verletzt. Der Arzt impft ihn daraufhin so, dass er für den Fall einer bereits bestehenden Infektion vor dem Ausbruch des Tetanus geschützt wird. Gleichzeitig wird sein Impfschutz aber auch für die nächsten zehn Jahre aufgefrischt. Diese Kombination gelingt durch die Gabe von fertigen Immunglobulinen sowie Antigenbestandteilen zur Bildung eines eigenen Infektionsschutzes

   - Mechanismus
     - Passive und aktive Schutzimpfung sorgen für eine kurzfristige Bekämpfung des Fremdkörpers sowie der Ausbildung einer Immunität gegen dieses Antigen

3. Aktive Schutzimpfung
   - Die medizinische Fachangestellte Melanie wird gegen Hepatitis B geimpft. Der Impfschutz besteht allerdings nicht sofort, weil der Körper auf die Antigene des Hepatitis-B-Virus erst reagieren muss. Es müssen zunächst passende Antikörper gebildet werden. Dies dauert jedoch einige Wochen bis Monate.

   - Mechanismus
     - Injektion abgeschwächter Erreger; eigenständige Ausbildung einer Immunität gegen das Antigen

6.8.2 Impfstoffe

Impfstoffe

Impfstoff	Merkmale
Totimpfstoffe	abgetötete Bakterien, inaktivierte Viren oder veränderte Bakteriengifte (Toxide)
Lebend-Impfstoffe	lebende Bakterien oder vermehrungsfähige Viren, deren krankheitserregende Wirkung abgeschwächt wurde
gentechnisch hergestellte Impfstoffe	ausgewählte Gene des Erregers werden isoliert und in die DNA von Mikroorganismen eingebaut. Die genetisch veränderten Mikroben stellen das vom Erreger-Gen codierte Protein in großen Mengen her. Dies lässt sich z.B. mithilfe eines monoklonalen Antikörpers isolieren und auswaschen

6.8.3 Impfempfehlung

Impfplan:

- Impfung von Kindern gegen die jeweiligen Krankheiten, die eine gesundheitliche Bedrohung darstellen
- Die Empfehlungen ändern sich ständig, aktuelle Informationen sind über die STIKO, den Hausarzt oder das zuständige Gesundheitsamt erhältlich

Indikationsimpfungen:

- Impfung nur für bestimmte Personengruppen, z.B. Tropenreisende, die sich gegen Cholera, Typhus oder Gelbfieber impfen lassen

7. Operatoren

Operatoren

Liefern konkrete Informationen und Hinweise zur inhaltlichen Bearbeitung der Aufgabenstellung (z.B. hinsichtlich des Umfangs, Reproduktion oder Eigenproduktion, etc.)

Anforderungsbereich I

Operator	Anforderung	Beispiel
nennen / aufzählen	Fakten ohne Erläuterung wiedergeben	Nennen Sie drei Unterschiede zwischen pflanzlichen und tierischen Zellen
bezeichnen / benennen	Begriffe, Bezeichnungen, Namen ohne Erläuterung wiedergeben	Benennen Sie die mit Ziffern bezeichneten Strukturen
wiedergeben / angeben	Bekannte Inhalte oder Informationen aus dem vorgegebenen Material aufzählen	Geben Sie drei weitere Enzyme und ihr Substrat an
beschreiben	Einen Sachverhalt in Einzelheiten darstellen, ohne ihn zu bewerten	Beschreiben Sie den Kurvenverlauf
zusammen-stellen	Wesentliche Informationen nach bestimmten Gesichtspunkten gliedern und geordnet darstellen	Stellen Sie die Argumente des Autors für den Einsatz gentechnisch erzeugter Arzneimittel zusammen
zusammen-fassen	Wesentliche Aussagen in wenigen Sätzen mit eigenen Worten wiedergeben	Fassen Sie die Aussagen des Textes über die Bedeutung des Planktons für den CO_2-Gehalt der Atmosphäre zusammen
bestimmen	Ursachen, Motive, Ziele, prägnant, akzentuiert und kriterienbezogen feststellen	Bestimmen Sie die Faktoren des Klimawandels

Anforderungsbereich II

Operator	Anforderung	Beispiel
belegen	Textpassagen wörtlich anführen (zitieren)	Entnehmen Sie dem Text Informationen über die Auswirkung von transgenen Pflanzen. Belegen Sie ihre Aussagen
erklären	Informationen durch eigenes Wissen oder Einsichten in einen Zusammenhang bringen (z.B. Theorie, Modell, Regel, Gesetz, Funktionszusammenhang)	Erklären Sie den Zusammenhang zwischen Schilddrüsenüberfunktion und Gewichtszunahme
vergleichen / gegen-überstellen	Die zu vergleichenden Sachverhalte gegenüberstellen und Gemeinsamkeiten sowie Unterschiede herausarbeiten (ev. tabellarisch)	Vergleichen Sie die kontinuierliche mit der saltatorischen Erregungsweiterleitung
ordnen / zuordnen / einordnen	Fakten, Begriffe und Systeme zueinander in Beziehung setzen, Zusammenhänge herstellen	Ordnen Sie die Messkurven den entsprechenden Abschnitten an einer Nervenzelle zu
darstellen	Informationen in logischer Reihenfolge und in zusammenhängenden Sätzen explizit wiedergeben	Stellen Sie die Vorgänge der humoralen Immunabwehr in einer übersichtlichen Skizze dar
erläutern	Sachverhalte unter Angabe zusätzlicher Informationen anschaulich (deskriptiv) und verständlich darstellen	Erläutern Sie die Bedeutung geschlechtlicher Fortpflanzung für die Evolution
begründen	Sachverhalte unter Angabe von Ursachen und Wirkungen schlüssig erklären. Aussagen durch Anführen von Argumenten rechtfertigen	Begründen Sie die Anreicherung der Schadstoffe in der Nahrungskette von einer Trophieebene zur nächsten
analysieren	systematisches Erschließen und Darstellen der einzelnen Textelemente für sich und ihre Wechselbeziehungen	Analysieren Sie den vorliegenden Text

Anforderungsbereich III

Operator	Anforderung	Beispiel
Stellung nehmen/ erörtern / diskutieren	Zu einer Problemstellung eigene Gedanken entwickeln und zu einem begründeten Urteil gelangen. Dabei sollen die positiven und negativen dargestellt und bewertet werden	Diskutieren Sie Chancen und Risiken der Verwendung transgener Pflanzen in der Landwirtschaft
interpretieren	Mögliche Ursachen und Bedingungen für bestimmte Sachverhalte darstellen und Zusammenhänge begründen (philosophisch)	Interpretieren Sie den Kurvenverlauf
untersuchen	Eine Aussage / Bild beschreiben, interpretieren und kritisch und begründend bewerten	Untersuchen Sie die Wirkung von Schwermetallionen auf die Enzymaktivität
beurteilen / bewerten / prüfen	Hypothese oder Behauptungen im Zusammenhang prüfen und eine Aussagee über deren Richtigkeit, Angemessenheit, Anwendbarkeit usw. machen	Beurteilen Sie die Erfolgschancen der genannten Möglichkeiten der HIV-Bekämpfung
Hypothese bilden	Entwickeln von Lösungsvorschlägen oder Funktionsmechanismen auf der Grundlage eigenen Wissens und gegebener Informationen	Leiten Sie anhand der Versuchsergebnisse eine Hypothese zum Wirkungsmechanismus des Wirkstoffs ab

8. Glossar

8.1 Nerven- und Hormonsystem

Terminus	Definition
Diffusion	passiver Transport zum Ausgleich des Konzentrationsgradienten → Ionen diffundieren immer entlang des Konzentrationsgefälles
Schwellenwert	-50 mV; wird er nicht überschritten, wird kein AP ausgelöst
Frequenzcode	Aktionspotentiale verlaufen nach dem Alles-oder-Nichts-Prinzip → Amplitude löst APs aus, je stärker der Reiz, desto mehr APs werden ausgelöst *(nach Auslösung eines APS: Refräktärzeit)* → starkes EPSP löst schnell AP aus → zweites AP kann schneller folgen
Neuron *(Nervenzelle)*	Reizaufnahme, Weitergabe und Verarbeitung von Nervenimpulsen *(Erregungen)*
Nerv	Bündel von Tausenden Nervenfasern
afferent **efferent**	zum ZNS oder Gehirn führend vom Gehirn zu den Effektoren *(z.B. Muskel)* führend
Anzahl der Fortsetze	mono-, bi- und multipolare *(am häufigsten)* Nervenzellen
markhaltige Nervenzellen	Wirbeltiere
marklose Nervenzellen	Wirbellose und wenige Wirbeltiere
Synaptischem Spalt	20nm breit; flüssigkeitsgefüllt → Übertragung der Transmitter, des elektrischen Impulses
EPSP	erregendes postsynaptisches Potenzial; Wirkung von erregenden Transmittern an Synapsen; positive Amplitude
IPSP	inhibitorisches postsynaptisches Potenzial; Wirkung von hemmenden Transmittern an Synapsen, negative Amplitude
Schwellenwert nicht erreicht	Erregungsweiterleitung wurde gehemmt oder hohe Amplitude → hohe Frequenz der APs

Terminus	Definition
Acetylcholin-esterase	Enzym zur Spaltung von Transmittermolekülen *(Acetylcholin)* an Rezeptoren
cAMP	Cyclisches Adenosinmonophosphat; durch verschiedene Umbauprozesse kann aus einem ATP-Molekül ein cAMP-Molekül entstehen. Dieses Molekül besitzt nur noch eine Phosphatgruppe
Signal-transduktion	Extrazelluläre Reize werden als Signal in das Zeltinnere weitergeleitet mittels Hormone / Liganden *(vgl. cAMP)* 1. Aufnahme des Reizes über spezifische Rezeptoren, 2. Umwandlung des Signals über intrazelluläre Verschaltungen mit Amplifikations- und Modulations-Mechanismen 3. Reaktion auf den Reiz über Effektorfunktion
Frequenz-modulation	Anzahl der APs innerhalb eines Zeitraums
Amplituden-modulation	Höhe / Dauer des Soma bzw. Rezeptorpotential, je mehr Transmitter desto stärker die De *(-Hyperpolarisierung)*
Rezeptorpotential	Differenz zwischen Ruhepotenzial und aktuellem, durch den Reiz bedingten Membranpotential
Muskelspindel	Nervenendigung, die durch Dehnreize aktiviert wird
negative Rückkopplung	Hemmung der Hormonausschüttung s

8.2 Genetik

Terminus	Erläuterung
Caping	Hinzufügen einer Cap-Struktur am 5'-Ende
Polyadenylierung	Hinzufügen eines Poly(A)-Schwanz am 3'-Ende zum Schutz vor Abbau
Splicing	Trennung der Introns von den Exons (codierenden Abschnitten)
Editing	Änderung mancher Basen, dass mRNA für bestimmtes Protein codiert
Ubiquitin-Makierung	Erkennungsstellen für gezielte Proteolyse
Non-Disjunction	Fehlverteilung der homologen Chromosomen während der Meiose
DNA-Microarray	sämtliche Gene des zu untersuchenden Organismus auf einer Glasplatte, dem „Gen-Chip", als einsträngige DNA angeordnet
autosomal	Chromosomen 1 - 22 betreffend
gonosomal	Geschlechtschromosomen (XX bzw. XY) betreffend
dominant	Merkmal tritt auf, wenn nur eine Genkopie auf einem Chromosom eines Chromosomenpaares verändert ist (AA)
rezessiv	Beide Genkopien müssen auf einem Chromosomenpaar vererbt sein, damit das Merkmal zur Ausprägung kommt (aa)
homozygot	reinerbig (AA BB)
heterozygot	mischerbig (Aa Bb)
Phänotyp	äußeres Erscheinungsbild eines Organismus. Das Erscheinungsbild wird stets vom Genotyp bestimmt
Genotyp	gesamte genetische Ausstattung eines Organismus

Terminus	Erläuterung
Allel	bezeichnet die verschiedenen Varianten /Ausprägungen eines Merkmals bzw. Gens
Parental-generation	Elterngeneration bzw. Ausgangsgruppe einer zu untersuchenden Erblinie
Filialgeneration	Nachfolgegeneration der Parentalgeneration
monogene Merkmale	eine einzige Veränderung in einem einzigen Gen
monohybrider Erbgang	betrachtet nur ein Merkmal (z.B. Farbe)
dihybrider Erbgang	betrachtet zwei Merkmale (z.B. Farbe und Form)
Stammzellen	undifferenzierte Zellen, die bestimmte Zellen entwickeln (embyronale und adulte)
Protoplasten	aus Zellkern, Zellplasma und Plastiden bestehende Pflanzenzelle ohne Zellwand
Restriktions-enzyme	Schneideenzyme Bildung von sticky ends, genutzt in Plasmidtechnologie
PCR-Methode	Vervielfältigung der DNA durch Temperaturzyklen, Synthese der Primer zur effektiven Replikation
Gel-Elektrophorese	(…) + - Pol; Wanderung
Forensik	Herstellung eines genetischen Fingerabdrucks, um kriminelle Taten aufzuklären
Elektroportion	starker elektrischer Schock, der kurzzeitig die Zellmembran von Protoplasten öffnet, dient der Protoplastenfusion

8.3 Stoff- und Energiebereitstellung

Terminus	Definition
Transpirations-schutz	Schutzfunktion des Blattes
NADP+	Nicotinamid-Adenin-Dinukleotid-Phosphat
PEP	Phosphoenolpyruvat / Phosphoenolbrenztraubensäure
BTS	Benztraubensäure (Pyruvat)
Decarboxylierung	Abspaltung der Carboxylgruppe in Form von CO_2 (vgl. oxidative Decarboxylierung)
CoA	Sulfhydrylgruppe; Zwischentransporter für die Acetylgruppe, da diese instabil ist
GTP	Guanosintriphosphat; energiereiche, chemische Verbindung = Energiespeicher der Zelle
RuBP	Ribulose-biphosphat

8.4 Evolution

Terminus	Erläuterung
Paläontologie	Wissenschaft von den Lebewesen vergangener Erdzeitalter
Konvergenz	Ausbildung ähnlicher Merkmale bei genetisch verschiedenen Lebewesen
Phylogenese	Stammesentwicklung
Primärstruktur	Reihenfolge der Aminosäuren in einem Protein *(=Aminosäurensequenz)*
Hybridisierung	rasches Abkühlen auf 60°C verhindert Rückkopplung *(in ursprüngliche Doppelhelix)*
Sonde	Marker der komplementären DNA-Sequenz zur Wiederkennung
Genpool	Gesamtheit aller Genvariationen einer Population

9. Abituraufgaben

9.1 Musterklausur # 1

Neurobiologie

1. Die Abbildung stellt ein schematisches Neuron dar.

1.1 Benennen Sie die Strukturen A bis G und erläutern Sie ihre Funktion. (4 VP)

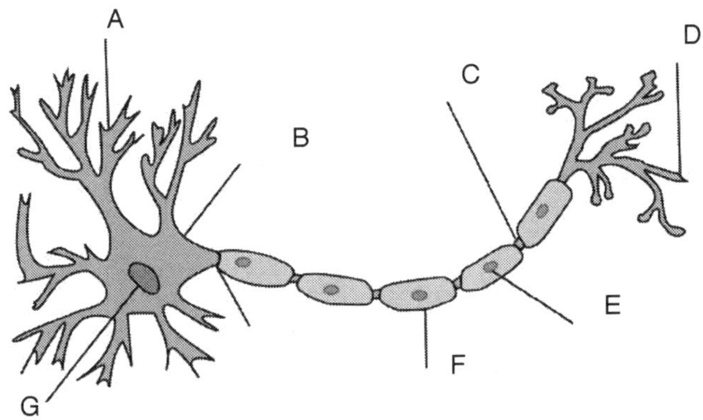

Quelle: https://upload.wikimedia.org/wikipedia/commons/e/ec/Neuron_%28deutsch%29-1.svg, unverändert

2. Ein Charakteristikum eines funktionsfähigen Neurons sind seine in der Zellmembran eingebetteten Ionenpumpen.

2.1 Erklären Sie die Notwendigkeit dieser Pumpsysteme zur Aufrechterhaltung des Ruhepotentials anhand der Erregungsneubildung. (2 VP)

2.2 Beschreiben Sie die Veränderung der Membrandurchlässigkeit bezüglich des Auslösens eines Aktionspotentials. (3 VP)

2.3 Begründen Sie die folgende These:

Obwohl myelinisierte Nervenzellen nur einen Bruchteil der Energie von marklosen Neuronen zur Weiterleitung ihrer Aktionspotentiale benötigen, ist ihre Erregungsweiterleitung beträchtlich schneller. (1 VP)

3. Synapsen stellen die Verbindungsstellen zwischen zwei Nervenzellen im komplexen Neuronensystem dar.

3.1 Erklären Sie kurz die Strukturen, welche mit 1 bis 8 durchnummeriert sind (4 VP)

3.2 Erläutern Sie welche Vorgänge an der synaptischen Struktur A und B vonstatten gehen. (4 VP)

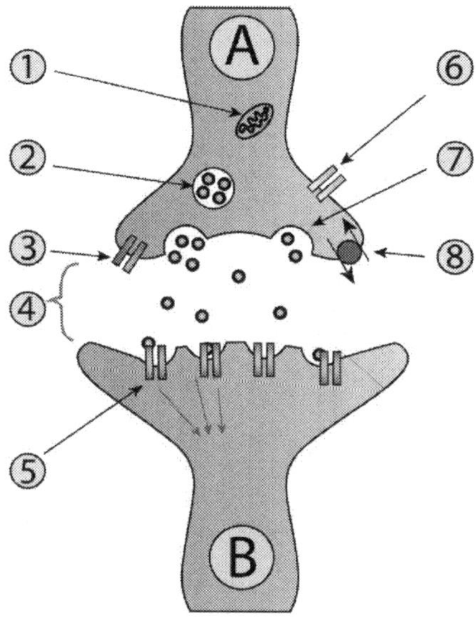

4. Während des Urlaubes in Australien spaziert Herr M. im seichten Meerwasser. Plötzlich entdeckt er an seinen Füßen eine Kegelschnecke. Als Toxikologe erkennt er schnell, dass diese Conotoxinen absondert, wenn sie sich bedroht fühlt.

4.1 Begründen Sie je einen möglichen Mechanismus, wie Conotoxine auf molekularer Ebene an einer chemischen Synapse wirken und dadurch entweder einen Krampf oder eine Lähmung auslösen können. (2 VP)

4.2 Beschreiben Sie die Codierung der Reizstärke in folgenden Strukturen (1,5 VP):
- im synaptischen Spalt
- am Axon
- am Soma

4.3 Nennen Sie insgesamt drei Unterschiede im Aufbau und der Erregungsleitung zwischen Kegelschnecke und Mensch. (1,5 VP)

5. Während Herr M. von der Kegelschnecke wegläuft, sind sowohl sein vegetatives als auch zentrales Nervensystem aktiv.

5.1 Ordnen Sie die folgenden Vorgänge den bestimmten Gehirnteilen zu (Mehrfachnennungen möglich). (2 VP)

1. Bewusste Wahrnehmung der Schnecke
2. Koordination der Bewegung
3. Erinnern an gelerntes Wissen
4. Reaktion der inneren Organe z.B. schnellerer Herzschlag.

5.2 Erklären Sie einige körperliche Veränderungen bei Herrn M., die sich aus seinem Erschrecken ergeben. (2 VP)

5.3 Erläutern Sie den biologischen Sinn einer solchen körperlichen Veränderung. (1 VP)

9.2 Musterklausur # 2

Neurobiologie

1. Werden junge Kaulquappen von Fröschen mit Schilddrüsengewebe einer Maus gefüttert, entwickeln sich die Kaulquappen frühzeitig in „Minifrösche“. Wenn ältere Kaulquappen, die kurz vor der Umwandlung (Metamorphose) stehen, mit Gewebe aus dem Hypophysenvorderlappen einer Katze gefüttert werden, wird die Metamorphose übersprungen, sodass man Riesenkaulquappen erhält. Hingegen entfällt die Umwandlung zum Frosch, wenn die Schilddrüse bei einer Kaulquappe fehlt.

1.1 Erläutern Sie anhand des Versuches, was sich hinsichtlich der Wirkungsweise von Hormonen bei verschiedenen Tierarten schlussfolgern lässt. (2 VP)

1.2 Begründen Sie die Versuchsreihe. (3 VP)

1.3 Fassen Sie kurz das Krankheitsbild einer Schilddrüsenunterfunktion zusammen. (2 VP)

1.4 Stellen Sie eine Hypothese auf, wie man einer Schilddrüsenunterfunktion entgegenwirken könnte. (2 VP)

2. Der physiologische Blutzuckerwert beim Menschen liegt bei ca. 90 mg/dl. Zur Bestimmung einer vermeintlich gestörten Glukoseverwertung (z.B. Diabetes mellitus) wird der Patient einem oralen Glukosetoleranztest unterzogen. Der Patient nimmt dabei im nüchternen Zustand 100 g gelöste Glucose zu sich. Vor dem Test und nach 30, 60 und 90 Minuten werden die Blutzuckerwerte bestimmt. Bei zwei Patienten A und B wurden folgende Werte gemessen:

Zeit [in min]	**Person A** [mg/dl]	**Person B** [mg/dl]
0	90	110
30	150	200
60	120	180
90	110	170

2.1 Skizzieren Sie den Graphen für die Glucose-Konzentration im Blut in Abhängigkeit der Zeit bei den Patienten A und B in einem Zeitraum von 0 bis 120 Minuten nach der Glukose-Einnahme. (3 VP)

2.2 Erklären Sie, zu welcher Diagnose der Test führt. (2 VP)

2.3 Begründen Sie, welche Injektionsart für die aus 2.2 erkannte Erkrankung zu empfehlen ist. (2 VP)

3. Im alltäglichen Handeln arbeitet neben dem Nervensystem auch das Hormonsystem kontinuierlich.

3.1 Stellen Sie vier Unterschiede zwischen Hormon- und Nervensystem gegenüber. (4 VP)

3.2 Ordnen Sie den Zahlen der Abbildung eine endokrine Drüse und jeweils ihre Hormone sowie Funktion(en) zu. (8 VP)

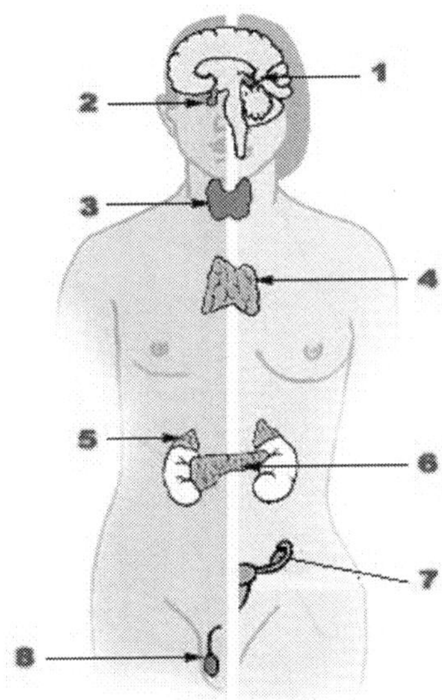

3.3 Stellen Sie mithilfe eines Beispiels die Hierarchie im Hormonsystem dar. (3 VP)

9.3 Musterklausur # 3

Genetik

In den Jahrzehnten um 1780 begann sich auf einer pazifischen Inselgruppe eine Krankheit auszubreiten, von der heute rund 10% der Inselbevölkerung betroffen sind: die Achromatopsie. Betroffene leiden an extremer Lichtempfindlichkeit, verminderter Sehschärfe und totaler Farbenblindheit. 1998 wurde das Achromatopsie-Gen entdeckt, welche die Information für ein Kanalprotein, das Bestandteil der Membran von Fotorezeptoren ist, trägt.

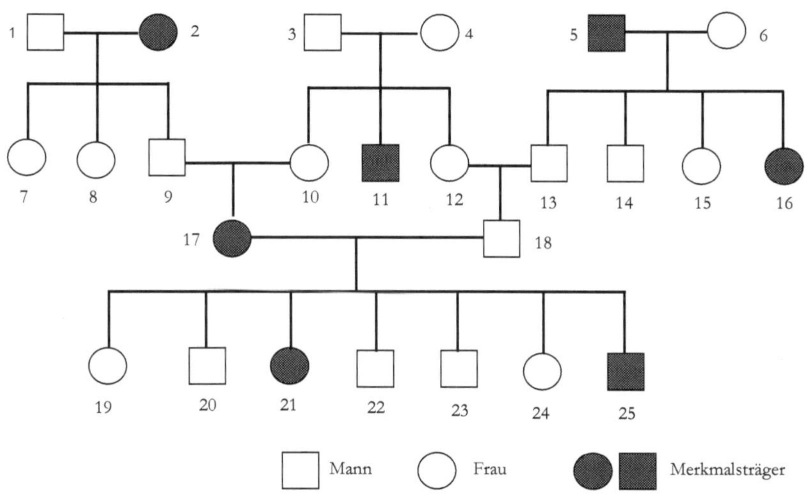

1.1 Leiten Sie aus diesem Stammbaum den Erbgang ab, indem Sie begründet die nicht zutreffenden Erbgänge ausschließen. (5 VP)

1.2 Geben Sie die möglichen Genotypen der Personen 10, 11, 12 und 13 an. (2 VP)

1.3 Das Paar 1 und 2 wünscht sich ein weiteres Kind. Mit welcher Wahrscheinlichkeit wird es an Achromatopsie erkranken? Entwerfen Sie dazu ein geeignetes Erbschema. (4 VP)

1.4 Bestimmen Sie anhand des Erbguts und unter Verwendung der Codesonne, die genetische Ursache der Achromatopsie, indem Sie sich auf die mögliche Auswirkung des synthetisierten Proteins eingehen. (3 VP)

Nicht mutiertes Allel:	3' … CTG GGC AGG … 5'
mutiertes Allel:	3' … CTG GAC AGG … 5'

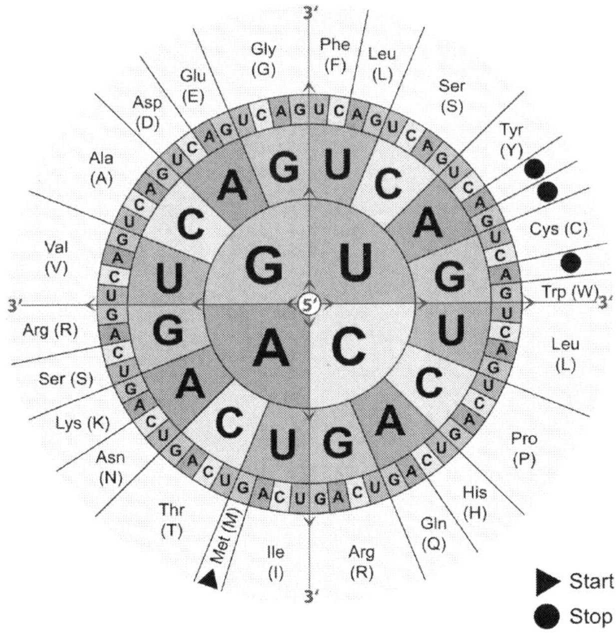

3. Die Polymerasekettenreaktion (PCR) gehört heute zu den Routine-Techniken der molekularen Genetik.

3.1 Skizzieren Sie den Ablauf einer PCR. (2 VP)

3.2 Begründen Sie, warum ein PCR-Experiment voraussetzt, dass die Basensequenz des zu vervielfältigenden DNA-Abschnitts bekannt ist. (2 VP)

3.3 Der unten gezeigte DNA-Abschnitt soll mithilfe der PCR vervielfältigt werden. Formulieren Sie Primer 1 und Primer 2 (Länge: 10 Nukleotide). (2 VP)

5' CCA TTC TAT ATC CAT ACA ATG GGT TTT ATG CTT CAT TAA ATT CAC ACA AAG ACA ATT TGA CAG CCT ATA 3'
3' GGT AAG ATA TAC GTA TGT TAC CCA AAA TAC GAA GTA ATT TAA GTG TGT TTG TGT TAA ACT GTC GGA TAT 5'

4. Ti-Plasmide dienen Molekularbiologen als Werkzeuge zur Einschleusung von Genmaterial in Zellen.

4.1 Stellen Sie kurz die Entstehung transgener Pflanzen dar. (4 VP)

4.2 Bewerten Sie den Einsatz transgener Pflanzen. (6 VP)

9.4 Musterklausur # 4

Genetik

1. Ursächlich für die hereditäre Hämochromatose ist die sog. C282Y-Mutation im HFE-Gen.

1.1 Bestimmen Sie die entsprechende Aminosäurensequenz jeweils zu den beiden DNA-Sequenzen. (2 VP)

<u>Ausschnitt des nicht codogenen DNA-Einzelstrangs des HFE-Gens:</u>

5' … TATACGTGCCAGGTGGAG …3'

<u>Ausschnitt des mutierten nicht codogenen DNA-Einzelstrangs des HFE-Gens:</u>

5' … TATACGTACCAGGTGGAG …3'

1.2 Leiten Sie die Mutationsart ab und erklären Sie die Folgen, die aus dieser Mutation resultieren. (2 VP)

1.3 Beschreiben Sie das Trennprinzip der Gelelektrophorese. (2 VP)

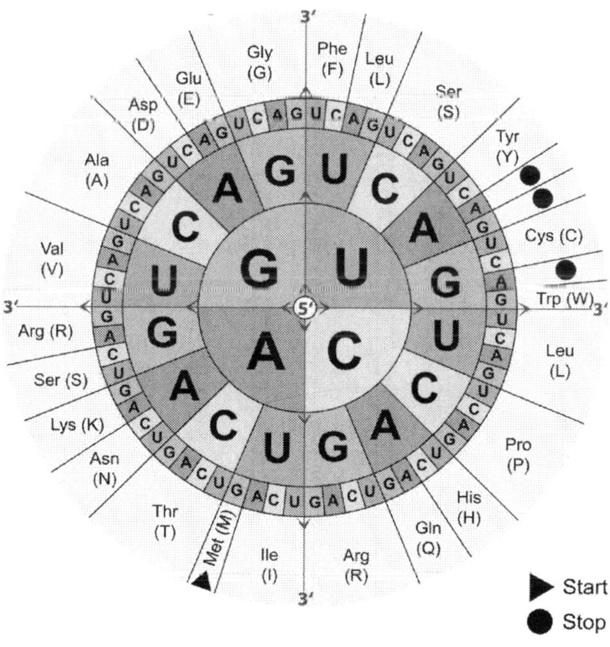

2. Die Sichelzellenanämie ist eine erbliche Erkrankung der roten Blutkörperchen. An Hämoglobin gebunden wird im Blut der Sauerstoff transportiert. Bei den Betroffenen liegt eine Mutation im Gen der ß-Kette des Hämoglobins vor. Hämoglobin besteht aus zwei α- und zwei ß-Ketten.

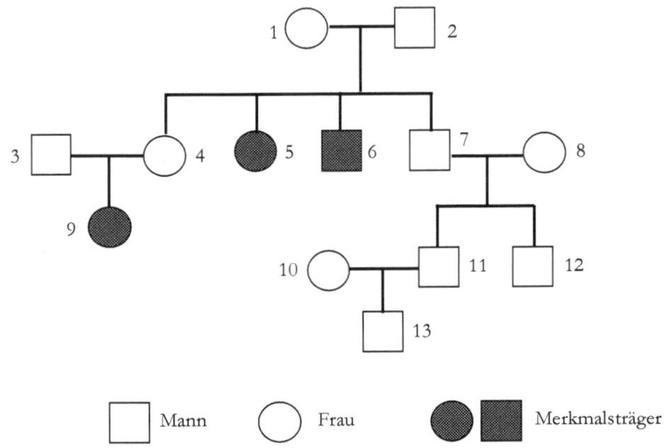

2.1 Leiten Sie aus dem Stammbaum den hier vorliegenden Erbgang unter Einbeziehung geeigneter Personen ab und schließen Sie dabei die Ihnen bekannten Erbgangstypen mit Begründung aus. (5 VP)

2.2 Geben Sie für die Personen 1 bis 8 jeweils alle möglichen Genotypen an. (4 VP)

2.3 Ermitteln Sie, ausgehend von den möglichen Genotypen der Partner 3 und 4, die Wahrscheinlichkeit mit denen aus diesen Beziehungen weitere Kinder mit Sichelzellenanämie hervorgehen. (4 VP)

2.4 Stellen Sie eine begründete Hypothese auf, weshalb heterozygote Personen nur unter körperlicher Anstrengung unterlegen sind, während homozygote Sichelzellallelträger starke Beeinträchtigungen aufweisen. (3 VP)

3. Kernteilungsprozesse sind die Grundlage für die Regeneration und Fortpflanzung von Lebewesen.

3.1 Orden Sie die Momentaufnahmen in der richtigen zeitlichen Reihenfolge, dessen Ziffern Sie in die folgende Tabelle eintragen. (4 VP)

Momentaufnahme	Reihenfolge (1-12)
I	
II	
III	
IV	
V	
VI	
VII	
VIII	

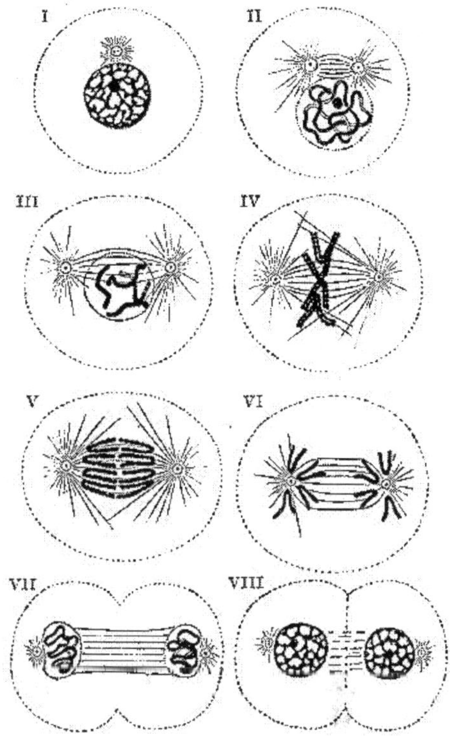

3.2 Leiten Sie ab, ob die Abbildung eine mitotische oder meiotische Teilung darstellt. (2 VP)

3.3 Begründen Sie die biologische Funktion dieses Teilungsprozesses. (2 VP)

9.5 Musterklausur # 5

Energie- und Stoffbereitstellung

1. Theodor Wilhelm Engelmann absolvierte Ende des 19. Jahrhunderts seinen Versuch zur Lichtabsorption grüner Pflanzen.

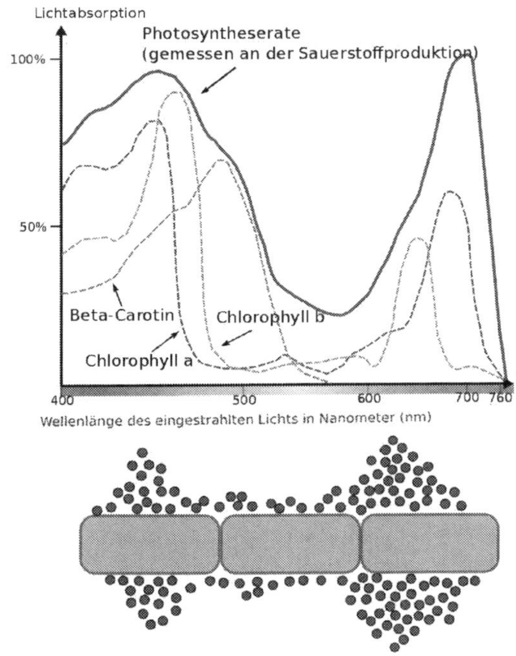

Quelle: , https://upload.wikimedia.org/wikipedia/commons/0/0e/Engelmannscher_Bakterienversuch.svg; verändert

1.1 Beschreiben und interpretieren Sie den Versuch Engelmanns. (4 VP)

1.2 Leiten Sie die Messmethode ab, mit der man die Herkunft des im Fotosyntheseprozess entstehenden elementaren Sauerstoffs nachweisen konnte. (2 VP)

1.3 Ordnen Sie die Lichtqualitäten Rot, Grün, Orange und Blau den Versuchsansätzen 1-4 begründet zu. (4 VP)

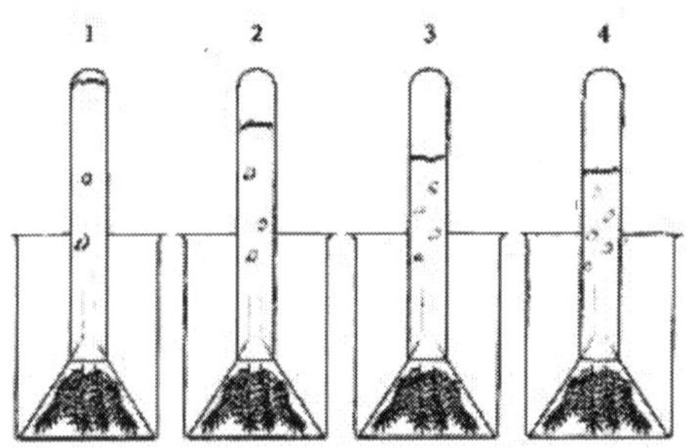

2. Mais stammt ursprünglich aus Mexiko und ist als typische Sonnenpflanze an die dort herrschenden Umweltbedingungen hervorragend angepasst. Das Klima Mexikos liegt im subtropischen Bereich. Um den Ertrag zu maximieren, werden in drei Gewächshäusern die Umweltfaktoren CO_2-Gehalt, Lichtstärke und Temperatur in Abhängigkeit der Fotosyntheserate gemessen.

CO_2-Gehalt [Vol-%]	0,01	0,11	1,11
Temperatur [°C]	10	20	30
Lichtstärke [Lux]	80000	20000	3500

	GH 1	GH 2	GH 3
CO_2-Gehalt [Vol-%]			
Temperatur [°C]			
Lichtstärke [Lux]			

2.1 Kombinieren Sie die untersuchten Umweltfaktoren, sodass die Erträge von Gewächshaus 1 bis 3 ansteigen. (6 VP)

2.2 Begründen Sie ihre Entscheidung, gehen Sie dabei auf die Auswirkung aller Umweltfaktoren ein. (4 VP)

2.3 In einem weiteren Gewächshaus wird zusätzlich mit verschiedenen Spektrallampen in den Farben Gelb, Rot und Blau experimentiert, die identische Lichtstärken liefern. Stellen Sie eine Hypothese auf, welche Lichtfarbe den höchsten Ertrag bringt. (2 VP)

3. Insulin ist das einzige Hormon, das den Blutzuckerspiegel senkt.

3.1 Erläutern Sie die Vorgänge 1-6 in der nachstehenden Abbildung. (4 VP)

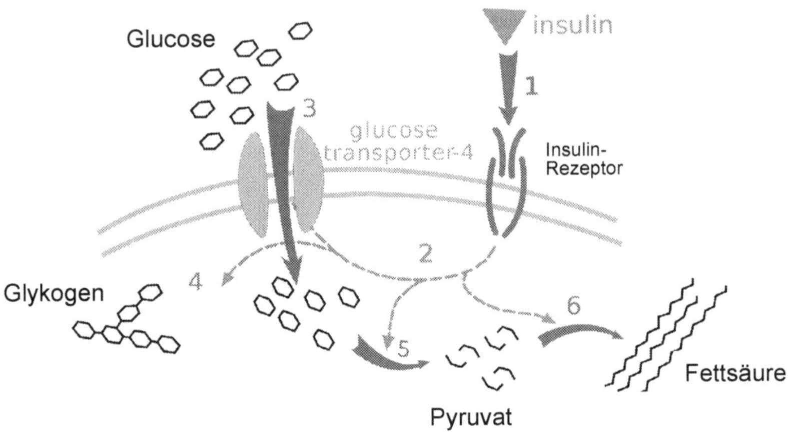

3.2 Erklären Sie, zu welcher Hormonart das Insulin gehört. (1 VP)

3.3 Begründen Sie, warum im Ausnahmefall ein Insulinmolekül ausreicht, um eine bemerkenswerte Wirkung zu erzielen ? (2 VP)

9.6 Musterklausur # 6

Stoff- und Energiebereitstellung

1. Nicht alle Pflanzen wachsen an begünstigten sonnenreichen Standorten. Es haben sich daher Sonnen- und Schattenpflanzen entwickelt.

1.1 Beschriften Sie die mit Buchstaben gekennzeichneten Zellen/Gewebe der Abbildung und erläutern Sie kurz die jeweilige Funktion. (6 VP)

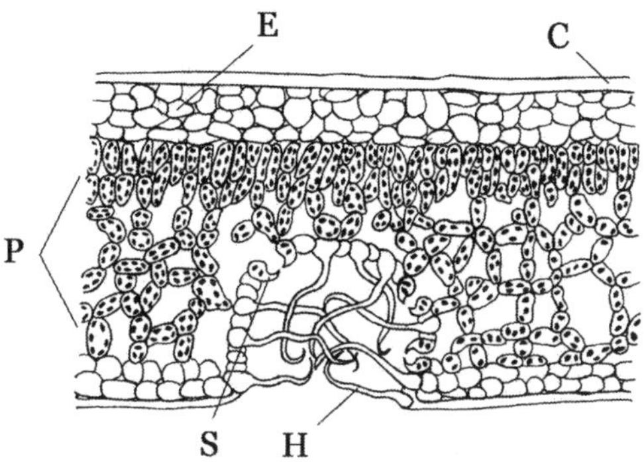

Quelle: , https://upload.wikimedia.org/wikipedia/commons/b/bf/Xerophyten_-_Blattanatomie.png; unverändert

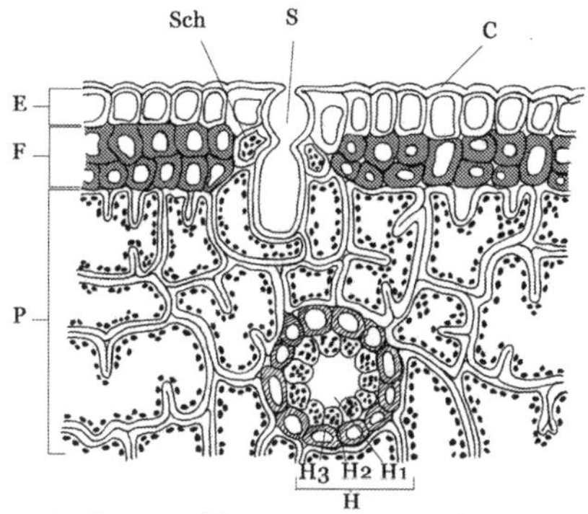

Quelle: , https://upload.wikimedia.org/wikipedia/commons/b/bf/Nadelblatt_-_Blattanatomie.png; unverändert

1.2 Legen Sie begründet dar, ob es sich bei dem Querschnitt um ein Sonnen- oder Schattenblatt handelt. (2 VP)

1.3 Bestimmen Sie begrünend mithilfe der Tabelle den entsprechenden Blatttyp bei Pflanze A und B. (3 VP)

Merkmal	Pflanze A	Pflanze B
Anzahl der Spaltöffnungen	230 pro mm²	116 pro mm²
Blattoberfläche	32,67 cm²	53,43 cm²
Blattdicke	197 $10^{-6} \cdot$ m	86 $10^{-6} \cdot$ m

$10^{-6} \cdot m = 1\ \mu m$

1.4 Beschreiben und interpretieren Sie die Lichtsättigungskurven von Sonnen- und Schattenblatt. Erläutern Sie die Bedeutung von Lichkompensationspunkt sowie Lichtsättigungspunkt. (6 Punkte)

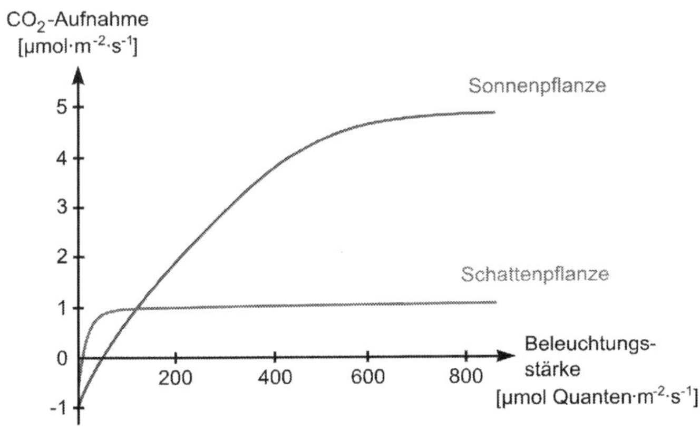

Quelle: Yikrazuul, online: https://upload.wikimedia.org/wikipedia/commons/b/b9/Photosynthese_Lichtmenge.svg; unverändert

2. Nach einigen Minuten des Sauerstoffentzugs wird ein rapider Anstieg der $NADH/H^+$ Konzentration in den Hefezellen beobachtet.

2.1 Leiten Sie die Ursache für diesen schnellen Anstieg ab. (4 VP)

2.2 Den Hefen stehen zwei Stoffwechselwege zum Glukoseabbau zur Verfügung. Begründen Sie, welcher Stoffwechselweg zu einer stärkeren Vermehrung der Hefezellen führt. (4 VP)

2.3 Stellen Sie die Summengleichung der aeroben und anaeroben Energiegewinnung gegenüber. (3 VP)

2.4 Bewerten Sie die entsprechende Energieausbeute. (2 VP)

9.7 Musterklausur # 7

Evolution

1. In einem Steinbruch bei Solnhofen wurden 1961 erste Exemplare des Archaeopteryx entdeckt.

1.1 Erklären Sie den Begriff Fossil und begründen Sie, warum der Archaeopteryx als Übergangsform (Brückenform) zwischen zwei Wirbeltierklassen gesehen wird. (5 VP)

1.2 Nennen Sie die beiden Wirbeltierklassen des Archaeopteryx. (2 VP)

2. Zur Altersbestimmung von Fossilien können verschiedene Methoden herangezogen werden.

2.1 Beschreiben Sie eine Methode ihrer Wahl zur Altersbestimmung. (3 VP)

2.2 Bewerten Sie die C14-Methode. (4 VP)

3. Homologie und Analogie gelten als Beweismittel der Evolution.

3.1 Definieren Sie die Begriffe Homologie und Analogie. (2 VP)

3.2 Erklären Sie, warum beide als Zeugnisse für die Evolution angesehen werden können. (3 VP)

3.3 Bewerten Sie und begründen Sie ihre Entscheidung:
„Die vorderen Extremitäten der Wirbeltiere Vogel, Delfin und Mensch sind einander analog". (3 VP)

3.4 Begründen Sie die Tatsache, dass der Eisbär und der Polarfuchs nicht in einzelne Rassen aufgespalten sind. (2 VP)

4. Im Laufe der Evolution treten immer neue Merkmale auf.

4.1 Erläutern Sie zwei dieser Merkmale beim Menschen und begründen Sie die Vorteile. (4 VP)

4.2 Beschreiben Sie zwei Evolutionsfaktoren und stellen Sie diese zueinander in Beziehung. (3 VP)

Danksagung

Ich danke Ihnen herzlich für den Kauf dieses Buches und hoffe sehr, dass Sie daraus für sich einen hohen Mehrwert entnehmen konnten. Haben Sie positive oder negative Anmerkungen, Kritik, Fehler im Werk oder sonstige Fragen, können Sie mich jederzeit erreichen unter: Kritik.an.Fischer@gmail.com, sodass die Qualität dieser Zusammenschrift noch weiter gesteigert werden kann.

Zudem bedanke ich mich für sämtliches Bildmaterial, welches mir von https://pixabay.com bereitgestellt wurde. Dadurch werden die Erklärungen noch eindrücklicher dargestellt.

Klausurentraining und Abiturvorbereitung mit vielen Übungs- und originalen Abituraufgaben
– exklusiv auf Amazon erhältlich

Gesundheit und Pflege: kompaktes Abiturwissen der Eingangsstufe
– exklusiv auf Amazon erhältlich

Gesundheit und Pflege Jahrgangsstufe 2: Erfolg in der Abiturvorbereitung
– exklusiv auf Amazon erhältlich

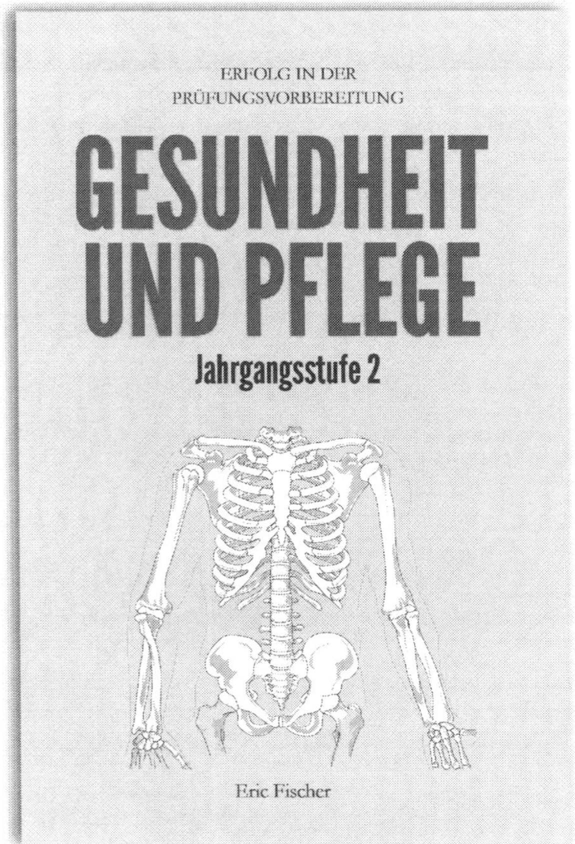

Gesundheit und Pflege Jahrgangsstufe 1: Erfolg in der Abiturvorbereitung
– exklusiv auf Amazon erhältlich

Pädagogik und Psychologie Jahrgangsstufe 1: kompaktes Oberstufenwissen
– exklusiv auf Amazon erhältlich

Pädagogik und Psychologie Jahrgangsstufe 2: kompaktes Oberstufenwissen
– exklusiv auf Amazon erhältlich

Abiturwissen Ethik: kompaktes Oberstufenwissen und Abiturvorbereitung
– exklusiv auf Amazon erhältlich

Abiturwissen Psychologie: kompaktes Oberstufenwissen und Abiturvorbereitung
– exklusiv auf Amazon erhältlich

Abiturwissen Physik: kompaktes Oberstufenwissen für das Physik Abitur
– exklusiv auf Amazon erhältlich

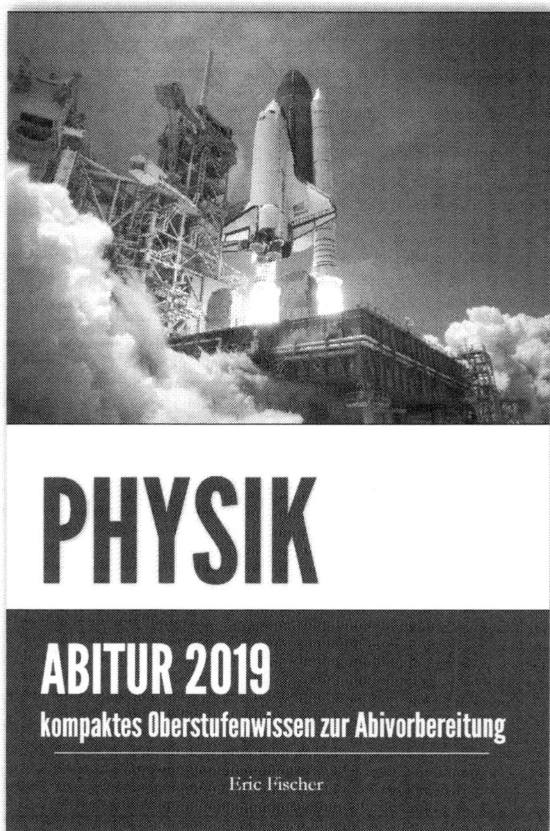

Abiturwissen Chemie: kompaktes Oberstufenwissen und Abiturvorbereitung im Fach Chemie – exklusiv auf Amazon erhältlich

Abitur Deutsch: kompaktes Oberstufenwissen und Abiturvorbereitung
– exklusiv auf Amazon erhältlich

Klausurentraining und Abiturvorbereitung mit Übungsaufgaben und Musterlösung
– exklusiv auf Amazon erhältlich

Abiturwissen Global Studies: kompaktes Oberstufenwissen und Abiturvorbereitung
– exklusiv auf Amazon erhältlich

Notizen

33372556R00130

Printed in Poland
by Amazon Fulfillment
Poland Sp. z o.o., Wrocław